统计学

同步辅导与习题详解

主编 索瑜

总策划 云图智作中心

【本书适用于贾俊平第7版和第8版】

北京理工大学出版社
BEIJING INSTITUTE OF TECHNOLOGY PRESS

版权专有 侵权必究

图书在版编目(CIP)数据

统计学同步辅导与习题详解手写笔记 / 索瑜主编
. —北京：北京理工大学出版社，2023.1
ISBN 978-7-5763-2044-2

Ⅰ. ①统… Ⅱ. ①索… Ⅲ. ①统计学-高等学校-教学参考资料 Ⅳ. ①C8

中国国家版本馆 CIP 数据核字(2023)第 007935 号

出版发行 / 北京理工大学出版社有限责任公司	
社　　址 / 北京市海淀区中关村南大街 5 号	
邮　　编 / 100081	
电　　话 / (010)68914775(总编室)	
(010)82562903(教材售后服务热线)	
(010)68944723(其他图书服务热线)	
网　　址 / http://www.bitpress.com.cn	
经　　销 / 全国各地新华书店	
印　　刷 / 天津市蓟县宏图印务有限公司	
开　　本 / 787 毫米×1092 毫米　1/16	
印　　张 / 13.5	责任编辑 / 申玉琴
字　　数 / 337 千字	文案编辑 / 申玉琴
版　　次 / 2023 年 1 月第 1 版　2023 年 1 月第 1 次印刷	责任校对 / 刘亚男
定　　价 / 79.80 元	责任印制 / 李志强

图书出现印装质量问题，请拨打售后服务热线，本社负责调换

前 言

本书是以贾俊平老师所著的《统计学》为基础进行编写的，书中每章包括章节概括、划重点、斩题型与解习题四部分。首先，将各章节的重点内容逐一指出，并对核心知识点进行注释与剖析。其次，通过设置典型例题以便读者加深对知识点的理解与掌握。最后，通过对课后习题的解析与方法总结使读者进一步熟练知识点的应用。

本书具有以下特点。

(1) 重点突出，总结全面。本书对于每章的重点内容均进行了标注，并将较难理解的知识点采用举例和注释的形式进行阐述。

(2) 例题典型，解析详尽。本书对于每章的核心内容均设置了对应的题型及典型例题，并给出了详细的解析与题型总结；对例题进行了剖析，准确把握考点，将考点与课后习题的考点相呼应。

(3) 框架梳理，视频讲解。本书对重点内容按照知识架构进行视频串讲，更具有条理性；同时典型例题与课后习题解析均配有视频讲解，能够更生动形象地将内容传达给读者。

本书作为一本统计学的学习指导书，书中内容概括性强、总结程度高，建议读者在阅读完统计学教材之后阅读本书，也可以将本书与参考教材结合使用。本书既可以作为统计学专业的辅导用书，也可以作为考研"432统计学"备考辅助用书。另外，备考"432统计学"的读者在阅读本书的同时，结合《应用统计考研名校真题汇编》进行巩固练习，更有助于对知识点的理解与应用。

由于作者水平有限，书中难免存在错误和疏漏之处，敬请读者谅解并提出宝贵意见，以便进一步修订和改进。

索瑜

目　录

第1章　导　论　1
划重点 1
斩题型 2
解习题 4
补充第 7 版习题 7

第2章　数据的搜集　9
划重点 9
斩题型 13
解习题 15

第3章　数据的图表展示　19
划重点 19
斩题型 22
解习题 24
补充第 7 版习题 32

第4章　数据的概括性度量　35
划重点 35
斩题型 39
解习题 41
补充第 7 版习题 46

第5章　概率与概率分布　48
划重点 48
斩题型 52
解习题 55
补充第 7 版习题 57

第6章　统计量及其抽样分布　59
划重点 59
斩题型 62
解习题 63

第7章　参数估计　66
划重点 66

斩题型 ... 69
解习题 ... 72

第 8 章 假设检验 84
划重点 ... 84
斩题型 ... 90
解习题 ... 92

第 9 章 分类数据分析 102
划重点 ... 102
斩题型 ... 104
解习题 ... 106

第 10 章 方差分析 111
划重点 ... 111
斩题型 ... 118
解习题 ... 121

第 11 章 一元线性回归 131
划重点 ... 131
斩题型 ... 137
解习题 ... 139

第 12 章 多元线性回归 151
划重点 ... 151
斩题型 ... 154
解习题 ... 156

第 13 章 时间序列分析和预测 166
划重点 ... 166
斩题型 ... 171
解习题 ... 174
补充第 7 版习题 ... 185

第 14 章 指　　数 188
划重点 ... 188
斩题型 ... 193
解习题 ... 196
补充第 7 版习题 ... 205

第 1 章 导 论

> 本章主要是对统计学知识体系以及基本概念的介绍。要求同学们具备如下能力：理解统计学的含义；理解描述统计和推断统计；理解并掌握数据的类型及含义；理解并掌握统计中的几个基本概念（总体、样本、参数、统计量及变量）。

📝 划重点

数据收集：获得数据。
数据处理：整理与图表展示。
数据分析：利用统计方法分析数据。
数据解释：对结果的说明。
得到结论：从数据分析中得出客观结论。

1.1 统计及其应用领域

1. 统计学的定义

统计学是<u>收集、处理、分析、解释</u>数据并从数据中<u>得出结论</u>的科学。

2. 统计数据分析的方法

描述统计研究的是数据收集、处理、汇总、图表描述、概括与分析等统计方法。其内容包括如何取得研究所需要的数据，如何用图表形式对数据进行处理和展示，如何通过对数据的汇总、概括与分析得出所关心的数据特征。

描述统计<u>目的</u>是描述数据特征以及找出数据的基本规律。

推断统计是研究如何利用样本数据来推断总体特征的统计方法。其内容包括参数估计和假设检验两大类。

推断统计<u>目的</u>是对所研究的总体特征作出推断。

1.2 统计数据的类型

1. 按所采用的计量尺度分类

<u>分类数据</u>是只能归于某一类别的非数字型数据。它是对事物进行分类的结果。数据表现为<u>类别</u>，是用文字来表述的。

→ 分类数据和顺序数据说明的是事物的品质特征，通常是用文字来表述的，其结果均为类别，因而也被统称为定性数据或品质数据。

<u>顺序数据</u>是只能归于某一有序类别的非数字型数据。（也称有序分类数据）

<u>数值数据</u>是按数字尺度测量的观察值，其结果表现为<u>具体的数值</u>。

→ 数值数据说明的是现象的数值特征，通常是用数字来表现的，因此也可称为定量数据或数量数据。

2. 按收集方法分类

观测数据是通过调查或观测收集到的数据，这类数据是在没有对事物人为控制的条件下得到的。有关社会经济现象的统计数据几乎都是观测数据。

实验数据是在实验中控制实验对象而收集到的数据。自然科学领域的大多数数据都为实验数据。

3. 按时间状况分类

截面数据是在相同或近似相同的时间点上收集的数据。这类数据通常是在不同的空间获得的，用于描述现象在某一时刻的变化情况。

时间序列数据是在不同时间收集到的数据。这类数据是按时间顺序收集到的，用于描述现象随时间变化的情况。

1.3 统计中的几个基本概念

1. 总体和样本

总体是包含所研究的全部个体（或数据）的集合。总体通常由所研究的一些个体组成，组成总体的每个元素称为个体。

→ 区分的目的：判别在抽样中每次抽取是否独立。

根据总体包含的单位数目是否可数分为有限总体与无限总体。有限总体是指总体的范围能够确定，而且元素是有限可数的；无限总体是指总体所包括的元素是无限的、不可数的。

样本是从总体中抽取的一部分元素的集合。构成样本的元素的数目称为样本量。

→ 抽样的目的是根据样本提供的信息推断总体的特征。

2. 参数和统计量

→ 研究中，研究者想要了解的是总体的特征值，即总体的参数。

参数是用来描述总体特征的概括性数字度量，是研究者想要了解的总体的某种特征值。

统计量是用来描述样本特征的概括性数字度量，是根据样本数据计算出来的一个量。

→ 统计量是样本的函数。

3. 变量

→ 变量的具体取值称为变量值。

变量是说明现象某种特征的概念，其特点是从一次观察到下一次观察结果会呈现出差别或变化。

4. 变量的分类

$$\begin{cases} 分类变量 \rightarrow 分类数据 \\ 顺序变量 \rightarrow 顺序数据 \\ 数值变量 \begin{cases} 离散型变量 \\ 连续型变量 \end{cases} \rightarrow 数值数据 \end{cases}$$

其他情况分类：

$$\begin{cases} 随机变量 \\ 非随机变量 \end{cases} \quad \begin{cases} 经验变量 \\ 理论变量 \end{cases}$$

题型 1　区分描述统计与推断统计

例 1　一项关于大学生体重的调查显示，体重在 55～65 公斤的男生占比为 68%，这一叙述是（　　）的结果。

A. 描述统计　　　　　B. 推断统计　　　　　C. 试验　　　　　D. 定性变量

答案： B

解析： 推断统计是研究如何利用样本数据来推断总体特征的统计方法。即研究者想要通过调查和试验得到最终想要了解的总体情况。"调查显示"得出的结论为根据样本推断的总体情况。

题型总结： 区分描述统计与推断统计的核心在于"是否用样本推断总体"。"经研究""经调查"等得到的结论都是通过样本得出的，为推断统计。

习题引导： 属于该题型的有练习题 1.4（5）。

题型 2　辨别数据类型

例 2　一项民意调查的目的是想确定年轻人愿意与其父母讨论的话题类型。调查结果表明，45% 的年轻人愿意与其父母讨论家庭财务状况，38% 的年轻人愿意与其父母讨论有关教育的话题，15% 的年轻人愿意与其父母讨论爱情问题，该调查所搜集的数据是（　　）。

A. 分类数据　　　　B. 顺序数据　　　　C. 数值数据　　　　D. 实验数据

（提示：数据对应的变量为话题，属于分类变量）

答案： A

解析： 分类数据是只能归于某一类别的非数字型数据，它是对事物进行分类的结果，数据表现为类别，是用文字来表述的，此题中按照讨论的话题（分类变量）将类别分开，属于分类数据。

例 3　指出下面变量的类型。

（1）期末考试成绩（优秀、良好、及格）。→事物有序类别的名称，取值为顺序数据。

（2）行业。→事物类别的名称，取值为分类数据。

（3）学号。

（4）工资。→事物的数字特征，取值为数值数据。

答案：（1）顺序变量。

（2）分类变量。

（3）分类变量。

（4）数值变量。

题型总结： 作答此类问题要明确数据类型的概念与特点。

习题引导： 属于该题型的有练习题 1.1，1.3（2）（3），1.4（2）。

题型 3　区分总体、样本、参数、统计量

例 4　某研究部门想研究职工家庭的年人均消费，在全县抽取 500 个职工家庭，得到职工家庭年人均消费为 20 000 元。→从总体中抽取样本。

（1）写出这项研究的总体和样本。→根据样本数据得到的数值为统计量。

（2）"职工家庭年人均消费为 20 000 元"是参数还是统计量？如果是统计量，则参数是什么？

如果是参数，则统计量是什么？（提示：参数未知，用统计量去推断参数）

答案：（1）总体是"全县所有职工家庭"；样本是"500个职工家庭"。

（2）"职工家庭年人均消费为20 000元"是统计量，"全县所有职工家庭的年人均消费"为参数。

题型总结： 作答此类问题要明确总体、样本、参数、统计量之间的关系。研究者想要得到的信息（或所感兴趣的信息）均为总体信息。实际得到的数据为抽样得到的样本信息。实际研究中，研究人员经常用样本统计量去推断总体参数。

习题引导： 属于该题型的有练习题 1.2，1.3（1），1.4（1）（3）（4）。

解习题

一、思考题

1.1 什么是统计学？解释描述统计和推断统计的含义。

答案： 统计学是收集、处理、分析、解释数据并从中得出结论的科学。数据分析所用的方法可分为描述统计方法和推断统计方法。

描述统计研究的是数据收集、处理、汇总、图表描述、概括与分析等统计方法。其内容包括如何取得研究所需要的数据，如何用图表形式对数据进行处理和展示，如何通过对数据的汇总、概括与分析得出所关心的数据特征。描述统计的目的是描述数据特征以及找出数据的基本规律。

推断统计是研究如何利用样本数据来推断总体特征的统计方法。其内容包括参数估计和假设检验两大类。推断统计的目的是对所研究的总体特征作出推断。

本题重点提示：（1）理解统计学概念的构成，每一个构成可以理解为一个步骤，即从收集数据到最后得出结论。（2）理解描述统计与推断统计区别在于是否用样本数据推断总体数据。

1.2 统计数据可分为哪几种类型？解释各类型数据的含义。

答案：（1）按照计量尺度可分为分类数据、顺序数据和数值数据。

分类数据是只能归于某一类别的非数字型数据。它是对事物进行分类的结果。数据表现为类别，是用文字来表述的。如"男""女"。

顺序数据是只能归于某一有序类别的非数字型数据，如"优""良""中""及格"。

数值数据是按数字尺度测量的观察值，其结果表现为具体的数值。

分类数据和顺序数据说明的是事物的品质特征，通常是用文字来表述的，其结果均为类别，因而也被统称为定性数据或品质数据。数值数据说明的是现象的数值特征，通常是用数字来表现的，因此也可称为定量数据或数量数据。

（2）按照数据的收集方法，可以分为观测数据和实验数据。

观测数据是通过调查或观测收集到的数据。这类数据是在没有对事物人为控制的条件下得到的。有关社会经济现象的统计数据几乎都是观测数据。

实验数据是在实验中控制实验对象而收集到的数据。自然科学领域的大多数数据都为实验数据。

（3）按照被描述的现象与时间的关系，可以分为截面数据和时间序列数据。

截面数据是在相同或近似相同的时间点上收集的数据。这类数据通常是在不同的空间获得的，用于描述现象在某一时刻的变化情况。

时间序列数据是在不同时间收集到的数据，这类数据是按时间顺序收集到的，用于描述现象随时间变化的情况。

本题重点提示： 可以先从不同的维度划分，再具体区分数据的类型。

1.3 举例说明总体、样本、参数、统计量、变量这几个概念。

答案： 总体是包含所研究的全部个体（或数据）的集合。它通常由所研究的一些个体组成，组成总体的每个元素称为个体。比如，要检验一批灯泡的使用寿命，这批灯泡构成的集合就是总体，每个灯泡就是一个个体。

样本是从总体中抽取的一部分元素的集合，构成样本的元素的数目称为样本量。抽样的目的是根据样本提供的信息推断总体的特征。比如，从一批灯泡中随机抽取100个，这100个灯泡就构成了一个样本，100就是这个样本的样本量。

参数是用来描述总体特征的概括性数字度量，它是研究者想要了解的总体的某种特征值。研究者所关心的参数通常有总体平均数、总体标准差、总体比例等。比如要了解全国大学生的月均生活费，全国大学生的月均生活费即为总体参数。

统计量是用来描述样本特征的概括性数字度量，它是根据样本数据计算出来的一个量。由于抽样是随机的，因此统计量是样本的函数，也是随机变量。统计量主要有样本平均数、样本标准差、样本比例等。比如要了解全国大学生的月均生活费，没必要对全国大学生进行一一调查，因此随机抽取某高校200名学生作为样本，那么这200名学生的月均生活费则为统计量。

变量是说明现象某种特征的概念，其特点是从一次观察到下一次观察结果会呈现出差别或变化。如"性别"可以取"男""女"。

本题重点提示：（1）总体与样本的关系即"整体与部分"。（2）参数描述总体特征，统计量描述样本特征，推断统计中经常用"样本统计量"推断"总体参数"。

1.4 请举出应用统计的几个领域。

答案： 应用统计的领域：

（1）企业发展战略。

（2）企业产品质量管理。

（3）企业进行市场研究。

（4）财务分析。

（5）经济预测。

（6）人力资源管理。

二、练习题

1.1 指出下面变量的类型。

(1) 年龄。

(2) 性别。

(3) 汽车产量。

(4) 员工对企业某项改革措施的态度(赞成、中立、反对)。

(5) 购买商品时的支付方式(现金、信用卡、支票)。

答案：(1) 数值变量。

(2) 分类变量。

(3) 数值变量。

(4) 顺序变量。

(5) 分类变量。

1.2 某研究部门准备通过抽取 2 000 个家庭来推断该城市所有职工家庭的年人均收入。请描述该项研究的总体和样本，指出该项研究的参数和统计量。

答案：(1) 总体是"该城市所有职工家庭"，样本是"抽取的 2 000 个职工家庭"。

(2) 参数是"该城市所有职工家庭的年人均收入"，统计量是"抽取的 2 000 个职工家庭的年人均收入"。

1.3 一家研究机构从 IT 从业者中随机抽取 1 000 人作为样本进行调查，其中 60% 的人回答他们的月收入在 15 000 元以上，50% 的人回答他们的消费支付方式是用信用卡。回答以下问题：

(1) 这一研究的总体是什么？

(2) 月收入是分类变量还是数值变量？(提示：本题如果设置的问题类似于"10 000 元以下，10 000～15 000 元，15 000 元以上"则为顺序变量)

(3) 消费支付方式是分类变量还是数值变量？

(4) 这一研究涉及截面数据还是时间序列数据？(提示：同一时间进行调查的数据)

答案：(1) 所有 IT 从业者。

(2) 数值变量。

(3) 分类变量。

(4) 截面数据。

1.4 一项调查表明，消费者每月在网上购物的平均花费是 2 000 元，他们选择在网上购物的主要原因是"价格便宜"。回答以下问题：

（1）这一研究的总体是什么？

（2）"消费者在网上购物的原因"是分类变量还是数值变量？

（3）研究者所关心的参数是什么？（提示：针对总体的平均消费）

（4）"消费者每月在网上购物的平均花费是 2 000 元"是参数还是统计量？（提示：根据样本计算的数据为统计量）

（5）研究者使用的是描述统计方法还是推断统计方法？（提示：用样本推断总体）

答案：（1）所有网购消费者。

（2）分类变量。

（3）所有网购消费者每月在网上购物的平均花费。

（4）统计量。

（5）推断统计方法。

补充第 7 版习题

一、思考题

1.4 解释分类数据、顺序数据和数值型数据的含义。

答案： 统计数据按照计量尺度可分为分类数据、顺序数据和数值型数据。

分类数据是只能归于某一类别的非数字型数据。它是对事物进行分类的结果，数据表现为类别，是用文字来表述的，如性别分为"男""女"。

顺序数据是只能归于某一有序类别的非数字型数据，如成绩分为"优""良""中""及格"。

数值型数据是按数字尺度测量的观察值，其结果表现为具体的数值。如身高为"168 cm""172 cm"等。

分类数据和顺序数据说明的是事物的品质特征，通常是用文字来表述的，其结果均为类别，因而也被统称为定性数据或品质数据。数值型数据说明的是现象的数量特征，通常是用数值来表现的，因此也可称为定量数据或数量数据。

1.6 变量可分为哪几类？

答案： 变量可分为分类变量、顺序变量和数值变量。

分类变量是说明事物类别的一个名称，其取值为分类数据。如"性别"为分类变量，其变量值为"男""女"。

顺序变量是说明事物有序类别的一个名称，其取值是顺序数据。如"成绩"为顺序变量，其变量值为"优""良""中""及格"。

数值变量是说明事物数字特征的一个名称，其取值是数值数据。如"身高"为数值变量，其变量值为"168 cm""172 cm"等。

本题重点提示： 变量与数据类型相对应。

1.7 举例说明离散型变量和连续型变量。

答案： 离散型变量是只能取可数值的变量，它只能取有限个值，而且其取值都以整位数断开，如"XX 数量"等。

连续型变量是可以在一个或多个区间中取任何值的变量，它的取值是连续不断的，不能一一列举，如"身高""体重"等。

本题重点提示： 离散和连续的区别在于"变量取值是否有间断"。

1.8 请举出统计应用的几个例子。

答案：（1）统计某班中学生不同成绩等级的占比。

（2）企业要对某产品的市场潜力作出预测，以便及时调整生产计划，需要利用市场调查的有关数据进行分析得到结论。

（3）利用统计学得到全国城镇人口月均工资的情况。

第 2 章　数据的搜集

本章主要是对数据搜集方法的研究，包括数据搜集方法的适用性与优缺点。本章重点内容为概率抽样与非概率抽样、搜集数据的方式及数据的误差。要求同学们具备如下能力：了解数据的直接来源与间接来源；掌握概率抽样与非概率抽样；了解实验数据的相关内容；掌握数据的误差及误差的控制方法。

  划重点

2.1　数据的来源

1. 数据的间接来源（二手数据）

如果与研究内容有关的原信息已经存在，我们只是对这些原信息重新加工、整理，使之成为我们进行统计分析可以使用的数据，则把它们称为间接来源的数据。→系统内部；系统外部。

优点：搜集比较方便、数据采集快、采集成本低、作用广泛，因此搜集二手资料在研究中应优先考虑并采用。

缺点（局限性）：资料的相关性不够，口径可能不一致，数据也许不准确，时效性不足。

因此，在使用二手资料之前，应对二手资料进行评估。使用二手数据，要注意数据的定义、含义、计算口径和计算方法，避免错用、误用、滥用。在引用二手数据时，应注明数据来源，以尊重他人的劳动成果。
→(1) 资料是谁搜集的？
(2) 为什么目的而搜集？
(3) 数据是怎样搜集的？
(4) 什么时候搜集的？

2. 数据的直接来源（一手数据） →实验数据，通常针对自然现象，也被广泛运用到社会科学。

通过调查和实验的方法直接获取的一手资料。
→调查数据，通常针对社会现象，取自有限总体。

2.2　调查方法

1. 概率抽样与非概率抽样

（1）概率抽样。

概率抽样也称随机抽样，是指遵循随机原则进行的抽样，总体中每个单位都有一定的机会被选入样本。→排除主观上有意识地抽取调查单位。

概率抽样具有下面几个特点。

①抽样时按一定的概率以随机原则抽取样本。

②每个单位被抽中的概率是已知的，或是可以计算出来的。

③当用样本对总体目标量进行估计时,要考虑到每个样本单位被抽中的概率。

概率抽样方式:

①简单随机抽样。

简单随机抽样就是从包括总体 N 个单位的抽样框中随机地、一个个地抽取 n 个单位作为样本,每个单位的入样概率是相等的	优点:a.简单、直观,在抽样框完整时,可以直接从中抽取样本。b.用样本统计量对目标量进行估计及计算估计量误差都比较方便。 缺点:a.要求将包含所有总体单位的名单作为抽样框,当 N 很大时,构造这样的抽样框并不容易。b.抽出的单位很分散,给实施调查增加了困难。c.没有利用其他辅助信息以提高估计的效率

②分层抽样。

分层抽样是将抽样单位按某种特征或某种规则划分为不同的层,然后从不同的层中独立、随机地抽取样本	优点:a.保证了样本中包含有各种特征的抽样单位,样本的结构与总体的结构比较相近,有效地提高估计的精度。b.在一定条件下为组织实施调查提供了方便。c.既可以对总体参数进行估计,也可以对各层的目标量进行估计。 缺点:a.整体差异不明显时不适用。b.在使用时需要与其他抽样方式综合使用

③整群抽样。

整群抽样是将总体中若干个单位合并为组(群),抽样时直接抽取群,然后对中选群中的所有单位全部实施调查	优点:a.抽样时只需要群的抽样框,而不必要求抽样框包括所有单位,大大地简化了编制抽样框的工作量。b.调查地点相对集中,节省调查费用,方便调查实施。 缺点:估计的精度较差

④系统抽样。

系统抽样是将总体中的所有单位(抽样单位)按一定顺序排列,在规定的范围内随机地抽取一个单位作为初始单位,然后按事先制定好的规则确定其他样本单位	优点:a.操作简单。b.若有辅助信息,对总体内的单位进行有组织的排列,可以有效地提高估计的精度。 缺点:对估计量方差的估计比较困难

⑤多阶段抽样。

多阶段抽样采用类似整群抽样的方法,首先抽取群,然后再进一步抽样,从选中的群中抽取若干个单位进行调查,即二阶段抽样。将这种方法推广,使抽样的阶段数增多,即为多阶段抽样	优点:a.保证样本相对集中,节约调查费用。b.不需要包含所有低阶段抽样单位的抽样框。c.由于实行再抽样,使调查单位在更广泛的范围内展开。d.在较大规模的抽样调查中,是经常被采用的方法。 缺点:抽样及对总体进行估计都比较复杂

（2）非概率抽样。

非概率抽样是相对于概率抽样而言的，指抽取样本时不是依据随机原则，而是根据研究目的对数据的要求，采用某种方式从总体中抽取部分单位对其实施调查。

非概率抽样的类型：

①方便抽样。

调查过程中由调查员依据方便的原则，自行确定作为样本的单位	优点：容易实施，调查成本低。 缺点：样本单位的确定带有随意性，样本无法代表有明确定义的总体，调查结果不宜推断总体

②判断抽样。

判断抽样是指研究人员根据经验、判断和对研究对象的了解，有目的地选择一些单位作为样本，实施时根据不同的目的有重点抽样、典型抽样、代表抽样等方式	优点：抽样成本较低，容易操作。 缺点：主观性强，样本选择的好坏取决于调研者的判断、经验、专业程度和创造性，且调查结果不能用于对总体有关参数进行估计

> 重点抽样：少而重要，地位高。
> 典型抽样：能够反映问题的本质和规律。
> 代表抽样：也具有典型抽样的含义。

③自愿样本。

自愿样本指被调查者自愿参加，成为样本中的一分子，向调查人员提供有关信息	优点：可以反映某类群体的一般看法。 缺点：自愿样本与抽样的随机性无关，样本是有偏的，不能依据样本的信息对总体的状况进行估计

④滚雪球抽样。→适合于对稀少群体和特定群体的研究。

在滚雪球抽样中，首先选择一组调查单位，对其实施调查之后，再请他们提供另外一些属于研究总体的调查对象，调查人员根据所提供的线索，进行此后的调查。这个过程持续下去，就会形成滚雪球效应	优点：容易找到属于特定群体的被调查者，调查的成本也比较低

⑤配额抽样。

配额抽样首先将总体中的所有单位按一定的标志（变量）分为若干类，然后在每类中采用方便抽样或判断抽样的方式选取样本单位	优点：操作简单，而且可以保证总体中不同类别的单位都能包括在所抽的样本中，使得样本的结构和总体的结构类似

（3）概率抽样与非概率抽样的比较。

区分点	概率抽样	非概率抽样
遵循随机原则	是	否
根据样本对总体进行推断	可以	不可以
对估计精度要求	高	低
是否需要专业人员	是	否
技术含量	高	低
用途	主要用于区间估计及假设检验	主要用于进行探索性研究
成本	高	低

2. 搜集数据的基本方法

（1）搜集数据的基本方法。

①自填式。自填式是指在没有调查员协助的情况下由被调查者自己填写，完成调查问卷。

②面访式。面访式是指现场调查中调查员与被调查者面对面，调查员提问、被调查者回答的调查方式。

③电话式。电话式是指调查人员通过打电话的方式向被调查者实施调查。

④观察式。观察式是指调查人员通过直接观测的方法获取信息。

（2）自填式、面访式、电话式搜集数据的比较。

项目	自填式	面访式	电话式
调查时间	慢	中等	快
调查费用	低	高	低
问卷难度	要求容易	可以复杂	要求容易
有形辅助物的使用	中等利用	充分利用	无法利用
调查过程控制	简单	复杂	容易
调查员作用的发挥	无法发挥	充分发挥	一般发挥
回答率	最低	较高	一般

2.3 实验方法

实验数据是指在实验中控制实验对象而搜集到的变量数据。将研究对象分为两组，一组为实验组，一组为对照组。→对照组每个单位不接受上述某种特别的处理。

→实验组每个单位接受某种特别的处理。

2.4 数据的误差 →抽样误差 & 非抽样误差

数据的误差是指通过调查搜集到的数据与研究对象真实结果之间的差异。

→注：描述的是所有样本可能的结果与总体真值之间的平均差异，而不是某个具体样本的检测结果与总体真实结果的差异。

1. 抽样误差

抽样误差是由抽样的随机性引起的样本结果与总体真值之间的误差。

影响抽样误差大小的因素：

（1）样本量的大小。样本量越大，抽样误差越小。当样本量大到等于总体单位时，抽样调查变为普查，抽样误差为零。

（2）总体的变异性。总体的变异性越大，即各单位之间的差异越大，抽样误差也就越大，因为可能抽到特别大或特别小的样本单位，从而使样本结果偏大或偏小；反之，总体的变异性越小，各单位之间越相似，抽样误差也就越小；如果所有的单位完全一样，调查一个数据就可以精确无误地推断总体，抽样误差就不存在。

（3）抽样方法。一般来讲不重复抽样的误差小于重复抽样的误差。

（4）抽样的组织方式。采用不同的抽样组织方式也会产生不同的误差。一般来讲分层抽样误差最小，整群抽样误差最大。

2. 非抽样误差

非抽样误差是相对于抽样误差而言，是指除抽样误差之外的，由于其他原因引起的样本观测结果与总体真值之间的差异。

非抽样误差的类型： *包括：理解误差、记忆误差、有意识误差。*

（1）抽样框误差。是指由于抽样框不完善造成的误差。

（2）回答误差。是指被调查者在接受调查时给出的回答与真实情况不符而造成的误差。

（3）无回答误差。是指被调查者拒绝接受调查，调查人员得到的是一份空白的答卷而造成的误差。 *可以是随机性的，也可以是系统性的。*

（4）调查员误差。是指调查员本身引起的误差。

（5）测量误差。是指由于使用测量工具而引起的误差。

3. 误差的控制

抽样误差
- （1）由随机性引起。
- （2）存在于概率抽样中。
- （3）不可避免，可以计算，可以控制。
- （4）控制途径：增大样本量。

非抽样误差
- （1）与随机性无关。
- （2）存在于概率抽样与非概率抽样中。
- （3）理论上可以避免，但引起的原因也很多，控制起来比较困难。
- （4）控制途径：调查过程的质量控制。

斩题型

 概率抽样与非概率抽样 ☆☆☆☆

例 1 下列抽样方法中，遵循随机原则的抽样方法为（　　）。

A. 整群抽样　　　　B. 滚雪球抽样　　　　C. 配额抽样　　　　D. 典型抽样

答案： A

解析： 只有概率抽样遵循随机原则。题中，整群抽样为概率抽样。

例2 为了解某地区职工的劳动强度和收入状况，并对该地区各行业职工的劳动强度和收入状况进行对比分析，有关部门需要进行一次抽样调查，应该采用（　　）。

A. 简单随机抽样　　　　B. 系统抽样　　　　C. 分层抽样　　　　D. 整群抽样

答案： C

解析： 分层抽样是将抽样单位按某种特征或某种规则划分为不同的层，然后从不同的层中独立、随机地抽取样本，将各层的样本结合起来，对总体的目标量进行估计的一种概率抽样方式。本题需要对各行业进行对比分析，故应采用分层抽样。

题型总结： 类似题型需要大家牢记概率抽样与非概率抽样的概念、类型、各种抽样方式的抽取过程及特点。

题型2　数据搜集的方法及特点

例3 搜集数据的基本方法有哪些？各自特点是什么？

答案： 搜集数据的基本方法主要有以下几种。

（1）自填式。自填式是指在没有调查员协助的情况下由被调查者自己填写，完成调查问卷。

自填式的优点：管理相对容易，调查成本低，可以进行大范围的调查。被调查者可以选择方便的时间作答。由于调查员不在场，因而自填式也可以减少被调查者回答敏感问题的压力。

自填式的缺点：首先，问卷的回收率比较低。其次，自填式不适合结构复杂的问卷，对调查的内容有所局限。此外，自填式的调查周期通常都比较长，调查人员也需要对问卷的递送和回收方法进行仔细的研究和选择。最后，对于在数据搜集过程中出现的问题，一般难以及时采取调改措施。

（2）面访式。面访式是指现场调查中调查员与被调查者面对面，调查员提问、被调查者回答的调查方式。

面访式的优点：调查人员可以激发被调查者的参与意识，提高调查的回答率。调查人员可以在现场解释问卷，提高调查数据的质量，也适合对识字率低的群体进行调查。调查中可以采用更多的辅助技术手段，使得调查问题的组合更为科学、合理。可以对数据搜集花费的时间进行调节。

面访式的缺点：首先，调查的成本比较高。其次，面访这种搜集数据的方式对调查过程的质量控制有一定难度。最后，对于敏感性问题的调查，面访式下被调查者通常不会像在自填式方法下那样放松。

（3）电话式。电话式是指调查人员通过打电话的方式向被调查者实施调查。

电话式的优点：速度快，能够在很短时间内完成调查。调查成本低，也适合样本单位十分分散的情况。对调查员也是较为安全的。对访问过程的控制较为容易；可以利用计算机进行辅助。

电话式的缺点：首先，因为电话调查的工具是电话，在电话使用率不高的地区，这种方式就受到限制。其次，使用电话进行访问的时间不能太长，特别是被调查者对调查的内容不感兴趣时更是如此。再次，电话调查所使用的问卷要简单。最后，与面访式相比，电话调查由于不是面对面的交流，在被访者不愿意接受调查时，要说服他们就更为困难。

题型总结： 对于自填式、面访式和电话式三种方法，需要从调查时间、费用、问卷难度、调查员参与度、问卷回收率等方面进行区分。

题型 3 误差与控制 ☆☆☆☆☆

例 4 以下关于抽样误差的说法错误的是（ ）。

A. 其他条件相同时，总体的差异程度越大，抽样误差就越大

B. 其他条件相同时，样本容量越大，抽样误差越小

C. 不重复抽样中的抽样误差要大于重复抽样

D. 在非概率抽样中无法对抽样误差进行控制

答案： C

解析： 影响抽样误差大小的因素：①总体单位标志值的差异程度；②样本单位数的多少；③抽样方法；④抽样调查的组织形式。C选项，重复抽样比不重复抽样误差要大些。

例 5 某高校委托一个应用统计专业的在校生去了解该校的一个小区中住户对物业服务的看法，利用最初的住户登记名单进行调查。但现在的小区中，原有的一些教职工已经把房子卖掉，入住了一些新的外来户。该生调查结果产生的误差属于（ ）。

A. 随机误差　　　　B. 抽样框误差　　　　C. 简单随机抽样误差　　　　D. 重点抽样误差

答案： B

解析： 抽样框误差是指由于抽样框的不完善造成的统计推断错误。在概率抽样中需要根据抽样框抽取样本。本题中一些教职工已经把房子卖掉，入住了一些新的外来户导致抽样框中的单位与研究总体的单位不存在一一对应的关系，使用这样的抽样框抽取样本就会出现抽样框误差。

题型总结： 类似题型需要大家牢记抽样误差与非抽样误差的概念、类型与解决办法。

解习题

一、思考题

2.1 什么是二手资料？使用二手资料需要注意些什么？

答案： 如果与研究内容有关的原信息已经存在，我们只是对这些原信息重新加工、整理，使之成为我们进行统计分析可以使用的数据，则把它们称为间接来源的数据，即二手资料。

在使用二手资料之前应对二手资料进行评估。使用二手数据，要注意数据的定义、含义、计算口径和计算方法，避免错用、误用、滥用。在引用二手数据时，应注明数据的来源，以尊重他人的劳动成果。对二手资料评估需考虑：

（1）资料是谁搜集的？

（2）为什么目的而搜集？

（3）数据是怎样搜集的？

（4）什么时候搜集的？

本题重点提示： 牢记二手数据需要进行评估的几方面，以便二手数据适用于现期研究。

2.2 比较概率抽样和非概率抽样的特点。举例说明什么情况下适合采用概率抽样，什么情况下适合采用非概率抽样。

答案：（1）概率抽样也称随机抽样，是指遵循随机原则进行的抽样，总体中每个单位都有一定的机会被选入样本。非概率抽样是相对于概率抽样而言的，指抽取样本时不是依据随机原则，而是根据研究目的对数据的要求，采用某种方式主观地从总体中抽出部分单位对其实施调查。

（2）概率抽样与非概率抽样的特点：概率抽样是依据随机原则抽选样本，样本统计量的理论分布是存在的，因此可以根据调查的结果对总体的有关参数进行估计，计算估计误差，得到总体参数的置信区间，并且在进行抽样设计时，对估计的精度提出要求，计算为满足特定精度要求所要的样本量。而非概率抽样不是依据随机原则抽选样本，样本统计量的分布是不确切的，因而无法使用样本的结果对总体相应的参数进行推断。

（3）如果调查目的在于掌握和研究对象总体的数量特征，得到总体参数的置信区间，就使用概率抽样。非概率抽样适合探索性的研究，调查结果用于发现问题，为更深入的数量分析提供准备。

本题重点提示：（1）是否遵循随机原则；（2）能否得到统计量的分布从而进行相应的推断；（3）需要用样本推断总体信息采用概率抽样，探索性研究适合采用非概率抽样。

2.3 调查中搜集数据的方法主要有自填式、面访式、电话式。除此之外，还有哪些搜集数据的方法？

答案： 观察式：即调查人员通过直接观测的方法获取信息，如在十字路口通过计算方法估算车流量。

2.4 自填式、面访式、电话式调查各有什么利弊？

答案： 搜集数据的基本方法主要有以下几种。

（1）自填式。自填式是指在没有调查员协助的情况下由被调查者自己填写，完成调查问卷。

自填式的优点：管理相对容易，调查成本低，可以进行大范围的调查。被调查者可以选择方便的时间作答，由于调查员不在场，因而自填式也可以减少被调查者回答敏感问题的压力。

自填式的缺点：首先，问卷的回收率比较低。其次，自填式不适合结构复杂的问卷，对调查的内容有所局限。此外，自填式的调查周期通常都比较长，调查人员也需要对问卷的递送和回收方法进行仔细的研究和选择。最后，对于在数据搜集过程中出现的问题，一般难以及时采取调改措施。

（2）面访式。面访式是指现场调查中调查员与被调查者面对面，调查员提问、被调查者回答的调查方式。

面访式的优点：调查人员可以激发被调查者的参与意识，提高调查的回答率。调查人员可以在现场解释问卷，提高调查数据的质量，也适合对识字率低的群体进行调查。调查中可以采用更多的辅助技术手段，使得调查问题的组合更为科学、合理。可以对数据搜集花费的时间进行调节。

面访式的缺点：首先，调查的成本比较高。其次，面访这种搜集数据的方式对调查过程的质量控制有一定难度。最后，对于敏感性问题的调查，面访式下被调查者通常不会像在自填式方法下那样放松。

（3）电话式。电话式是指调查人员通过打电话的方式向被调查者实施调查。

电话式的优点：速度快，能够在很短时间内完成调查。调查成本低，也适合样本单位十分分散的情况。对调查员也是较为安全的。对访问过程的控制较为容易；可以利用计算机进行辅助。

电话式的缺点：首先，因为电话调查的工具是电话，在电话使用率不高的地区，这种方式就受到限制。其次，使用电话进行访问的时间不能太长，特别是被调查者对调查的内容不感兴趣时更是如此。再次，电话调查所使用的问卷要简单。最后，与面访式相比，电话调查由于不是面对面的交流，在被访者不愿意接受调查时，要说服他们就更为困难。

本题重点提示： 对于自填式、面访式和电话式三种方法，需要从调查时间、费用、问卷难度、调查员参与度、问卷回收率等方面进行区分。

2.5 请举出（或设计）几个实验数据的例子。

答案： 实验数据是指在实验中控制实验对象而搜集到的变量数据。

举例：

（1）为研究新饲料是否可以增加奶牛的产奶量，分别设置对照组和实验组，实验组奶牛喂养新饲料，对照组奶牛则继续喂养原来的饲料，除喂养饲料种类有区别外，两组奶牛其他环境均相同。经过一段时间后可以得到两组奶牛的产奶量数据。

（2）为研究新技术生产的产品合格率是否有显著提高，分别设置对照组和实验组，对照组采用传统方法生产，实验组采用新技术生产，除技术有区别外，两组其他生产条件均相同。由此得到两组产品数据。

2.6 你认为应当如何控制调查中的回答误差？

答案： 对于理解误差，要注意表述中的措辞，以便于被调查者理解的统一性，同时学习一定的心理学知识对降低理解误差也有一定的帮助。

对于记忆误差，尽量缩短所涉及问题的时间范围。

对于有意识误差，调查人员要想方设法打消被调查者的思想顾虑，调查人员要遵守职业道德，为被调查者保密，尽量避免敏感问题。

本题重点提示： 先确定回答误差的类型，针对不同类型选择控制措施。

2.7 怎样减少无回答？请通过一个例子说明你所考虑到的减少无回答的具体措施。

答案： 无回答可能是由于随机误差和系统误差所导致的。

对于随机误差，可以通过增加样本容量来控制。比如要收回200份，按照无回答率10%，可以再随机抽取20个单位进行调查。

对于系统误差，一方面，要做好预防，在调查前做好各方面的准备工作，尽量把无回答率降到最低程度。另一方面，无回答出现后，分析无回答产生的原因，采取补救措施。当被调查者不愿意回答时，可以通过一定的方法劝服被调查者，还可以通过馈赠小礼品等方式提高回收率。

此外，还可以从问卷的设计及调查员的专业度等方面进行改进，比如提高问卷的吸引力，避免敏感性问题，对调查员进行挑选以及专业培训等。

本题重点提示： 先确定无回答误差的类型，针对不同类型选择控制措施。

第 3 章 数据的图表展示

> 本章主要是从图表的角度对数据进行展示，本章的重点集中在数据处理过程及如何对不同类型的数据选取对应的图表展示方法。要求同学们具备如下能力：熟练掌握数据的审核、筛选、排序；掌握品质数据整理方法及图表展示；掌握数值数据整理方法及图表展示；了解鉴别图表优劣的准则。

 划重点

3.1 数据的预处理

数据的预处理是在对数据进行分析之前所做的必要处理，内容包括数据的审核、筛选、排序等。

（1）**数据审核**：检查数据中是否有错误。

原始数据，主要审核数据的完整性和准确性。

二手数据，主要审核数据的适用性和时效性。 →比如，找出营业额在500万元以上的企业。

（2）**数据筛选**：根据需要找出符合特定条件的某类数据。

（3）**数据排序**：按一定顺序将数据排列，以便研究者通过浏览数据发现一些明显的特征或趋势，找到解决问题的线索。 →作用：①发现数据明显特征或趋势；②有助于对数据进行检查纠错；③为重新归类或分组提供方便。

3.2 分类数据的整理与展示

数据的整理与展示需要注意的问题：
(1) 要根据不同类型的数据选用适当的处理方法。分类数据与顺序数据主要做分类整理，数值数据主要做分组整理。
(2) 适合于低层次数据的整理和展示方法也适合于高层次数据；但适合于高层次数据的整理和展示方法并不适合于低层次数据。

1. 分类数据的整理

频数：落在某一特定类别或组中的数据个数。

频数分布：把各个类别及落在其中的相应频数全部列出，并用表格形式表现出来，称为频数分布。

比例：也称构成比，它是一个样本或总体中各个部分的数据与全部数据之比，通常用于反映样本或总体的构成或结构。

比率：样本或总体中不同类别数据之间的比值。

百分比：将比例乘以 100 得到的数值，用 % 表示。

→区别：比例表达部分与整体的比；比率表达部分与部分的比。比率值可以大于1，比例则不可以。

2. 分类数据的图示

条形图：用宽度相同的条形的高度或长短来表示数据多少的图形，纵置时也称为柱形图。

帕累托图：按各类别数据出现的频数多少排序后绘制的条形图，左侧的纵轴给出计数值（即频数），右侧的纵轴给出频数累积百分比。 →注：并不是扇形的大小，而是角度的大小。

饼图：用圆形及圆内扇形的角度来表示数值大小的图形，它主要用于表示一个样本或总体中各组成部分的数据占全部数据的比例。 →主要研究结构性问题。

环形图：环形图中间有一个"空洞"，用一个环表示一个类别的构成，多个类别构成的多个环嵌套在一起。
→与饼图的区别：
（1）饼图只能显示一个样本或总体中各部分数据占全部数据的比例；研究一个样本或总体结构性问题。
（2）环形图则可以同时绘制多个样本或总体的数据系列，每一个样本或总体的数据系列为一个环，用于作结构比较研究。

注：以上数据适用于分类数据、顺序数据，也适用于数值数据。

3.3 数值数据的整理与展示

1. 数据分组 →数据分组的主要目的是观察数据的分布特征。
　　　　　　数据分组要遵循"不重不漏""上组限不在内"的原则。

数据分组：根据统计研究的需要，将原始数据按照某种标准分成不同的组别，分组后的数据称为**分组数据**。

数据分组的方法：

①单变量值分组：将每一个变量值作为一组，只适用于变量值较少的离散型变量。

②组距分组：将一个区间的变量值作为一组，适用于较多变量或连续型变量。

2. 组距分组

下限：一个组的最小值。

上限：一个组的最大值。→组距相等称为等距分组；组距不相等称为不等距分组。

组距：一个组的上限与下限之差。

组中值：每一组中下限值与上限值中间的值，反映各组数据的一般水平。

→组中值的计算：
闭口组：组中值 =（下限值 + 上限值）/2。
开口组：首组的组中值 = 最小组的上限 − 相邻组的组距/2。
　　　　末组的组中值 = 最大组的下限 + 相邻组的组距/2。

组距分组的步骤：

第 1 步：确定组数。分组的目的在于观察数据分布的特征，因此，组数太少，数据的分布会过于集中，组数太多，数据的分布会过于分散。一般情况下，数据所分的组数不应少于 5 组且不多于 15 组，即 $5 \leqslant K \leqslant 15$。

→还可以根据经验公式确定分组组数 $K = 1 + \dfrac{\lg n}{\lg 2}$。

第 2 步：确定各组的组距。组距可以根据全部数据的最大值和最小值及所分的组数来确定，即组距 =（最大值 − 最小值）/ 组数。在实际计算过程中，组距一般为 5 或者 10 的倍数，方便操作。

第 3 步：根据分组整理成频数分布表。

3. 数值数据的图示

（1）直方图（显示分组数据分布）。

直方图是用于展示数值数据分布的一种图形，它是用矩形的宽度和高度（即面积）来表示频数分布的。

（2）茎叶图（显示未分组数据分布）。

茎叶图是反映原始数据分布的图形，它由茎和叶两部分构成，其图形是由数字组成的。通过茎叶图，可以看出数据分布的形状及数据的离散状况。 → 比如，分布是否对称，数据是否集中，是否有离群点等。

直方图与条形图的区别：

首先，条形图是用条形的高度或长短表示各类别频数的多少，其宽度（表示类别）是固定的；直方图是用面积表示各组频数的多少，矩形的高度表示每一组的频数或频率，宽度则表示各组的组距，因此其高度与宽度均有意义。

其次，由于分组数据具有连续性，直方图的各矩形通常是连续排列，而条形图则是分开排列。

最后，条形图主要用于展示分类数据，而直方图主要用于展示数值数据。

直方图与茎叶图的区别：

直方图虽然能很好地显示数据的分布，但不能保留原始的数据。茎叶图既能给出数据的分布状况，又保留了原始数据的信息。

（3）箱形图（显示未分组数据分布）。 → 最小值、最大值、下四分位数、上四分位数、中位数。

箱形图用于显示未分组的原始数据的分布，由一组数据的 5 个特征值绘制而成，由一个箱子和两条线段组成。不同分布的箱形图如图所示。 → 通过箱形图可以看出数据分布的特征。箱形图的分布类型有：对称分布、左偏分布、右偏分布、U 形分布。

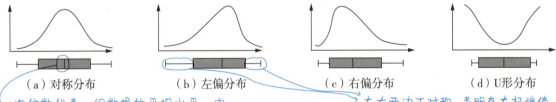

(a) 对称分布　　(b) 左偏分布　　(c) 右偏分布　　(d) U 形分布

→ 中位数代表一组数据的平均水平。中位数在箱子中间，最大值与最小值和箱子的距离相等，则为对称分布。

→ 左右两边不对称，表明存在极端值，左边长存在极小值，右边长存在极大值。

（4）线图（主要适用于时间序列数据）。

线图主要用于反映现象随时间变化的特征。

（5）散点图。

散点图是一种用二维坐标展示两个变量之间关系的图形，即由坐标轴及散点形成的二维数据图。

（6）气泡图。

气泡图用于展示三个变量之间的关系，将一个变量放在横轴，另一个变量放在纵轴，第三个变量用气泡大小来表示。

（7）雷达图。

雷达图是显示多个变量的常用图示方法，也称为蜘蛛图。
→作用：
(1) 显示或对比各变量的数值总和。
(2) 研究多个样本或总体之间的相似程度。
注意雷达图与环形图的区别，环形图是研究结构性问题。

3.4 合理使用图表

一个精心设计的图表可以准确地表达数据所要传递的信息，要能让读者把注意力集中在图表的内容上，而不是在制作图表的程序上。

合理使用图表要注意以下几点。

首先，在制作图表时，应避免一切不必要的修饰。

其次，图形的比例应合理。→常规：4∶3 的矩形。

最后，图表应有编号和标题。编号一般使用阿拉伯数字，如表1、表2、表3 等。图表的标题应明确标出表中数据所属时间（when）、地点（where）和内容（what）。表的标题通常放在表的上方，图的标题放在图的上方、下方均可。
→3W 原则。

斩题型

题型 1 图形的适用性与特点 ★★★★

例 1 下列哪个图形不适合描述分类数据？（　　）

A. 条形图　　　　B. 饼图　　　　C. 帕累托图　　　　D. 茎叶图

答案：D　　适用于高层次数据的图形，不适用于低层次数据。

解析：条形图、饼图、帕累托图主要用于展示分类数据。茎叶图用于显示未分组的原始数值数据的分布。

例 2 下面关于直方图与条形图的陈述，正确的是（　　）。

A. 直方图与条形图用法一样 →不一样，展示不同类型的数据。

B. 条形图主要用于展示分类数据 →按条形长短，直方图按面积。

C. 条形图用面积表示各组频数的多少

D. 直方图应该按各矩形的高度从大到小排列 →按数据分组的顺序。

答案：B

解析：直方图与条形图的用法不同，直方图主要用于展示数值数据，条形图主要用于展示分类数据，条形图用长短来表示频数的大小，直方图用面积表示各组频数的多少，直方图按照分组顺序排列。

例 3 下面哪一个图形适合于比较研究两个或多个总体的结构性问题？（　　）

A. 环形图　　　　B. 饼图　　　　C. 直方图　　　　D. 茎叶图
→研究样本或总体结构性问题。　　　　→展示数值数据分布。

答案： A

解析： 研究结构性问题的图形只有饼图和环形图，饼图主要适用于研究一个样本或总体的结构性问题；环形图适用于比较研究两个或多个样本或总体的结构性问题。

题型总结： 图形的适用性问题要明确分类数据、顺序数据与数值数据各适用于何种图形，同时要明确各图形的特点、形状以及功能。

题型 2　数据分组与图形分析 ★★★★

例 4　某连续变量数列末组为开口组，下限为 200，相邻组组中值为 170，则末组的组中值为（　　）。

A.230　　　　　　　B.200　　　　　　　C.210　　　　　　　D.180

答案： A

解析： 对于求开口组的组中值公式为

首组的组中值 = 最小组的上限 − 相邻组的组距 /2

末组的组中值 = 最大组的下限 + 相邻组的组距 /2

由于本题要求的是末组开口组的组中值，因此为 200+(200−170)=230。 ——即相邻组组距的一半。

例 5　某行业 40 家企业的人均年销售收入（万元/人）数据如表所示。

15	72	132	156	270	339	32	83	137	167
270	348	51	88	137	188	289	406	56	100
145	191	289	416	62	111	457	239	331	501
563	97	198	409	522	367	170	149	372	197

要求：

（1）将上述数据按照 100 以下，100～200，200～300，300～400，400 以上分组，生成频数分布表。

（2）绘制直方图，根据直方图说明上述数据的分布状况。

（3）绘制箱形图，并描述人均年销售收入的分布特征。

答案：（1）根据"不重不漏""上组限不在内"的原则，得到频数分布如表所示。

按销售收入分组（万元/人）	频数（人）	频率（%）
100 以下	9	22.5
100～200	14	35
200～300	5	12.5
300～400	5	12.5
400 以上	7	17.5

（2）绘制直方图如图（a）所示。

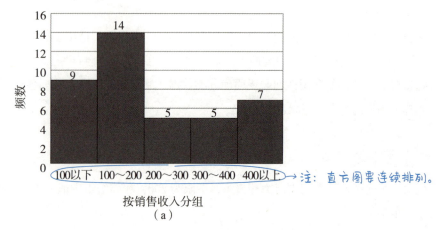

按销售收入分组
（a）

注：直方图要连续排列。

从直方图可以看出，人均年销售收入是非对称分布的，人均年销售收入主要集中在200（万元/人）以下，在100～200（万元/人）的企业数最多。直方图呈偏态形，图的顶峰偏向左侧，数据表现为右偏分布。

（3）根据数据绘制箱形图如图（b）所示。

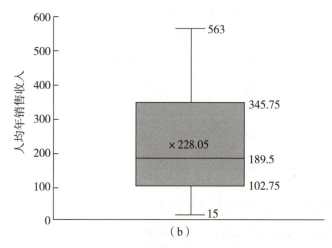

(b)

从箱形图可以看出数据为非对称分布，最大值到箱子的距离更长，因此大致呈现右偏分布。

题型总结：（1）对于图形分布情况的描述，可以从集中趋势、离散程度、偏斜程度、频数最大组以及最小组等情况进行描述，答案不唯一。（2）数据分组主要考查组距分组，因此要明确分组步骤与分组原则。

习题引导： 属于该题型的有练习题3.1（1），3.2，3.3。

解习题

一、思考题

3.1 简述数值数据分组的步骤。

答案： 数值数据分组步骤如下。

第 1 步：确定组数。组数的确定应以能够显示数据的分布特征和规律为目的。一般情况下，数据所分的组数不应少于 5 组且不多于 15 组，即 $5 \leq K \leq 15$。实际应用中，可根据数据的多少和特点及分析的要求来确定组数。

第 2 步：确定各组的组距。组距是一个组的上限与下限的差。组距可根据全部数据的最大值和最小值及所分的组数来确定，即组距 =（最大值 − 最小值）÷ 组数。实际计算过程中，组距一般是 5 或 10 的倍数，而且第一组的下限应低于最小变量值，最后一组的上限应高于最大变量值。

第 3 步：根据分组整理成频数分布表。

注意：（1）采用数据分组时，需要遵循"不重不漏"原则。

（2）统计分组时习惯上遵循"上组限不在内"原则，即当相邻两组的上下限重叠时，恰好等于某一组上限的变量值不算在本组内，而计算在下一组内。

（3）在数据分组中，如果全部数据中的最大值和最小值与其他数据相差悬殊，为避免出现空白组或个别极端值被漏掉，第一组与最后一组可以采用开口组。开口组通常以相邻组的组距作为其组距。

本题重点提示：（1）明确分组步骤；（2）明确分组原则。

3.2 直方图与条形图有何区别？

答案：①条形图是用条形的高度或长短表示各类别频数的多少，其宽度是固定的；直方图是用面积表示各组频数的多少，矩形的高度表示每一组的频数或频率，宽度则表示各组的组距，因此其高度与宽度均有意义。

②由于分组数据具有连续性，直方图的各矩形通常是连续排列，而条形图则是分开排列。

③条形图主要用于展示分类数据，而直方图主要用于展示数值数据。

本题重点提示：重要区别：（1）图形高度和宽度是否均有意义；（2）适用的数据类型；（3）是否连续排列。

3.3 饼图和环形图有什么不同？

答案：饼图是用圆形及圆内扇形的角度来表示数值大小的图形，它主要用于表示一个样本或总体中各组成部分的数据占全部数据的比例，饼图对于研究结构性问题十分有用。

环形图中间有一个"空洞"，用一个环表示一个类别的构成，多个类别构成的多个环嵌套在一起。环形图样本或总体中的每一部分数据用环中的一段表示，可以用来比较一组数据的结构，也可以同时比较多组数据。

环形图与饼图类似，但又有区别。

饼图只能显示一个样本或总体中各部分数据占全部数据的比例，研究一个样本或总体结构性问题。环形图则可以同时绘制多个样本或总体的数据系列，每一个样本或总体的数据系列为一个环，用于作结构比较研究。

本题重点提示：（1）均可用于研究结构性问题；（2）饼图表示一个总体或样本，环形图表示多个总体或样本。

3.4 使用图表时应注意哪几点？

答案： 合理使用图表要注意以下几点：

首先，在制作图表时，应避免一切不必要的修饰。过于花哨的修饰往往会使人注重图表本身，而掩盖了图表所要表达的信息。

其次，图形的比例应合理。一般而言，一张图形大体上为 4∶3 的一个矩形，过长或过高的图形都有可能歪曲数据，给人留下错误的印象。

最后，图表应有编号和标题。编号一般使用阿拉伯数字，如表 1、表 2 等。图表的标题应明确标出表中数据所属时间（when）、地点（where）和内容（what），即遵循通常说的 3W 准则。表的标题通常放在表的上方，图的标题可放在图的上方，也可以放在图的下方。

二、练习题

3.1 为评价家电行业售后服务的质量，随机抽取了由 100 个家庭构成的一个样本。服务质量的等级分别表示为：A. 好；B. 较好；C. 一般；D. 较差；E. 差。调查结果如下。

B	E	C	C	A	D	C	B	A	E
D	A	C	B	C	D	E	C	E	E
A	D	B	C	C	A	E	D	C	B
B	A	C	D	E	A	B	D	D	C
C	B	C	E	D	B	C	B	C	B
D	A	C	B	C	D	E	C	E	B
B	E	C	C	A	D	C	B	A	E
B	A	C	D	E	A	B	D	D	C
A	D	B	C	C	A	E	D	C	B
C	B	C	E	D	B	C	C	B	C

（1）用 Excel 制作频数分布表。

（2）绘制一幅条形图，反映评价等级的分布。

（3）绘制评价等级的帕累托图。

答案：（1）服务质量等级的频数分布如下。

服务质量等级	频数	频率（%）
A	14	14
B	21	21
C	32	32
D	18	18
E	15	15
合计	100	100

（2）评价等级的条形图如图（a）所示。

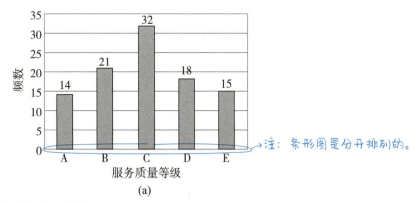

(a)

（3）评价等级的帕累托图如图（b）所示。

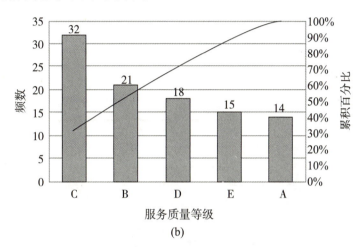

(b)

3.2 为了确定灯泡的使用寿命，在一批灯泡中随机抽取100个进行测试，所得结果（单位：小时）如下。

700	716	728	719	685	709	691	684	705	718
706	715	712	722	691	708	690	692	707	701
708	729	694	681	695	685	706	661	735	665
668	710	693	697	674	658	698	666	696	698
706	692	691	747	699	682	698	700	710	722
694	690	736	689	696	651	673	749	708	727
688	689	683	685	702	741	698	713	676	702
701	671	718	707	683	717	733	712	683	692
693	697	664	681	721	720	677	679	695	691
713	699	725	726	704	729	703	696	717	688

（1）以组距为10进行分组，生成频数分布表。
（2）绘制直方图，说明数据分布的特点。
答案：（1）灯泡的使用寿命的最小值是651，最大值是749，要求组距为10，因此，具体分组情况为650～660，660～670，670～680，680～690，690～700，700～710，710～720，720～730，730～740，740～750，共10组。得到100只灯泡使用寿命的频数分布如表所示。

注：遵循"不重不漏""上组限不在内"的原则。

按使用寿命分组（小时）	灯泡个数（个）	频率（%）
650～660	2	2
660～670	5	5
670～680	6	6
680～690	14	14
690～700	26	26
700～710	18	18
710～720	13	13
720～730	10	10
730～740	3	3
740～750	3	3
合计	100	100

（2）绘制直方图如图所示。

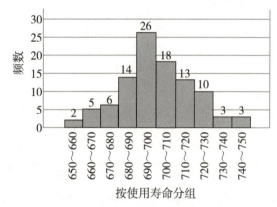

从直方图可以看出，灯泡的使用寿命呈现中间高、两端低的钟形分布，分布在690～700区间的频数最多。

注：分布特点根据图形情况描述即可，答案不唯一。

3.3 一种袋装食品用生产线自动装填，每袋重量大约为50克，但由于某些原因，每袋重量不会恰好是50克。随机抽取100袋食品，测得的重量数据（单位：克）如下。

57	46	49	54	55	58	49	61	51	49
51	60	52	54	51	55	60	56	47	47
53	51	48	53	50	52	40	45	57	53
52	51	46	48	47	53	47	53	44	47
50	52	53	47	45	48	54	52	48	46

续表

49	52	59	53	50	43	53	46	57	49
49	44	57	52	42	49	43	47	46	48
51	59	45	45	46	52	55	47	49	50
54	47	48	44	57	47	53	58	52	48
55	53	57	49	56	56	57	53	41	48

（1）生成频数分布表。

（2）绘制频数分布的直方图。

（3）说明数据分布的特征。

答案：（1）首先，确定组数，$K = 1 + \dfrac{\lg n}{\lg 2} = 1 + \dfrac{\lg 100}{\lg 2} = 7.64 \approx 8$。其次，确定各组的组距，最大值为61，最小值为40，所以组距 $= \dfrac{61-40}{8} = 2.63$，为了方便，取组距为5。得到食品重量的频数分布如表所示。

按食品重量分组（克）	频数（袋）	频率（%）
40～45	8	8
45～50	37	37
50～55	34	34
55～60	18	18
60～65	3	3
合计	100	100

（2）绘制直方图如图所示。

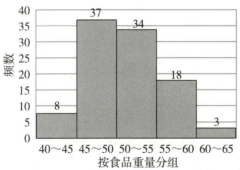

（3）由直方图可知食品重量主要集中在 45～55 之间，呈现中间高、两端低的钟形分布。

3.4 根据下面的数据绘制散点图，说明两个变量之间的关系。

x	2	3	4	1	8	7
y	25	25	20	30	16	18

答案： 绘制散点图如图所示。

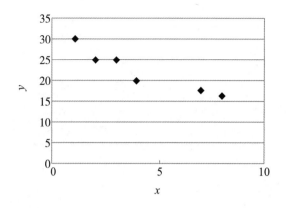

从散点图可以看出，随着 x 的增加，y 逐渐减少，并且散点图接近线性趋势，因此两变量之间呈现负线性相关关系。

3.5 甲、乙两个班各有 40 名学生，期末统计学考试成绩的分布如下。

考试成绩	人数	
	甲班	乙班
优	3	6
良	6	15
中	18	9
及格	9	8
不及格	4	2

（1）根据上面的数据，画出两个班统计学考试成绩的对比条形图和环形图。
（2）比较两个班统计学考试成绩分布的特点。
（3）画出雷达图，看看两个班统计学考试成绩的分布是否相似。

答案：（1）对比条形图如图（a）所示。

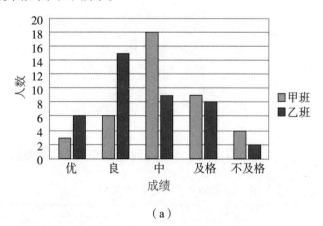

（a）

对比环形图如图（b）所示（内环为甲班数据）。

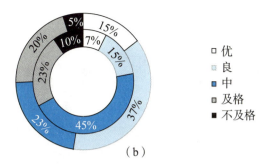

(b)

（2）从对比条形图来看，甲班成绩为中等的人数最多，乙班成绩为良的人数最多。成绩为优的人数乙班比甲班多，及格与不及格的人数甲班比乙班多，综合来看，乙班成绩更好。

从对比环形图上也可以看出，乙班的优、良两种成绩水平可以达到52%，而甲班仅能达到22%。说明乙班成绩更好一些。

（3）绘制雷达图如图（c）所示。

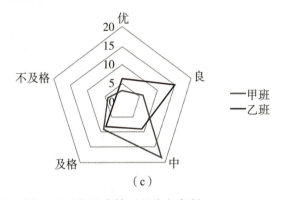

（c）

从雷达图的形状可以看出，甲、乙两班的成绩不具有相似性。

3.6 我国几个主要城市1997年各月份的平均相对湿度数据（单位：%）如下表所示，绘制箱形图，并分析各城市平均相对湿度的分布特征。

月份	北京	长春	南京	郑州	武汉	广州	成都	昆明	兰州	西安
1	49	70	76	57	77	72	79	65	51	67
2	41	68	71	57	75	80	83	65	41	67
3	47	50	77	68	81	80	81	58	49	74
4	50	39	72	67	75	84	79	61	46	70
5	55	56	68	63	71	83	75	58	41	58
6	57	54	73	57	74	87	82	72	43	42
7	69	70	82	74	81	86	84	84	58	62
8	74	79	82	71	73	84	78	74	57	55
9	68	66	71	67	71	81	75	77	55	65
10	47	59	75	53	72	80	78	76	45	65
11	66	59	82	77	78	72	78	71	53	73
12	56	57	82	65	82	75	82	71	52	72

答案：绘制箱形图如下所示。

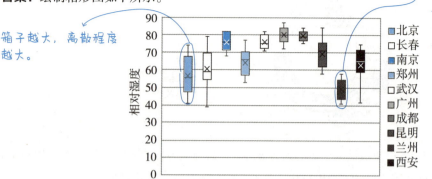

从箱形图可以看出，各城市的月平均相对湿度存在差异。离散程度较大的城市主要有北京、长春；离散程度较小的城市主要有武汉、广州、成都；相对湿度较大的城市主要有南京、广州、武汉、成都；相对湿度较小的城市主要有兰州；相对湿度比较对称的城市主要有北京、武汉、广州、兰州；相对湿度不对称的城市主要有长春、南京、郑州、成都、昆明、西安。

补充第7版习题

一、思考题

3.1 数据的预处理包括哪些内容？

答案：数据的预处理是在对数据进行分析之前所做的必要处理，内容包括数据的审核、筛选、排序等。具体如下：

（1）数据审核就是检查数据中是否有错误。对于通过调查取得的原始数据，主要从完整性和准确性两个方面去审核。对于二手数据，应着重审核数据的适用性和时效性。

（2）数据筛选是根据需要找出符合特定条件的某类数据。

（3）数据排序是按一定顺序将数据排列，以便研究者通过浏览数据发现一些明显的特征或趋势，找到解决问题的线索。除此之外，排序还有助于对数据进行检查纠错，以及为重新归类或分组等提供方便。

本题重点提示：先从预处理的内容入手，包括审核、筛选、排序等，再逐一展开。

3.2 分类数据和顺序数据的整理和图示方法各有哪些？

答案：品质数据包括分类数据和顺序数据。描述分类数据频数分布的图形主要有条形图、帕累托图、饼图、环形图等；描述顺序数据频数分布的图形除了以上几种，还有累积频数分布图。

条形图是用宽度相同的条形的高度或长短来表示数据多少的图形。条形图可以横置或纵置，纵置时也称为柱形图。此外，条形图有简单条形图、对比条形图等形式。

帕累托图是按各类别数据出现的频数多少排序后绘制的条形图。通过对条形图的排序，容易看出哪类数据出现得多，哪类数据出现得少。帕累托图在质量控制研究中有广泛应用。对于不同类型的缺陷、失效方式和其他感兴趣的类，可以用帕累托图观察各个类的影响顺序。

饼图是用圆形及圆内扇形的角度来表示数值大小的图形。它主要用于表示一个样本(或总体)中各组成部分的数据占全部数据的比例，对于研究结构性问题十分有用。

环形图相当于多个饼图的叠加，图中每个样本用一个环来表示，样本中的每一部分数据用环中的一段表示。因此环形图可显示多个样本各部分所占的相应比例，从而有利于对多个样本(或总体)构成作比较研究。

对于顺序数据，还可以计算累积频数和累积频率(百分比)。根据累积频数或累积频率，可以绘制累积频数分布图或累积频率分布图。

本题重点提示： 明确各图形概念以及各图形适用的数据类型。

3.5 绘制线图应注意哪些问题？

答案： 线图一般用于反映现象随时间变化的特征。绘制线图时，时间一般绘在横轴，观测值绘在纵轴。一般是长宽比例 10：7 的矩形，纵轴数据下端应从"0"开始，以便作比较。如果数据与"0"之间距离过大，可以采取折断的符号将纵轴折断。

3.7 茎叶图与直方图相比有什么优点？它们的应用场合是什么？

答案： 直方图与茎叶图的区别主要表现为：

（1）直方图是用于展示分组数据分布的一种图形，它是用矩形的宽度和高度（即面积）来表示频数分布的。

茎叶图是反映原始数据分布的图形，它由茎和叶两部分构成，其图形是由数字组成的。

（2）茎叶图类似于横置的直方图，与直方图相比，茎叶图既能给出数据的分布状况，又能给出每一个原始数值，即保留了原始数据的信息。而直方图虽然能很好地显示数据的分布，但不能保留原始数值。在应用方面，直方图通常适用于大批量数据，茎叶图通常适用于小批量数据。

本题重点提示：（1）均描述数据的分布情况；（2）是否保留原始数据的信息；（3）对于数据量的要求。

3.8 鉴别图表优劣的准则有哪些？

答案：（1）一张好图应当精心设计，有助于洞察问题的实质。

（2）一张好图应当使复杂的观点得到简明、确切、高效的阐述。

（3）一张好图应当能在最短的时间内以最少的笔墨给读者提供最大量的信息。

（4）一张好图应当是多维的。

（5）一张好图应当表述数据的真实情况。

3.9 制作统计表时应注意哪几个问题？

答案：（1）要合理安排统计表的结构，比如行标题、列标题、数据资料的位置应安排合理。

（2）表头一般应包括表号、总标题和表中数据的单位等内容。总标题应简明确切地概括出统计表的内容，一般需要说明统计数据的时间（when）、地点（where）以及内容（what），即标题内容满足 3W 要求。

（3）如果表中的全部数据都是同一计量单位，可在表的右上角标明。若各指标的计量单位不同，则应在每个指标后或单列出一列标明。

（4）表中的上下两条横线一般用粗线，中间的其他线用细线，这样看起来清楚、醒目。

（5）在使用统计表时，必要时可在表的下方加上注释，特别要注意应注明数据来源，以表示对他人劳动成果的尊重。

第 4 章 数据的概括性度量

> 本章主要是从数据的本质及特性的角度对数据进行度量,本章重点内容在于概括性度量指标的特点、适用性对比以及数值的计算。因此要求同学们具备如下能力:掌握数据分布的集中趋势、离散程度以及形状的具体内容;掌握数据分布特征的指标概念、计算公式以及适用对象;掌握众数、中位数、平均数之间的区别。

划重点

4.1 集中趋势的度量

集中趋势:指一组数据向某一中心值靠拢的程度,它反映了一组数据中心点的位置所在。

1. 平均数

→(1) 适用于数值数据,不适用于分类数据和顺序数据。
→(2) 易受到极端值的影响。

平均数也称为均值,是一组数据相加后除以数据的个数得到的结果,是集中趋势的最主要测度值。

简单平均数:设一组样本数据为 $x_1, x_2, \cdots, x_n$,样本量为 n,则样本平均数用 $\bar{x}$ 表示,计算公式为

→根据未分组数据计算得到。

$$\bar{x} = \frac{x_1 + x_2 + \cdots + x_n}{n} = \frac{\sum_{i=1}^{n} x_i}{n}$$

→根据分组数据计算得到。

加权平均数:设原始数据被分成 k 组,各组的组中值分别用 $M_1, M_2, \cdots, M_k$ 表示,各组变量值出现的频数分别用 $f_1, f_2, \cdots, f_k$ 表示,则样本的加权平均数的计算公式为

→主要用于计算平均比率、平均增长率。

$$\bar{x} = \frac{M_1 f_1 + M_2 f_2 + \cdots + M_k f_k}{f_1 + f_2 + \cdots + f_k} = \frac{\sum_{i=1}^{k} M_i f_i}{n}$$

→ $n = \sum_{i=1}^{k} f_i$,即样本量。

几何平均数: n 个变量值乘积的 n 次方根,用 G 表示,计算公式为

$$G = \sqrt[n]{x_1 \times x_2 \times \cdots \times x_n} = \sqrt[n]{\prod_{i=1}^{n} x_i}$$

(1) 主要用于测度顺序数据,也适用于数值数据,但不适用于分类数据。
(2) 是一个位置代表值,不受数据中极端值的影响。
(3) 各变量值与中位数的离差绝对值最小,即 $\sum_{i=1}^{n} |x_i - M_e| = \min$。

2. 中位数和四分位数

(1) 中位数。

中位数是一组数据排序后处于中间位置上的变量值,用 M_e 表示。

设一组数据为 $x_1, x_2, \cdots, x_n$,按从小到大的顺序排序后为 $x_{(1)}, x_{(2)}, \cdots, x_{(n)}$,则中位数的计算公式为

$$M_e = \begin{cases} x_{\left(\frac{n+1}{2}\right)}, & n\text{为奇数} \\ \frac{1}{2}\left(x_{\left(\frac{n}{2}\right)} + x_{\left(\frac{n}{2}+1\right)}\right), & n\text{为偶数} \end{cases}$$

（2）四分位数。

四分位数也称四分位点，是一组数据排序后处于 25% 和 75% 位置上的数值。四分位数是通过 3 个点将全部数据等分为 4 部分，其中每部分包含 25% 的数据。处在 25% 位置上的数值称为下四分位数（Q_L），处在 75% 位置上的数值称为上四分位数（Q_U）。

排序后，四分位数位置的计算公式为

$$Q_L\text{位置} = \frac{n+1}{4}, \quad Q_U\text{位置} = \frac{3(n+1)}{4}$$

(1) 主要用于测度分类数据，也适用于顺序数据和数值数据。
(2) 一个位置的代表，不受极端值的影响。
(3) 众数可能存在，也可能不存在；众数可以有一个，也可以有多个。

3. 众数

众数是一组数据中出现次数最多的变量值，用 M_o 表示。在数据量较大的情况下，众数才有意义。

4. 众数、中位数和平均数的比较

（1）众数、中位数和平均数之间的关系。

如果数据的分布是对称的，则众数 = 中位数 = 平均数。

如果数据是左偏分布，则平均值 < 中位数 < 众数。

如果数据是右偏分布，则众数 < 中位数 < 平均数。

（2）众数、中位数和平均数的特点与应用场合。

众数是一组数据分布的峰值，不受极端值的影响。其缺点是具有不唯一性，一组数据可能有一个众数，也可能有两个或多个众数，也可能没有众数。众数只有在数据量较多时才有意义，当数据量较少时，不宜使用众数。众数适合作为分类数据的集中趋势测度值。

中位数是一组数据中间位置上的代表值，不受数据极端值的影响。当一组数据的分布偏斜程度较大时，使用中位数也许是一个好的选择。中位数适合作为顺序数据的集中趋势测度值。

平均数是针对数值数据计算的，而且利用了全部数据信息，它是实际应用最广泛的集中趋势测度值。当数据是对称分布或接近对称分布时，三个代表值相等或接近相等，这时应选择平均数作为集中趋势的代表值。平均数的主要缺点是易受数据极端值影响，且对于偏态分布的数据，平均数的代表性较差。因此，当数据为偏态分布，特别是偏斜程度较大时，可以考虑选择中位数或众数。

4.2 离散程度的度量

离散程度反映的是各变量值远离其中心值的程度。

> 数据的离散程度越大,集中趋势的测度值对该组数据的代表性越差;离散程度越小,其代表性越好。

1. 全距和四分位距

(1) 全距。

> (1) 容易受极端值的影响。
> (2) 不能反映出中间数据的分散状况。

全距是一组数据的最大值与最小值之差,也称极差,用 R 表示。其计算公式为

$$R = \max(x_i) - \min(x_i)$$

(2) 四分位距。

> (1) 主要适用于测度顺序数据的离散程度,也适用于数值数据,不适用于分类数据。
> (2) 不受极端值影响。

四分位距是一组数据的上四分位数与下四分位数之差,也称四分位差,用 IQR 表示。其计算公式为

$$IQR = Q_U - Q_L$$

四分位距反映了中间 50% 数据的离散程度,其数值越小,说明中间的数据越集中;其数值越大,说明中间的数据越分散。用于衡量中位数对一组数据的代表程度。

2. 异众比率

> (1) 主要适用于测度分类数据的离散程度,也适用于顺序数据和数值数据。
> (2) 衡量众数对一组数据的代表程度。

异众比率是指非众数组的频数占总频数的比例,用 V_r 表示。其计算公式为

$$V_r = \frac{\sum f_i - f_m}{\sum f_i} = 1 - \frac{f_m}{\sum f_i}$$

式中,$\sum f_i$ 为变量值的总频数,f_m 为众数组的频数。

异众比率越大,众数的代表性越差;异众比率越小,众数的代表性越好。

3. 方差和标准差

(1) 平均差。

> (1) 适用于数值数据。
> (2) 衡量平均数对一组数据的代表程度。

平均差也称平均绝对离差,是各变量值与其平均数离差绝对值的平均数,用 M_d 表示。

根据未分组数据计算平均差的公式:$M_d = \dfrac{\sum\limits_{i=1}^{n} |x_i - \bar{x}|}{n}$。

根据分组数据计算平均差的公式:$M_d = \dfrac{\sum\limits_{i=1}^{k} |M_i - \bar{x}| f_i}{n}$。

平均差越大,说明数据的离散程度越大;反之,则说明数据的离散程度越小。

(2) 方差和标准差。

> (1) 适用于数值数据。
> (2) 衡量平均数对一组数据的代表程度。

方差是各变量值与其平均数离差平方的平均数,方差开方后即得到标准差。样本方差用 s^2 表示,标准差用 s 表示。

> 优点:标准差具有和原始数据同样的计量单位。

根据未分组数据计算方差的公式：$s^2 = \dfrac{\sum_{i=1}^{n}(x_i-\bar{x})^2}{n-1}$。

→ 样本方差是用离差平方和除以 $n-1$，$n-1$ 称为自由度。

根据分组数据计算方差的公式：$s^2 = \dfrac{\sum_{i=1}^{k}(M_i-\bar{x})^2 f_i}{n-1}$。

根据未分组数据计算标准差的公式：$s = \sqrt{\dfrac{\sum_{i=1}^{n}(x_i-\bar{x})^2}{n-1}}$。

根据分组数据计算标准差的公式：$s = \sqrt{\dfrac{\sum_{i=1}^{k}(M_i-\bar{x})^2 f_i}{n-1}}$。

方差与标准差越大，说明数据的离散程度越大；反之，则说明数据的离散程度越小。

4. 离散系数

离散系数也称为变异系数，是一组数据的标准差与其相应的平均数之比。其计算公式为

$$CV = \dfrac{s}{\bar{x}}$$

离散系数是数据相对离散程度的测度，主要用于比较不同样本数据的离散程度。离散系数越大，说明数据的相对离散程度也大，离散系数越小，说明数据的相对离散程度也小。

5. 标准分数

标准分数是变量值与其平均数的离差除以标准差后的值，也称标准化值或 z 分数，设样本数据的标准分数为 z，则有

$$z_i = \dfrac{x_i - \bar{x}}{s}$$

→ (1) 给出了一组数据中各数值的相对位置。
(2) 具有平均数为 0，标准差为 1 的特性。
(3) 可以判断是否存在离群点。

（1）经验法则。 → 适用于对称分布的数据。

经验法则表明：

①约有 68% 的数据在平均数 ±1 个标准差的范围之内。

②约有 95% 的数据在平均数 ±2 个标准差的范围之内。

③约有 99% 的数据在平均数 ±3 个标准差的范围之内。

在平均数 ±3 个标准差之外的数据，在统计上称为离群点。

（2）切比雪夫不等式。 → 适用于任何分布，不要求对称。 → 提供比例的"下界"。

对于任意分布形态的数据，根据切比雪夫不等式，至少有 $(1-1/k^2)$ 的数据落在 ±k 个标准差之内（其中 k 是大于 1 的任意值，但不一定是整数），对于 $k=2, 3, 4$，该不等式的含义：

①至少有 75% 的数据在平均数 ±2 个标准差的范围之内。

②至少有 89% 的数据在平均数 ±3 个标准差的范围之内。

③至少有 94% 的数据在平均数 ±4 个标准差的范围之内。

4.3 分布形状的度量

1. 偏度系数

偏度是对数据分布的不对称性的测度。测度偏态的统计量称为偏度系数，记作 SK。其计算公式为

未分组的原始数据：$SK = \dfrac{n\sum(x_i - \bar{x})^3}{(n-1)(n-2)s^3}$。

分组数据：$SK = \dfrac{\sum_{i=1}^{k}(M_i - \bar{x})^3 f_i}{ns^3}$。

SK	分布情况	偏斜程度
$SK = 0$	对称	偏度系数大于 1 或小于 –1，视为严重偏斜分布。
$SK > 0$	正偏或右偏	偏度系数在 0.5～1 或 –1～–0.5 之间，视为中等偏斜分布。
$SK < 0$	负偏或左偏	偏度系数在 0～0.5 或 –0.5～0 之间，视为轻微偏斜分布。SK 的数值越大，表示偏斜的程度越大。

2. 峰度系数

峰度是对数据分布平峰或尖峰程度的测度。测度峰度的统计量是峰度系数，记作 K。其计算公式为

未分组的原始数据：$K = \dfrac{n(n+1)\sum(x_i - \bar{x})^4 - 3\left[\sum(x_i - \bar{x})^2\right]^2 (n-1)}{(n-1)(n-2)(n-3)s^4}$。

分组数据：$K = \dfrac{\sum_{i=1}^{k}(M_i - \bar{x})^4 f_i}{ns^4} - 3$。

K	分布情况	离散情况
$K = 0$	正态分布	——
$K > 0$	尖峰分布	K 值越大，越集中
$K < 0$	扁平分布	K 值越小，越分散

 斩题型

题型 1 均值、中位数、众数、标准差及变异系数的计算 ★★★

例 1 统计学的期中考试非常简单，为了评估简单程度，教师记录了其中 10 名学生提交考试试卷的时间（分钟）

33　29　45　60　42　19　52　38　45　36

（1）计算提交考试试卷时间的众数和中位数。
（2）计算提交考试试卷时间的四分位数。
（3）计算提交考试试卷时间的平均数、标准差与离散系数。

答案：（1）由题意可知，上述提交考试试卷时间为45分钟的频数最大，因此 $M_o = 45$。
排序后数据序列为

$$19 \quad 29 \quad 33 \quad 36 \quad 38 \quad 42 \quad 45 \quad 45 \quad 52 \quad 60$$

中位数位置为 $\frac{n+1}{2} = \frac{10+1}{2} = 5.5$，因此 $M_e = \frac{38+42}{2} = 40$。

（2）Q_L 的位置为 $\frac{n+1}{4} = \frac{10+1}{4} = 2.75$，$Q_L = 29 + 0.75 \times (33 - 29) = 32$。

Q_U 的位置为 $\frac{3(n+1)}{4} = \frac{3 \times (10+1)}{4} = 8.25$，$Q_U = 45 + 0.25 \times (52 - 45) = 46.75$。

（3）$\bar{x} = \frac{\sum_{i=1}^{10} x_i}{10} = \frac{19+29+33+36+38+42+45+45+52+60}{10} = 39.9$

由于是样本数据，因此自由度为 $n-1=9$，故

$$s = \sqrt{\frac{\sum_{i=1}^{10}(x_i - \bar{x})^2}{10-1}} = \sqrt{\frac{(19-39.9)^2 + \cdots + (60-39.9)^2}{9}} = \sqrt{\frac{1\,228.9}{9}} = 11.69$$

$$CV = \frac{s}{\bar{x}} = \frac{11.69}{39.9} = 0.29$$

例 2 某股票在2019年、2020年、2021年和2022年的年收益率分别为4.5%，2.1%，25.5%，1.5%，则该股票在这四年的平均收益率为多少？ → 平均收益率、增长率问题通常采用几何平均数。

答案： $\bar{G} = \sqrt[4]{(1+4.5\%)(1+2.1\%)(1+25.5\%)(1+1.5\%)} - 1 = 7.97\%$
→ 减1之后才是收益率。

题型总结： 首先，对于未分组数据的众数、中位数、四分位数进行计算，一定注意先排序。另外，当数据为分组数据时，需要找到各组的组中值作为平均水平，再计算相应的数值。

习题引导： 属于该题型的有练习题4.1，4.2，4.3，4.4，4.6。

题型 2 概括性度量的适用性与特性 ☆☆☆☆

例 3 关于数据集中趋势的度量的陈述，正确的是（　　）。

A. 众数唯一存在

B. 中位数将全部数据分成两部分，其两边的数据分布完全对称

C. 均值是数据的重心所在

D. 在左偏分布中，中位数一般小于均值

答案： C

解析： A项，众数可以存在，也可以不存在，可以有一个，也可以有多个；B项，中位数位于排序后数据的中间，但两边的分布可以不对称；D项，左偏分布中位数>均值。

例 4 在离散程度的测度中，最容易受极端值影响的是（　　）。

A. 极差　　　　　　B. 平均差　　　　　　C. 标准差　　　　　　D. 标准差系数
→ 是否受影响核心在于其值的计算是否用到了极端值。

答案：A

解析：极差是根据两个极端值直接进行计算的，受到极端值的影响最大。

例 5 当变量分布呈右偏分布时，（　　）。

A．应该用算术平均数来代表变量值的一般水平

B．众数比算术平均数更适合代表平均水平

C．较小变量值的频数比较小

D．较大变量值的频数比较大

> 当变量分布呈偏态分布时，不适合用算术平均数代表平均水平，用众数和中位数更合适。

答案：B

解析：当变量分布呈右偏分布时，说明变量的频数分布不均匀，较小变量值的频数比较大，较大变量值的频数比较小。

题型总结：此类题型比较多，出题灵活，只要记住关于数据概括性度量的相关概念特性以及适用性就可以轻松解决。

题型 3　经验法则与切比雪夫不等式

例 6 大学生每月生活费支出的平均值为 1 500 元，标准差为 50 元。如果已知大学生每月生活费支出为对称分布，则大学生每月生活费支出在 1 400 ～ 1 600 元之间的学生大约占（　　）。

→ $1\,500 \pm 2 \times 50$

A．68%　　　　　　B．95%　　　　　　C．97%　　　　　　D．99%

答案：B

解析：因为数据为对称分布，所以可以用经验法则。约有 68% 的数据在平均数 ±1 个标准差的范围之内；约有 95% 的数据在平均数 ±2 个标准差的范围之内；约有 99% 的数据在平均数 ±3 个标准差的范围之内。

题型总结：（1）对称分布常用经验法则，非对称分布用切比雪夫不等式；（2）牢记各标准差范围内的比例。

习题引导：属于该题型的有练习题 4.5。

 解习题

一、思考题

4.1 一组数据的分布特征可以从哪几个方面进行测度？

答案：可以从数据分布的集中趋势、离散程度和分布形状三个方面进行测度。

集中趋势反映了各数据向其中心值靠拢或聚集的程度，它反映了一组数据中心点的位置所在。常用的反映集中趋势的指标有平均数、中位数和众数。

离散程度反映了各数据远离其中心值的趋势。数据的离散程度越大，集中趋势的测度值对该组数

据的代表性就越差；离散程度越小，其代表性就越好。描述数据离散程度采用的测度值，根据数据类型的不同主要有异众比率、四分位差、方差和标准差。

偏度与峰度反映了数据分布的图像形状。

本题重点提示：数据分布特征可以从集中趋势、离散程度和分布形状三个方面进行测量。

4.2 简述众数、中位数和平均数的特点和应用场合。

答案：众数是一组数据分布的峰值，不受极端值的影响。其缺点是具有不唯一性，一组数据可能有一个众数，也可能有两个或多个众数，也可能没有众数。众数只有在数据量较多时才有意义，当数据量较少时，不宜使用众数。众数适合作为分类数据的集中趋势测度值。

中位数是一组数据中间位置上的代表值，不受数据极端值的影响。当一组数据的分布偏斜程度较大时，使用中位数也许是一个好的选择。中位数适合作为顺序数据的集中趋势测度值。

平均数是针对数值数据计算的，而且利用了全部数据信息，它是实际应用最广泛的集中趋势测度值。当数据是对称分布或接近对称分布时，三个代表值相等或接近相等，这时应选择平均数作为集中趋势的代表值。平均数的主要缺点是易受数据极端值影响，对于偏态分布的数据，平均数的代表性较差。因此，当数据为偏态分布，特别是偏斜程度较大时，可以考虑选择中位数或众数。

本题重点提示：（1）适用的数据类型；（2）是否受极端值影响。

4.3 标准分数有哪些用途？

答案：（1）标准分数给出了一组数据中各数值的相对位置。比如，某个数值的标准分数为 -1.5，那么就说明该数值低于平均数 1.5 倍的标准差。在对多个具有不同量纲的变量进行处理时，常常需要对各变量进行标准化处理。

（2）标准分数还可以判断一组数据是否有离群数据。一般认为超过平均数 ± 3 个标准差范围的数据为离群点。

4.4 为什么要计算离散系数？

答案：方差和标准差是反映数据离散程度的绝对值，其数值的大小一方面受原变量值自身水平高低的影响，即与变量的平均数大小有关。变量值绝对水平越高，离散程度的测度值也越大；绝对水平越低，离散程度的测度值就越小。另一方面，它们与原变量值的计量单位相同，采用不同计量单位计量的变量值，其离散程度的测度值也就不同。因此，对于平均水平不同或计量单位不同的组别的变量值，不能用标准差直接比较其离散程度。为消除变量值水平高低和计量单位不同对离散程度测度值的影响，需要计算离散系数。离散系数也称为变异系数，它是一组数据的标准差与其相应的平均数之比。其计算公式为

$$CV = \frac{s}{\bar{x}}$$

离散系数是测度数据离散程度的相对统计量，主要是用于比较不同样本数据的离散程度，离散系数大，说明数据的相对离散程度也大，离散系数小，说明数据的相对离散程度也小。

本题重点提示：核心在于离散系数可以消除变量值水平高低和计量单位不同时对离散程度测度值的影响。

二、练习题

4.1 一家汽车零售店的10名销售人员5月份销售的汽车数量（单位：辆）排序后如下。
（*10名销售人员为总体。*）

$$2 \quad 4 \quad 7 \quad 10 \quad 10 \quad 10 \quad 12 \quad 12 \quad 14 \quad 15$$

（1）计算汽车销售量的众数、中位数和平均数。
（2）计算销售量的四分位数。
（3）计算销售量的标准差。
（4）说明汽车销售量分布的特征。

答案：（1）销售量为10的频数最大，因此 $M_o = 10$。

中位数的位置为 $\frac{n+1}{2} = \frac{10+1}{2} = 5.5$，因此 $M_e = \frac{10+10}{2} = 10$。

平均数 $\bar{x} = \frac{2+4+7+10+10+10+12+12+14+15}{10} = 9.6$。

（2）Q_L 的位置为 $\frac{n+1}{4} = \frac{10+1}{4} = 2.75$，故 $Q_L = 4 + 3 \times 0.75 = 6.25$。

Q_U 的位置为 $\frac{3(n+1)}{4} = \frac{3(10+1)}{4} = 8.25$，故 $Q_U = 12 + 2 \times 0.25 = 12.5$。

（3）$s = \sqrt{\frac{\sum_{i=1}^{n}(x_i - \bar{x})^2}{n}} = \sqrt{\frac{(2-9.6)^2 + \cdots + (15-9.6)^2}{10}} = \sqrt{\frac{156.4}{10}} = 3.95$。

（4）由于平均数小于中位数和众数，因此存在极小值，所以汽车销售量呈现左偏分布。

4.2 随机抽取25个网络用户，得到他们的年龄数据（单位：岁）如下。
（*可以确定为样本数据。*）

19	15	29	25	24
23	21	38	22	18
30	20	19	19	16
23	27	22	34	24
41	20	31	17	23

（1）计算众数、中位数。
（2）计算四分位数。
（3）计算平均数和标准差。
（4）计算偏度系数和峰度系数。
（5）对网民年龄的分布特征进行综合分析。

（*注：对数据分布特征的综合分析主要从集中趋势、离散程度、分布形态等角度出发，言之有理即可。*）

答案：（1）年龄为19和23的频数最多，因此众数有两个 $M_o = 19$ 和 $M_o = 23$。

将原始数据进行排序，中位数的位置为 $\frac{n+1}{2} = \frac{25+1}{2} = 13$，因此中位数为 $M_e = 23$。

（2）Q_L 的位置为 $\frac{n+1}{4} = \frac{25+1}{4} = 6.5$，$Q_L = 19 + 0 \times 0.5 = 19$。

Q_U 的位置为 $\frac{3(n+1)}{4} = \frac{3(25+1)}{4} = 19.5$，$Q_U = 27 + 2 \times 0.5 = 28$。

（3）平均数 $\bar{x} = \frac{\sum_{i=1}^{25} x_i}{25} = \frac{19+15+\cdots+17+23}{25} = 24$。由于是样本数据，因此

$$s = \sqrt{\frac{\sum_{i=1}^{n}(x_i - \bar{x})^2}{n-1}} = \sqrt{\frac{(19-24)^2 + \cdots + (23-24)^2}{24}} = \sqrt{\frac{1\ 062}{24}} = 6.65$$

（4）偏度系数：

$$SK = \frac{25 \sum (x_i - 24)^3}{(25-1)(25-2) \times 6.65^3} = 1.08$$

峰度系数：

$$K = \frac{25(25+1) \sum (x_i - 24)^4 - 3\left[\sum (x_i - 24)^2\right]^2 (25-1)}{(25-1)(25-2)(25-3) \times 6.65^4} = 0.77$$

（5）从分布情况可以看出，网民的年龄在 19～23 岁的比例居多，偏度系数大于 1，呈现严重右偏，峰度系数为 0.77，因此呈尖峰分布。

4.3 某电商 6 月份各天的销售额数据（单位：万元）如下。

257	276	297	252	238	310	240	236	265	278
271	292	261	281	301	274	267	280	291	258
272	284	268	303	273	263	322	249	269	295

（1）计算该电商日销售额的平均数和中位数。

（2）计算四分位数。

（3）计算日销售额的标准差。

答案：（1）平均数 $\bar{x} = \frac{\sum_{i=1}^{30} x_i}{30} = \frac{257+276+\cdots+269+295}{30} = 274.1$。

将原始数据进行排序，中位数的位置为 $\frac{n+1}{2} = \frac{30+1}{2} = 15.5$，因此中位数 $M_e = \frac{272+273}{2} = 272.5$。

（2）Q_L 的位置为 $\frac{n+1}{4} = \frac{30+1}{4} = 7.75$，$Q_L = 258 + 0.75 \times 3 = 260.25$。

Q_U 的位置为 $\frac{3(n+1)}{4} = \frac{3 \times (30+1)}{4} = 23.25$，$Q_U = 291 + 0.25 \times 1 = 291.25$。

（3）因为题目中是 6 月份的全部数据，因此为总体数据。

$$s = \sqrt{\frac{\sum_{i=1}^{n}(x_i - \bar{x})^2}{n}} = \sqrt{\frac{(257-274.1)^2 + \cdots + (295-274.1)^2}{30}} = \sqrt{\frac{13\,002.7}{30}} = 20.82$$

4.4 在某地区抽取 120 个企业，按利润额进行分组，结果如下。

按利润额分组（万元）	企业数（个）
200～300	19
300～400	30
400～500	42
500～600	18
600 及以上	11
合计	120

计算 120 个企业利润额的平均数和标准差。

答案： 根据表中数据得到的初步计算结果如下。

按利润额分组 x	企业数 f_i	组中值 M_i	$M_i f_i$	$(M_i - \bar{x})^2 f_i$
200～300	19	250	4 750	593 033.49
300～400	30	350	10 500	176 348.67
400～500	42	450	18 900	22 860.13
500～600	18	550	9 900	273 785.20
600 及以上	11	650	7 150	548 639.18
合计	120	—	51 200	1 614 666.67

$$\bar{x} = \frac{\sum M_i f_i}{\sum f_i} = \frac{51\,200}{120} = 426.67$$

$$s = \sqrt{\frac{\sum_{i=1}^{k}(M_i - \bar{x})^2 f_i}{n-1}} = \sqrt{\frac{1\,614\,666.67}{119}} = 116.48$$

4.5 一条产品生产线平均每天的产量为 3 700 件，标准差为 50 件。如果某一天的产量低于或高于平均产量，并落在 ±2 个标准差的范围之外，就认为该生产线失去控制。下面是一周各天的产量，问该生产线哪几天失去了控制？

时间	周一	周二	周三	周四	周五	周六	周日
产量（件）	3 850	3 670	3 690	3 720	3 610	3 590	3 700

答案： 根据题意可知 $\bar{x} \pm 2s = 3\,700 \pm 2 \times 50 = (3\,600, 3\,800)$。
周一为 3 850，周六为 3 590，落在 ±2 个标准差的范围之外，因此周一和周六的产量失去了控制。

4.6 一种产品需要人工组装，现有三种可供选择的组装方法。为检验哪种方法更好，随机抽取 15 个工人，让他们分别用三种方法组装。下面是 15 个工人分别用三种方法在相同时间内组装的产品数量。

方法 A	方法 B	方法 C
164	129	125
167	130	126
168	129	126
165	130	127
170	131	126
165	130	128
164	129	127
168	127	126
164	128	127
162	128	127
163	127	125
166	128	126
167	128	116
166	125	126
165	132	125

（1）你准备采用什么方法来评价组装方法的优劣？

（2）如果让你选择一种方法，你会作出怎样的选择？试说明理由。

答案：（1）应该从集中趋势和离散程度两个方面进行评价，分别计算三种方法的平均数和标准差，当平均数相等时，可以直接对比标准差；当平均数不相等时，需要计算变异系数进行比较。

（2）根据表中数据计算三种方法的平均数和标准差。

组装方法	方法 A	方法 B	方法 C
平均数	165.6	128.73	125.53
标准差	2.13	1.75	2.77

三种方法的均值不同，标准差也不相同，因此需要计算变异系数：

$$CV_A = \frac{2.13}{165.6} = 0.0129，\quad CV_B = \frac{1.75}{128.73} = 0.0136，\quad CV_C = \frac{2.77}{125.53} = 0.0221$$

方法 A 的变异系数最小，离散程度最小，因此选用方法 A。

补充第 7 版习题

一、思考题

4.3 简述异众比率、四分位差、方差或标准差的应用场合。

答案：（1）异众比率。

异众比率是指总体中非众数频数与总体全部频数之比，即非众数组的频数占总频数的比例，用 V_r 表示。

异众比率主要用于衡量众数对一组数据的代表程度。异众比率越大，说明非众数组的频数占总频数的比重越大，众数的代表性越差；异众比率越小，说明非众数组的频数占总频数的比重越小，众数的代表性越好。

异众比率主要适合测度分类数据的离散程度。

（2）四分位差。

四分位差，也称为内距或四分间距，它是一组数据的上四分位数与下四分位数之差，用 IQR 表示。

四分位差反映了中间 50% 数据的离散程度，其数值越小，说明中间的数据越集中；其数值越大，说明中间的数据越分散。四分位差不受极端值的影响。

四分位差主要用于测度顺序数据的离散程度。

（3）方差 s^2 与标准差 s。

方差是各变量值与其平均数离差平方的平均数。它在数学处理上是通过平方的办法消去离差的正负号，然后再进行平均，方差开方后即得到标准差，方差（或标准差）能较好地反映出数据的离散程度，是实际应用最广泛的离散程度测度值。

标准差是方差的平方根。与方差不同的是，标准差是具有量纲的，它与变量值的计量单位相同，其实际意义要比方差清楚。因此，在对实际问题进行分析时更多地使用标准差。

方差和标准差主要用于测度数值数据的离散程度。

本题重点提示： 主要从概念、如何测度离散程度以及适用的数据类型几个角度进行分析。

4.6 测度数据分布形状的统计量有哪些？

答案： 对于分布形状的测度有偏度和峰度。

测度偏态的统计量是偏度系数，记作 SK。如果一组数据的分布是对称的，则偏度系数等于 0；如果偏度系数不等于 0，表明分布是非对称的。若偏度系数大于 1 或小于 –1，称为严重偏斜分布；若偏度系数在 0.5~1 或者 –1~–0.5 之间，称为中等偏斜分布；偏度系数越接近于 0，偏斜程度就越低。

测度峰态的统计量是峰度系数，记作 K。如果一组数据服从标准正态分布，则峰度系数等于 0；如果峰度系数不等于 0，表明分布比正态分布更平或者更尖，通常称为扁平分布或者尖峰分布。正态分布的峰度系数为 0，当 $K>0$ 时，为尖峰分布，数据的分布更集中；当 $K<0$ 时，为扁平分布，数据的分布更分散。

本题重点提示： （1）根据偏度系数不同取值确定偏斜程度；（2）根据峰度系数不同取值确定尖峰还是扁平。

第 5 章　概率与概率分布

> 本章主要是对概率论相关基础理论的介绍，本章的内容也是推断统计的一个铺垫，对于本章的内容要求具备如下能力：了解掌握随机事件相关概念；掌握随机事件的运算及性质；掌握离散型概率分布情况及性质（二项分布，泊松分布，超几何分布）；掌握连续型概率分布情况及性质（正态分布）。

 划重点

5.1　随机事件及其概率

1. 随机事件的几个基本概念

> 试验的特点：
> (1) 可以在相同的条件下重复进行。
> (2) 每次试验的可能结果可能不止一个，但试验的所有可能结果在试验之前是确切知道的。
> (3) 在试验结束之前，不能确定该次试验的确切结果。

试验：在同一组条件下，对某事物或现象所进行的观察或实验。如掷一枚骰子，观察其出现的点数。

事件：观察或试验的结果。如掷一枚骰子出现的点数为 2。

随机事件：在同一组条件下，每次试验可能出现也可能不出现的事件，也叫偶然事件，简称"事件"，记作 A，B，C 等。如掷一枚骰子可能出现的点数。

必然事件：在同一组条件下，每次试验一定出现的事件，记为 Ω。如掷一枚骰子出现的点数小于 7。

不可能事件：在同一组条件下，每次试验一定不出现的事件，记为 Φ。如掷一枚骰子出现的点数大于 6。

→在一次试验中，只能观察到一个且仅有一个基本事件。

基本事件：又叫简单事件，即一个不能分解成两个或更多个事件的事件。如掷一枚骰子可能出现的点数为 2 是基本事件，掷一枚骰子可能出现的点数小于 7 不是基本事件。

样本空间：又叫基本空间，一个试验中所有的基本事件的全体，记为 Ω。如在掷一枚骰子的试验中，$\Omega=\{1, 2, 3, 4, 5, 6\}$。

2. 事件的概率

事件 A 的概率：对事件 A 在试验中出现的可能性大小的一种度量，可能性大小的数值记为 $P(A)$。

概率的定义有古典定义、统计定义和主观概率定义。

→古典概率必须具备两个特点：
① 结果有限，这也是古典概率的局限性。
② 各结果出现的可能性被认为是相同的。

（1）概率的古典定义。

如果某一随机试验的结果有限，而且各个结果出现的可能性相等，则某一事件 A 发生的概率为该事件所包含的基本事件个数 m 与样本空间中所包含的基本事件个数 n 的比值，记为

$$P(A)=\frac{事件A所包含的基本事件个数}{样本空间所包含的基本事件个数}=\frac{m}{n}$$

（2）概率的统计定义。→频率逐渐稳定为概率。

在相同条件下随机试验 n 次，某事件 A 出现 m 次（$m \leq n$），则比值 m/n 称为事件 A 发生的频率。随着 n 的增大，该频率围绕某一常数 p 上下波动，且波动的幅度逐渐减小，趋于稳定，这个频率的稳定值即为该事件的概率，记为

$$P(A) = \frac{m}{n} = p$$

（3）主观概率定义。→无法进行重复试验，只能根据经验判断。

一个决策者根据本人掌握的信息对某事件发生可能性作出的判断。

5.2 离散型随机变量及其分布

1. 随机变量的概念

对于采用数量标识表示的事件直接用数量标识表示。对于不采用数量标识表示的事件，我们将其化为数量标识表示，这就是所谓的随机事件数量化。

概率函数：在同一组条件下，如果每次试验可能出现这样或那样的结果，并且把所有的结果都能列举出来，即 X 的所有可能值 $x_1, x_2, \cdots, x_n$ 都能列举出来，而且 X 的可能值 $x_1, x_2, \cdots, x_n$ 具有确定概率 $P(x_1), P(x_2), \cdots, P(x_n)$，其中 $P(x_i) = P(X = x_i)$，称为概率函数，则 X 称为 $P(X)$ 的随机变量，$P(X)$ 称为随机变量 X 的概率函数。

按照随机变量的特性，通常可把随机变量分为两类，即离散型随机变量和连续型随机变量。

（1）离散型随机变量：随机变量 X 的所有取值都可以逐个列举出来。

试验	随机变量	可能的取值
抽查 100 个产品	取到次品的个数	0, 1, 2, $\cdots$, 100
电脑公司一个月的销售	销售量	0, 1, 2, $\cdots$
销售一辆汽车	顾客性别	男性为 0，女性为 1

（2）连续型随机变量：随机变量 X 的所有取值无法逐个列举出来，而是取数轴上某一区间内的任一点。

试验	随机变量	可能的取值
抽查一批电子元件	使用寿命	$X \geq 0$
新建一座住宅楼	半年后工程完成的百分比	$0 \leq X \leq 100$
测量一个产品的长度	测量误差	$X \geq 0$

2. 离散型随机变量的概率分布

（1）概率分布。

设有一离散型随机变量 X，可能取值 $x_1, x_2, \cdots, x_n$，其相应的概率为 $p_1, p_2, \cdots, p_n$，即 $P(X = x_i) = p_i (i = 1, 2, \cdots, n)$，如表所示。

→概率函数。

$X = x_i$	x_1	x_2	$\cdots$	x_n
$P(X = x_i) = p_i$	p_1	p_2	$\cdots$	p_n

称该表格形式为离散型随机变量 X 的概率分布。

性质：(1) $p_i \geq 0$；(2) $\sum_{i=1}^{n} p_i = 1$。

（2）离散型随机变量的期望值与方差。

期望值：记为 $E(X)$ 或 μ。

→ 如果方差为 0，则 $P(X=E(X))=1$。

$$E(X) = x_1 p_1 + x_2 p_2 + \cdots + x_n p_n + \cdots = \sum_{i=1}^{\infty} x_i p_i$$

方差：记为 $D(X)$ 或 σ^2。

$$\sigma^2 = D(X) = E[X - E(X)]^2 = \sum_{i=1}^{\infty} [x_i - E(X)]^2 p_i = E(X^2) - [E(X)]^2$$

其含义与之前描述的一致，描述对象从数据变为随机变量。

标准差：随机变量方差的平方根，记为 $\sigma = \sqrt{D(X)}$。

离散系数：$CV = \dfrac{\sigma}{E(X)}$。

（3）二项分布、超几何分布和泊松分布。

① 二项分布。

a. 包含 n 个相同的试验；

b. 每次试验只有两个可能的结果，"成功"或"失败"，即为离散型随机变量；

c. 出现"成功"的概率 p 和"失败"的概率 q 对每一次试验是相同的，且 $p+q=1$；

d. 试验是相互独立的。

符合上述特征的 n 次重复独立试验为 n 重贝努里试验，简称贝努里试验或贝努里试验概型。

二项分布：以 X 表示 n 次重复独立试验中某事件（成功）出现的次数，则

$$P\{X = x\} = C_n^x p^x q^{n-x}, \quad x = 0, 1, 2, \cdots, n$$

我们称随机变量 X 服从二项分布，记为 $X \sim B(n, p)$。

n, p 称为二项分布的参数。当 $n=1$ 时，二项分布称为 0-1 分布，也称二点分布。

二项分布的期望值和方差分别为

$$E(X) = np, \quad D(X) = npq$$

② 超几何分布。 从抽样的角度考虑，超几何分布为不放回抽取，二项分布为放回抽取，当总体非常大时，超几何分布可近似为二项分布。

超几何分布：设有 N 件产品，其中有 M 件次品，现从中任取 n 件（$n \leq N$），则在这 n 件中所含的次品件数 X 是一个随机变量，且

$$P\{X = m\} = \dfrac{C_M^m C_{N-M}^{n-m}}{C_N^n}$$

其中，m 为任取 n 件中次品的件数。

③ 泊松分布。

泊松分布：用来描述在一指定时间范围内或在指定的面积或体积之内某一事件出现的次数的分布，记为 $P(\lambda)$。其公式为

λ 称为泊松分布的参数，一般为给定的时间间隔、长度、面积、体积内"成功"的平均数。

$$P(X) = \frac{\lambda^x e^{-\lambda}}{x!}, x = 0, 1, 2, \cdots$$

泊松分布的期望值和方差分别为 $E(X) = \lambda$，$D(X) = \lambda$。

泊松分布与二项分布的近似：在 n 重贝努里试验中，当成功的概率很小（即 $p \to 0$），试验次数很大时，二项分布近似等于泊松分布，即

> 实际应用中，当 $p \le 0.25$，$n > 20$，$np \le 5$ 时，近似效果良好。

$$C_n^x p^x q^{n-x} \approx \frac{\lambda^x e^{-\lambda}}{x!}$$

5.3 连续型随机变量的概率分布

1. 概率密度与分布函数

当用函数 $f(x)$ 来表示连续型随机变量时，我们将 $f(x)$ 称为**概率密度函数**。

概率密度函数应满足下述两个条件：

（1）$f(x) \ge 0$。

> 注：$f(x)$ 并不是一个概率，连续分布的条件下随机变量取某一点的概率为零。

（2）$\int_{-\infty}^{+\infty} f(x) \mathrm{d}x = 1$。

连续型随机变量的分布函数用 $F(x)$ 来表示，分布函数定义为

$$F(x) = P(X \le x) = \int_{-\infty}^{x} f(t) \mathrm{d}t, -\infty < x < +\infty \ ; \ f(x) = F'(x)$$

连续型随机变量的**期望值**：

> 区间 a, b 之间的概率 $P(a < X < b)$ 可以表示成：$\int_a^b f(x)\mathrm{d}x = F(b) - F(a)$。

$$E(X) = \int_{-\infty}^{+\infty} x f(x) \mathrm{d}x = \mu$$

连续型随机变量的**方差值**：

$$D(X) = \int_{-\infty}^{+\infty} [x - E(x)]^2 f(x) \mathrm{d}x = \sigma^2$$

2. 正态分布

（1）正态分布的定义。

如果随机变量的概率密度为

$$f(x) = \frac{1}{\sigma \sqrt{2\pi}} e^{-\frac{1}{2\sigma^2}(x-\mu)^2}, -\infty < x < +\infty$$

则称 X 服从正态分布，记作 $X \sim N(\mu, \sigma^2)$，其中，$-\infty < \mu < +\infty$，$\sigma > 0$。

（2）正态分布的性质。

> μ, σ^2 为正态分布的参数，μ 为均值，σ^2 为方差。

① $f(x) \ge 0$，即整个概率密度曲线都在 x 轴的上方。

② μ 决定其中心位置，曲线 $f(x)$ 关于 $x = \mu$ 对称，并在 $x = \mu$ 处达到最大值，$f(\mu) = \frac{1}{\sigma \sqrt{2\pi}}$。

③ 曲线的陡缓程度由 σ 决定，σ 越大，曲线越平缓，离散程度越大；σ 越小，曲线越陡峭，离散程度越小。

④ 当 x 趋于无穷时，曲线以 x 轴为其渐近线。

⑤ 正态曲线下的总面积等于 1。

（3）标准正态分布。

在正态分布中，当 $\mu=0, \sigma=1$ 时，有

$$f(x) = \frac{1}{\sqrt{2\pi}} e^{-\frac{x^2}{2}}, -\infty < x < +\infty$$

相应的正态分布 $N(0,1)$ 称为标准正态分布，用 $\varphi(x)$ 表示概率密度函数，用 $\Phi(x)$ 表示分布函数，即

$$\varphi(x) = \frac{1}{\sqrt{2\pi}} e^{-\frac{x^2}{2}}$$

$$\Phi(x) = \int_{-\infty}^{x} \varphi(t) dt = \int_{-\infty}^{x} \frac{1}{\sqrt{2\pi}} e^{-\frac{t^2}{2}} dt$$

将一般正态分布转化为标准正态分布：

设 $X \sim N(\mu, \sigma^2)$，则 $Z = \dfrac{X-\mu}{\sigma} \sim N(0,1)$。

> 正态分布计算步骤：
> （1）将一个一般的正态分布转换为标准正态分布。
> （2）计算概率时，查标准正态概率分布表。
> （3）对于负的 x，可由 $\Phi(-x)=1-\Phi(x)$ 得到。

（4）正态分布在质量管理中的应用。

① 在 3σ 原则下，质量标准的合格率为 99.73%，即

$$P(\mu-3\sigma < X < \mu+3\sigma) = \Phi(3) - \Phi(-3) = 0.9973$$

② 在 6σ 原则下，质量标准的合格率达到 99.9999998%，即

$$P(\mu-6\sigma < X < \mu+6\sigma) = \Phi(6) - \Phi(-6) = 0.999999998$$

斩题型

 题型 1 求随机事件的概率 ★★★★

例 1 甲、乙两人独立地向同一目标射击，甲击中目标的概率为 0.5，乙击中目标的概率为 0.6，求目标被击中的概率。

> 包括：甲一人击中，乙一人击中以及甲、乙均击中，因此可以由被击中事件的逆事件求概率。

答案：记事件 A 为目标被击中。根据题意，目标未被击中的概率为

$$P(\bar{A}) = (1-0.5) \times (1-0.6) = 0.2$$

$$P(A) = 1 - P(\bar{A}) = 1 - 0.2 = 0.8$$

例 2 某公司从两个供应商处购买同一产品，质量状况如表所示。

供应商	正品数	次品数
供应商甲	92	8
供应商乙	99	11

从该批产品中任取一个产品进行检查，计算：

（1）取出的一个产品为正品的概率。
（2）取出的一个产品为供应商甲提供的产品的概率。
（3）取出的一个产品为供应商甲提供的正品的概率。

> 古典概型解题思路：
> （1）确定事件 A 包含的基本事件数 m。
> （2）确定样本空间 Ω 包含的基本事件数 n。
> （3）确定事件 A 的概率。

答案：（1）记事件 A 为取出的一个产品为正品，事件 A 包含的基本事件个数为 92+99=191，样本空间包含的事件个数为 92+99+8+11=210。则

$$P(A) = \frac{191}{210}$$

（2）记事件 B 为取出的一个产品为供应商甲提供的产品，则

$$P(B) = \frac{92+8}{210} = \frac{100}{210} = \frac{10}{21}$$

（3）记事件 C 为取出的一个产品为供应商甲提供的正品，则

$$P(C) = P(AB) = \frac{92}{210} = \frac{46}{105}$$

题型总结： 针对此类题型，要牢记事件之间的关系及运算性质。

题型 2　离散型随机变量分布 ★★★★

例 3　假设研究生入学数学考试的及格率为 60%。随机地选择 8 个考生，则恰好有 4 人及格的概率为_____。

→ 8个考生相互独立，及格率均为 60%，可判断服从二项分布。

答案： 0.23

解析： 设及格的人数为 X，则 $X \sim B(8, 0.6)$，恰好有 4 个人及格的概率为

$$P(X=4) = C_8^4 (0.6)^4 (1-0.6)^4 = 0.23$$

例 4　离散型随机变量 X 的分布列为 $\begin{pmatrix} 0 & 1 & 2 \\ a & b & c \end{pmatrix}$，其中 a, b, c 为未知常数，如果已知 X 取 1 的概率与 X 取 0 和 2 的概率之和相等，则 b 等于_____。

答案： 0.5

解析： 由概率的性质可得 $a+b+c=1$，由 X 取 1 的概率与 X 取 0 和 2 的概率之和相等，得

→ 正则性。

$$P(X=1) = P(X=0) + P(X=2)，即 \begin{cases} a+b+c=1, \\ b=a+c \end{cases}$$

解得 $b = 0.5$。

例 5　某航空公司预订票处接到的订票电话数服从_____分布。

答案： 泊松

→ 泊松分布的问题背景为单位时间内的计数问题。

解析： 某航空公司预订票处接到的订票电话数是一段时间内的计数问题，因此服从泊松分布。

题型总结： 离散型随机变量经常会结合非负性和正则性、概率、数学期望求未知数。

习题引导： 属于该题型的有练习题 5.3。

题型 3　连续型随机变量分布（正态分布） ★★★★

例 6　设随机变量 X 服从正态分布 $N(\mu, \sigma^2)$，则随着 σ 增长，概率 $P\{|X-\mu|<\sigma\}$ 将如何变化？

答案： 不变。

→ 对于正态分布求概率的题型，均先化为标准正态分布再求概率。

$$P\{|X-\mu|<\sigma\} = P\{-\sigma < X-\mu < \sigma\}$$
$$= P\left\{\frac{-\sigma}{\sigma} < \frac{X-\mu}{\sigma} < \frac{\sigma}{\sigma}\right\}$$
→ 减"均值",除以"标准差"化成标准正态分布。
$$= \Phi(1) - \Phi(-1)$$
$$= 2\Phi(1) - 1$$
→ $\Phi(-x) = 1 - \Phi(x)$。

即无论 σ 怎么变化,所求概率值是不变的。

例 7 设一批零件的直径服从正态分布 $N(20, 2^2)$,若直径在 20 加减 4 之间为合格品,则该批零件的合格率约为_____。

→ 均值左右两个标准差

答案: 95%

解析: 利用正态分布的 3σ 原则,$P\{\mu - 2\sigma < X < \mu + 2\sigma\} = 95\%$。

题型总结: 针对于正态分布,要明确密度函数的特点、参数的意义、数学期望与方差,并能够根据正态分布给出的取值范围求概率。

习题引导: 属于该题型的有练习题 5.5 ~ 5.7。

题型 4 随机变量的数学期望与方差 ★★★★

例 8 设 X 服从二项分布 $B(n,p)$,而且 $E(X)=1.6$,$D(X)=1.28$,则有(   )。

A. $n=8, p=0.2$ B. $n=4, p=0.4$ C. $n=5, p=0.32$ D. $n=6, p=0.3$

→ 二项分布:$E(X)=np$,$D(X)=npq$。

答案: A

解析: $E(X) = np = 1.6, D(X) = np(1-p) = 1.28 \Rightarrow n=8, p=0.2$

例 9 若随机变量 X 服从参数为 λ 的泊松分布,求 X^2 的数学期望。

→ 泊松分布:$E(X)=\lambda$,$D(X)=\lambda$。

答案: 根据已知条件可知 $X \sim P(\lambda)$,则 $E(X)=\lambda$,$D(X)=\lambda$,根据方差公式

$$D(X) = E(X^2) - [E(X)]^2$$

有
$$E(X^2) = [E(X)]^2 + D(X) = \lambda^2 + \lambda$$

例 10 设随机变量 $X \sim f(x) = \begin{cases} Ax+B, & 0 \leq x \leq 1 \\ 0, & \text{其他} \end{cases}$,且 $E(X) = \dfrac{7}{12}$,求 A, B 的值。

答案:

→ 注:正则性是一个隐含的条件,当含有一个未知数时,可以直接求解。当含有两个未知数时,通过另一个给定的条件构造的等式与正则性结合求解。

$$\begin{cases} \int_0^1 (Ax+B)\,dx = 1 \\ \int_0^1 (Ax^2+Bx)\,dx = \dfrac{7}{12} \end{cases} \Rightarrow A=1, B=0.5$$

题型总结: 牢记常用分布的概念、特点、数学期望与方差。

习题引导: 属于该题型的有第 7 版练习题 5.3。

解习题

一、思考题

5.1 频率与概率有什么关系？

答案： 在相同条件下随机试验 n 次，某事件 A 出现 m 次（$m \leq n$），则比值 $\dfrac{m}{n}$ 称为事件 A 发生的频率。

随着 n 的增大，该频率围绕某一常数 p 上下波动，且波动的幅度逐渐减小，趋于稳定，这个频率的稳定值即为该事件的概率。记为

$$P(A) = \frac{m}{n} = p$$

本题重点提示： 概率是频率的稳定值。

5.2 根据自己的经验体会举几个服从泊松分布的随机变量的实例。

答案： 泊松分布是用来描述在一定时间范围内或在指定的面积或体积之内某一事件出现的次数的分布，其公式为

$$P(X) = \frac{\lambda^x e^{-\lambda}}{x!}, \quad x = 0, 1, 2, \cdots$$

λ：一般为给定的时间间隔、长度、面积、体积内"成功"的平均数。

泊松分布的例子：

①一个城市在一个月内发生的交通事故次数。

②消费者协会一个星期内收到的消费者投诉次数。

③人寿保险公司每天收到的死亡声明的人数。

④某种仪器每月出现故障的次数。

⑤某一医院在某一天内的急诊病人人数。

5.3 根据自己的经验体会举几个服从正态分布的随机变量的实例。

答案： 如果随机变量的概率密度函数为

$$f(x) = \frac{1}{\sigma\sqrt{2\pi}} e^{-\frac{1}{2\sigma^2}(x-\mu)^2}, \quad -\infty < x < +\infty$$

则称 X 服从正态分布，记作 $X \sim N(\mu, \sigma^2)$，其中，$-\infty < \mu < +\infty$，$\sigma > 0$，μ 为随机变量 X 的均值，σ 为随机变量 X 的标准差，它们是正态分布的两个参数。

正态分布的例子：

①某年级某次的考试成绩。

②某地区成年男性的身高。

③某公司年销售量。

④同一车间产品的质量。

二、练习题

5.1 写出下列随机试验的样本空间：

（1）记录某班一次统计学测验的平均分数。

（2）某人在公路上骑自行车，观察该骑车人在遇到第一个红灯停下来以前遇到绿灯的次数。

（3）生产产品直到有 10 件正品为止，记录生产产品的总件数。

答案：（1）按照百分制，平均分数的样本空间 $\Omega = [0,100]$。

（2）遇到绿灯次数的样本空间为 $\Omega = \{0,1,2,3,4,\cdots\}$。

（3）生产产品的总件数要大于等于正品数，生产产品总件数的样本空间为 $\Omega = \{10,11,12,13,14,\cdots\}$。

5.2 某人花 2 元钱买彩票，他抽中 100 元奖的概率是 0.1%，抽中 10 元奖的概率是 1%，抽中 1 元奖的概率是 20%。假设各种奖不能同时抽中，试求：

（1）此人收益的概率分布。

（2）此人收益的期望值。

答案：（1）

X	100	10	1	0
$P(x)$	0.001	0.01	0.2	0.789

（2） $$E(X) = \sum_{i=1}^{n} x_i p_i = 100 \times 0.001 + 10 \times 0.01 + 1 \times 0.2 + 0 \times 0.789 = 0.4$$

5.3 一张考卷上有 5 道题目，每道题列出 4 个备选答案，其中有一个答案是正确的。某学生凭猜测能答对至少 4 道题的概率是多少？

答案：每道题答对的概率为 1/4，答错的概率为 3/4，设答对题的数量为 X，则 $X \sim B\left(5, \dfrac{1}{4}\right)$。

$$P(X \geqslant 4) = P(X = 4) + P(X = 5)$$

$$= C_5^4 \left(\dfrac{1}{4}\right)^4 \left(\dfrac{3}{4}\right) + C_5^5 \left(\dfrac{1}{4}\right)^5 = \dfrac{1}{64}$$

5.4 设随机变量 X 服从参数为 λ 的泊松分布，已知 $P\{X=1\}=P\{X=2\}$，求 $P\{X=4\}$。

答案：

$$P\{X=1\} = \dfrac{\lambda^1 e^{-\lambda}}{1!} = P\{X=2\} = \dfrac{\lambda^2 e^{-\lambda}}{2!} \Rightarrow \lambda = 2$$

$$P\{X=4\} = \dfrac{\lambda^4 e^{-\lambda}}{4!} = \dfrac{2^4 e^{-2}}{4!} = \dfrac{2}{3} e^{-2}$$

5.5 设 $X \sim N(3,4)$，试求：

（1）$P\{|X|>2\}$。

（2）$P\{X>3\}$。

答案：（1）
$$P\{|X|>2\} = 1-P\{|X|\leq 2\} = 1-P\{-2\leq X\leq 2\}$$
$$= 1-P\left\{\frac{-2-3}{2}\leq \frac{X-3}{2}\leq \frac{2-3}{2}\right\}$$
$$= 1-\left[\Phi\left(-\frac{1}{2}\right)-\Phi\left(-\frac{5}{2}\right)\right]$$
$$= 1+\Phi\left(\frac{1}{2}\right)-\Phi\left(\frac{5}{2}\right)$$

（2）因为 X 的均值为 3，随机变量 X 关于 3 对称，因此 $P\{X>3\}=0.5$。

5.6 一工厂生产的电子管寿命 X（以小时计算）服从期望值 $\mu=160$ 的正态分布，若要求 $P\{120<X<200\}\geq 0.08$，允许的标准差 σ 最大为多少？

答案： 已知 $X\sim N(160,\sigma^2)$，$P\{120<X<200\}\geq 0.08$，则
$$P\{120<X<200\} = P\left\{\frac{120-160}{\sigma}<\frac{X-160}{\sigma}<\frac{200-160}{\sigma}\right\}$$
$$= \Phi\left(\frac{40}{\sigma}\right)-\Phi\left(-\frac{40}{\sigma}\right)$$
$$= 2\Phi\left(\frac{40}{\sigma}\right)-1\geq 0.08$$
$$\Rightarrow \Phi\left(\frac{40}{\sigma}\right)\geq 0.54 \Rightarrow \frac{40}{\sigma}\geq 0.100\ 434 \Rightarrow \sigma\leq 398.27$$

5.7 一本书排版后一校时出现错误数 X 服从正态分布 $N(200,400)$，试求：

（1）出现错误数不超过 230 的概率。

（2）出现错误数在 190~210 之间的概率。

答案：（1）已知 $X\sim N(200,400)$，则出现错误数不超过 230 的概率为
$$P(X\leq 230) = P\left(\frac{X-200}{20}\leq \frac{230-200}{20}\right) = \Phi(1.5) = 0.933\ 2$$

（2）
$$P(190<X<210) = P\left(\frac{190-200}{20}<\frac{X-200}{20}<\frac{210-200}{20}\right)$$
$$= \Phi(0.5)-\Phi(-0.5)$$
$$= 2\Phi(0.5)-1 = 0.383$$

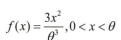

二、练习题

5.3 设随机变量 X 的概率密度为：
$$f(x) = \frac{3x^2}{\theta^3},\ 0<x<\theta$$

（1）已知 $P(X>1)=\dfrac{7}{8}$，求 θ 的值。

（2）求 X 的期望值与方差。

答案：（1） $P(X>1)=\dfrac{7}{8} \Rightarrow P(X>1)=\int_1^\theta \dfrac{3x^2}{\theta^3}dx = 1-\dfrac{1}{\theta^3}=\dfrac{7}{8} \Rightarrow \theta=2$

→ 根据指定范围概率值反推未知参数。

（2）
$$E(X)=\int_0^2 x\dfrac{3x^2}{8}dx=\dfrac{3}{2}$$

$$E(X^2)=\int_0^2 x^2\dfrac{3x^2}{8}dx=\dfrac{12}{5}$$

$$D(X)=E(X^2)-[E(X)]^2=\dfrac{3}{20}$$

→ 求方差一般采用此公式，先分别求 X 和 X^2 的数学期望，再求方差。

第6章 统计量及其抽样分布

> 本章是研究推断统计的基础章节,重点主要集中在对统计量概念的认识与构建,统计量分布及其推导。要求同学们具备如下能力:掌握统计量的概念以及常用统计量;理解抽样分布的概念;重点掌握卡方分布(χ^2分布)、F分布、t分布的理论;掌握样本均值的分布与中心极限定理。

6.1 统计量

1. 统计量的概念

设$X_1, X_2, \cdots, X_n$是从总体X中抽取的容量为n的一个样本,如果由此样本构造一个函数$T(X_1, X_2, \cdots, X_n)$,<u>不依赖于任何未知参数</u>,则称函数$T(X_1, X_2, \cdots, X_n)$是一个统计量。通常,又称$T(X_1, X_2, \cdots, X_n)$为<u>样本统计量</u>。

(1) 统计量是样本的函数,因此是随机的。
(2) 统计量不含有任何未知参数。
(3) 统计量的分布依赖于参数。

2. 常用统计量

(1) $\bar{X} = \dfrac{1}{n}\sum\limits_{i=1}^{n} X_i$,$\bar{X}$是<u>样本均值</u>,反映总体$X$数学期望的信息。

(2) $S^2 = \dfrac{1}{n-1}\sum\limits_{i=1}^{n}(X_i - \bar{X})^2$,$S^2$是<u>样本方差</u>,反映的是总体$X$方差的信息。

(3) $V = S/\bar{X}$,V是样本<u>变异系数</u>,反映总体变异系数C的信息。 → 常用来刻画均值不同时不同样本的离散程度。比如投资项目风险分析,不同群体收入差距,不同班级成绩离散程度。

(4) $m_k = \dfrac{1}{n}\sum\limits_{i=1}^{n} X_i^k$,$m_k$为样本$k$阶矩,反映总体$k$阶矩的信息。

(5) $v_k = \dfrac{1}{n-1}\sum\limits_{i=1}^{n}(X_i - \bar{X})^k$,$v_k$为样本$k$阶中心矩,反映总体$k$阶中心矩的信息。

(6) $\alpha_3 = \sqrt{n-1}\sum\limits_{i=1}^{n}(X_i - \bar{X})^3 / \left[\sum\limits_{i=1}^{n}(X_i - \bar{X})^2\right]^{3/2}$,$\alpha_3$为样本偏度,反映总体偏度的信息。

(7) $\alpha_4 = (n-1)\sum\limits_{i=1}^{n}(X_i - \bar{X})^4 / \left[\sum\limits_{i=1}^{n}(X_i - \bar{X})^2\right]^2 - 3$,$\alpha_4$为样本峰度,反映总体峰度的信息。正态分布的峰度为0。

6.2 由正态分布导出的几个重要分布

抽样分布是指在重复抽样中由样本统计量所形成的分布，是一种理论分布。

1. 卡方分布（χ^2分布）

（1）χ^2分布：设随机变量 $X_1, X_2, \cdots, X_n$ 相互独立，且 $X_i (i=1,2,\cdots,n)$ 服从标准正态分布 $N(0,1)$，则 $\sum_{i=1}^{n} X_i^2$ 服从自由度为 n 的 χ^2 分布。

（2）χ^2分布的性质：

① χ^2分布的数学期望为 $E(\chi^2)=n$。

② χ^2分布的方差为 $D(\chi^2)=2n$。

③ χ^2分布具有可加性，即若 $\chi_1^2 \sim \chi^2(n_1)$，$\chi_2^2 \sim \chi^2(n_2)$，且相互独立，则 $\chi_1^2 + \chi_2^2 \sim \chi^2(n_1+n_2)$。

④ 当 $n \to +\infty$ 时（一般 $n \geq 30$），χ^2 分布近似服从正态分布。

⑤ 设 $X_1, X_2, \cdots, X_n$ 是来自正态分布 $N(\mu, \sigma^2)$ 的一个样本，则

$$\frac{\sum_{i=1}^{n}(X_i - \bar{X})^2}{\sigma^2} \sim \chi^2(n-1)$$

2. t分布

（1）t分布：设随机变量 $X \sim N(0,1), Y \sim \chi^2(n)$，且 X 与 Y 独立，则 $t = \dfrac{X}{\sqrt{Y/n}}$，其分布称为 t 分布，记为 $t(n)$，其中，n 为自由度。

（2）t分布的性质：

① 当 $n \geq 2$ 时，t 分布的数学期望 $E(t)=0$。

② 当 $n \geq 3$ 时，t 分布的方差 $D(t) = \dfrac{n}{n-2}$。

③ t 分布是类似正态分布的一种对称分布，它通常要比正态分布平坦和分散。

④ 当 $n \to +\infty$ 时（一般 $n \geq 30$），t 分布近似服从标准正态分布。

⑤ 设 $X_1, X_2, \cdots, X_n$ 是来自正态分布 $N(\mu, \sigma^2)$ 的一个样本，$\bar{X} = \dfrac{1}{n}\sum_{i=1}^{n}X_i$，$S^2 = \dfrac{1}{n-1}\sum_{i=1}^{n}(X_i - \bar{X})^2$，则

$$\frac{\sqrt{n}(\bar{X}-\mu)}{S} \sim t(n-1)$$

⑥ 设 X 和 Y 是两个相互独立的总体，$X \sim N(\mu_1, \sigma^2), Y \sim N(\mu_2, \sigma^2)$，$X_1, X_2, \cdots, X_n$ 是来自 X 的一个样本，$Y_1, Y_2, \cdots, Y_m$ 是来自 Y 的一个样本，记

$$\bar{X} = \frac{1}{n}\sum_{i=1}^{n}X_i, \quad \bar{Y} = \frac{1}{m}\sum_{i=1}^{m}Y_i, \quad S_x^2 = \frac{1}{n-1}\sum_{i=1}^{n}(X_i - \bar{X})^2, \quad S_y^2 = \frac{1}{m-1}\sum_{i=1}^{m}(Y_i - \bar{Y})^2, \quad S_{xy}^2 = \frac{(n-1)S_x^2 + (m-1)S_y^2}{n+m-2}$$

则
$$\frac{(\bar{X}-\bar{Y})-(\mu_1-\mu_2)}{S_{xy}}\sqrt{\frac{mn}{m+n}} \sim t(n+m-2)$$

3. F 分布

（1）F 分布：设随机变量 Y 与 Z 相互独立，且 Y 和 Z 分别服从自由度为 m 和 n 的 χ^2 分布，随机变量 X 有如下表达式：

$$X = \frac{Y/m}{Z/n}$$

（F 分布中两个自由度的参数不可以互换。）

则称 X 服从第一自由度为 m，第二自由度为 n 的 F 分布，记为 $F(m, n)$，简记为 $X \sim F(m,n)$。

（2）F 分布的性质：

① 若 $X \sim F(m,n)$，则

X 的数学期望为 $E(X) = \dfrac{n}{n-2}, n > 2$。

X 的方差为 $D(X) = \dfrac{2n^2(m+n-2)}{m(n-2)(n-4)}, n > 4$。

② F 分布的 p 分位数 $F_p(m,n)$ 可查 F 分布表获得，且 $F_p(m,n) = \dfrac{1}{F_{1-p}(n,m)}$。

③ 如果随机变量 X 服从 $t(n)$ 分布，则 X^2 服从 $F(1, n)$ 的 F 分布。

6.3　样本均值的分布与中心极限定理

1. 样本均值的分布

当总体分布为正态分布 $X \sim N(\mu, \sigma^2)$ 时，$\bar{X}$ 的抽样分布仍为正态分布，$\bar{X}$ 的数学期望为 μ、方差为 σ^2/n，即 $\bar{X} \sim N(\mu, \sigma^2/n)$。

$$E(\bar{X}) = E\left(\frac{1}{n}\sum_{i=1}^{n}X_i\right) = \frac{1}{n}\sum_{i=1}^{n}E(X_i) = \mu, \quad D(\bar{X}) = D\left(\frac{1}{n}\sum_{i=1}^{n}X_i\right) = \frac{1}{n^2}\sum_{i=1}^{n}D(X_i) = \frac{\sigma^2}{n},$$

2. 中心极限定理

（n 越大，样本均值的方差越小，用其来估计 μ 越准确。）

中心极限定理：设从均值为 μ、方差为 σ^2（有限）的任意一个总体中抽取样本量为 n 的样本，当 n 充分大时，样本均值 $\bar{X}$ 的抽样分布近似服从均值为 μ、方差为 σ^2/n 的正态分布。

（一般认为 $n \geq 30$ 为大样本，$n < 30$ 为小样本。）

3. 其他抽样分布

样本比例的分布	$p \sim N\left(\pi, \dfrac{\pi(1-\pi)}{n}\right)$
两个样本平均值之差的分布	$\bar{X}_1 - \bar{X}_2 \sim N\left(\mu_1 - \mu_2, \dfrac{\sigma_1^2}{n_1} + \dfrac{\sigma_2^2}{n_2}\right)$
两个样本比例差的分布	$p_1 - p_2 \sim N\left(\pi_1 - \pi_2, \dfrac{\pi_1(1-\pi_1)}{n_1} + \dfrac{\pi_2(1-\pi_2)}{n_2}\right)$

续表

样本方差的分布	$(n-1)S^2/\sigma^2 \sim \chi^2(n-1)$
两个样本方差比的分布	$F = \dfrac{S_x^2/\sigma_1^2}{S_y^2/\sigma_2^2} \sim F(n_1-1, n_2-1)$

斩题型

题型 1　统计量的辨别 ★★

 (1) 先确定未知参数；
(2) 确定样本的函数是否含有该未知参数，含有未知参数则不是统计量。

例1 设总体 $X \sim N(\mu, \sigma^2)$，其中 μ 未知，σ^2 已知，(X_1, X_2, X_3) 为来自总体 X 的样本，则以下（　　）不是统计量。

A. $X_1 + 2X_2$ 　　B. $\max(X_1, X_2, X_3)$　　C. $\sum\limits_{i=1}^{3} \dfrac{X_i^2}{\sigma^2}$　　D. $\dfrac{1}{3}\sum\limits_{i=1}^{3} X_i - \mu$

答案： D　　　　　　　　　　　　　　　统计量中不含有未知参数，因此不能有 μ。

题型总结： 类似题型的核心点在于"式子中是否含有未知参数"。

习题引导： 属于该题型的有思考题 6.2。

题型 2　三大抽样分布的推导与应用 ★★★★

例2 设 $X_1, X_2, \cdots, X_{10}$ 是来自总体 $N(4, 3^2)$ 的样本，$Y = \dfrac{b(X_1 - a)}{\sqrt{\sum\limits_{i=2}^{10}(X_i - a)^2}}$，使得 Y 服从自由度为 9 的 t 分布的 a, b 的值分别为多少？

要使 Y 服从自由度为 9 的 t 分布，应满足分子服从标准正态分布，分母为 $\sqrt{\dfrac{\chi^2(9)}{9}}$。

答案： $X_1 \sim N(4, 3^2) \Rightarrow \dfrac{X_1 - 4}{3} \sim N(0, 1)$　→正态分布标准化。

根据卡方分布的定义有 $\sum\limits_{i=2}^{10}\left(\dfrac{X_i - 4}{3}\right)^2 \sim \chi^2(9)$，$X_1, X_2, \cdots, X_{10}$ 相互独立，因此

$$t = \dfrac{\dfrac{X_1 - 4}{3}}{\sqrt{\dfrac{\sum\limits_{i=2}^{10}\left(\dfrac{X_i - 4}{3}\right)^2}{9}}} \xrightarrow{\text{化简}} \dfrac{3(X_1 - 4)}{\sqrt{\sum\limits_{i=2}^{10}(X_i - 4)^2}} \sim t(9)$$

因此 $a = 4$，$b = 3$。

题型总结： 对于此类题型，要熟练掌握卡方分布、t 分布、F 分布的定义，通过对式子的变形将其化成符合对应定义的形式即可得到结果。

题型 3 样本均值分布与中心极限定理

例 3 已知某加油站每辆汽车的加油时间（单位：分钟）服从均值为 3 分钟、标准差为 4 分钟的正态分布。那么 25 辆汽车的平均加油时间服从的分布是（　　）。

A. 正态分布，均值为 3 分钟，标准差为 16/25
B. 正态分布，均值为 75 分钟，标准差为 4/5
C. 正态分布，均值为 3 分钟，标准差为 16/5
D. 正态分布，均值为 3 分钟，标准差为 4/5

答案： D

例 4 某保险公司接受了 10 000 辆电动自行车的保险，每辆每年的保费为 12 元。若自行车丢失，则车主获得赔偿 1 000 元。假设自行车的丢失概率为 0.006，对于此项业务，利用中心极限定理，求保险公司一年所获利润不少于 40 000 元的概率（$\Phi(2.59) = 0.995\,2$）。

答案： 设 X 为需要赔偿的车主人数，随机变量 X 服从参数为 (n,p) 的二项分布，其中 $n=10\,000$，$p=0.006$。设需要赔偿的金额为 Y，则 $Y=0.1X$（万元），保费总收入 $C=12$ 万元。则

$$E(X)=np=60,\ D(X)=np(1-p)=59.64$$

由中心极限定理知，随机变量 X 近似服从正态分布 $N(60,59.64)$；随机变量 Y 近似服从正态分布 $N(6,0.596\,4)$。

保险公司一年所获利润不少于 4 万元的概率

$$P\{12-Y\geqslant 4\}=P\{Y\leqslant 8\}=P\left\{\frac{Y-6}{\sqrt{0.596\,4}}\leqslant\frac{8-6}{\sqrt{0.596\,4}}\right\}\approx\Phi(2.59)=0.995\,2$$

题型总结： 样本均值分布与中心极限定理都是将随机变量化成近似服从正态分布，并将正态分布化成标准正态分布求概率。

习题引导： 属于该题型的有练习题 6.1。

解习题

一、思考题

6.1 什么是统计量？为什么要引进统计量？统计量中为什么不含任何未知参数？

答案：（1）设 $X_1,X_2,\cdots,X_n$ 是从总体 X 中抽取的容量为 n 的一个样本，如果由此样本构造一个函数 $T(X_1,X_2,\cdots,X_n)$，不依赖于任何未知参数，则称函数 $T(X_1,X_2,\cdots,X_n)$ 是一个统计量。

（2）在实际应用中，当从某总体中抽取一个样本后，并不能直接用它去对总体的有关性质和特征进行推断，这是因为样本虽然是从总体中获取的代表，含有总体性质的信息，但仍较分散。为了使统计推断成为可能，首先必须把我们所关心的分散在样本中的信息集中起来，针对不同的研究

目的，构造不同的样本函数，所以要引进统计量。

（3）统计量是样本的一个函数。由样本构造具体的统计量，实际上是对样本所含的总体信息按某种要求进行加工处理，把分散在样本中的信息集中到统计量的取值上，不同的统计推断问题要求构造不同的统计量，统计量反映的是样本的信息，而参数反映的是总体信息，且未知，需要由统计量进行推断，所以统计量不包含未知参数。

本题重点提示：（1）统计量不含未知参数；（2）参数反映总体信息，且未知，因此用统计量推断未知参数。

6.2 判断下列样本函数中哪些是统计量？哪些不是统计量？

$$T_1 = (X_1 + X_2 + \cdots + X_{10})/10$$
$$T_2 = \min(X_1, X_2, \cdots, X_{10})$$
$$T_3 = X_{10} - \mu$$
$$T_4 = (X_{10} - \mu)/\sigma$$

答案： 由于 μ 与 σ 是未知参数，而含有未知参数的不是统计量。所以，T_1, T_2 是统计量，T_3, T_4 中含有未知参数，因此不是统计量。

本题重点提示： 核心"是否含有未知参数"。

6.3 简述 χ^2 分布、t 分布、F 分布以及正态分布之间的关系。

答案： χ^2 分布、t 分布、F 分布都是由正态分布导出的分布。

χ^2 分布：设随机变量 $X_1, X_2, \cdots, X_n$ 相互独立，且 $X_i (i=1,2,\cdots,n)$ 服从标准正态分布 $N(0,1)$，则 $\sum_{i=1}^{n} X_i^2$ 服从自由度为 n 的 χ^2 分布。当自由度足够大时，χ^2 分布的概率密度曲线趋于对称。当 $n \to +\infty$ 时，χ^2 分布的极限分布是正态分布。

t 分布：设随机变量 $X \sim N(0,1)$，$Y \sim \chi^2(n)$，且 X 与 Y 独立，则 $t = \dfrac{X}{\sqrt{Y/n}}$，其分布称为 t 分布，记为 $t(n)$，其中，n 为自由度。t 分布的密度函数曲线与标准正态分布 $N(0,1)$ 的密度函数曲线非常相似，都是单峰偶函数。但是，$t(n)$ 的密度函数的两侧尾部要比 $N(0,1)$ 的两侧尾部粗一些。

F 分布：设随机变量 Y 与 Z 相互独立，且 Y 和 Z 分别服从自由度为 m 和 n 的 χ^2 分布，随机变量 $X = \dfrac{Y/m}{Z/n}$，则称 X 服从第一自由度为 m、第二自由度为 n 的 F 分布，记为 $F(m,n)$，简记为 $X \sim F(m,n)$。

本题重点提示：（1）χ^2 分布、t 分布、F 分布都是由正态分布导出的分布；（2）不同变量之间要相互独立。

6.4 什么是抽样分布？

答案： 抽样分布是指在重复抽样中由样本统计量所形成的分布，是一种理论分布。每一个统计量来自容量相同的所有可能样本，它提供了样本统计量长远而稳定的信息，是进行推断的理论基础，也是抽样推断科学性的重要依据。

本题重点提示：抽样分布是统计量的分布，要与总体分布、样本分布进行区分。

6.5 简述中心极限定理的意义。

答案：（1）中心极限定理。

从任意一个均值为 μ、方差为 σ^2 的总体中随机抽取一个样本量为 n 的样本，当样本量 n 足够大（$n \geq 30$）时，样本均值 $\bar{X}$ 近似服从均值为 μ、方差为 σ^2/n 的正态分布。

（2）中心极限定理的意义。

中心极限定理为数理统计在统计学中的应用铺平了道路。用样本推断总体的关键在于掌握样本特征值的抽样分布，而中心极限定理表明：只要样本容量足够大，那么未知总体的样本特征值就近似服从正态分布。从而，只要采用大量观察法获得足够多的随机样本数据，几乎就可以把数理统计的全部处理问题的方法应用于统计学，其在现代推断统计学方法论中居于主导地位。

本题重点提示：根据中心极限定理可以得到样本均值服从正态分布，进而可以进行统计推断。

二、练习题

6.1 调节一台装瓶机使其对每个瓶子的灌装量均值为 μ 盎司，通过观察发现这台装瓶机对每个瓶子的灌装量服从标准差 $\sigma = 1.0$ 盎司的正态分布。随机抽取由这台机器灌装的 9 个瓶子组成一个样本，并测定每个瓶子的灌装量。试确定样本均值偏离总体均值不超过 0.3 盎司的概率。

答案：由题意可得，总体服从正态分布，均值为 μ，标准差为 1，则 $\bar{X} \sim N\left(\mu, \dfrac{1}{9}\right)$。样本均值偏离总体均值不超过 0.3 盎司的概率为

$$P\left(\left|\bar{X} - \mu\right| \leq 0.3\right) = P(-0.3 \leq \bar{X} - \mu \leq 0.3)$$
$$= P\left(\dfrac{-0.3}{1/3} \leq \dfrac{\bar{X} - \mu}{1/3} \leq \dfrac{0.3}{1/3}\right) = 2\Phi(0.9) - 1 = 0.631\,8$$

第 7 章 参数估计

> 参数估计是推断统计的重点内容，特别是参数估计的原理及应用。要求同学们具备如下能力：掌握参数估计的基本原理；理解点估计与区间估计的概念；掌握评价估计量优良性的标准；熟练掌握一个总体参数的区间估计方法；熟练掌握两个总体参数的区间估计方法；掌握样本量的确定。

划重点

7.1 参数估计的基本原理

1. 估计量与估计值

参数估计：用样本统计量去估计总体的参数。（参数估计就是如何用 $\hat{\theta}$ →统计量。来估计 θ →总体参数。）

估计量：在参数估计中，用来估计总体参数的统计量。→如：总体均值为 μ，则样本均值 $\bar{X}$ 为统计量，当 $\bar{x}=90$ 时，90 就是估计值。

估计值：估计参数时计算出来的统计量的具体值。

2. 点估计与区间估计 →一个点估计值的可靠性是由它的抽样标准误差来衡量的，这表明一个具体的点估计值无法给出估计的可靠性的度量。

点估计：用样本统计量 $\hat{\theta}$ 的某个取值直接作为总体参数 θ 的估计值。比如，用样本均值 $\bar{x}$ 直接作为总体均值 μ 的估计值。

区间估计：在点估计的基础上，给出总体参数估计的一个区间范围，该区间通常由样本统计量加减估计误差而得到。→进行区间估计时，根据样本统计量的抽样分布能够对样本统计量与总体参数的接近程度给出一个概率度量。

置信区间：由样本统计量所构造的总体参数的估计区间，其中，区间的最小值为置信下限，最大值为置信上限。

比如，由 100 个样本构造的总体参数的 100 个置信区间中，有 95% 的区间包含总体参数的真值，有 5% 的区间不包含，则 95% 这个值便可称为置信水平。

置信水平：一般地，如果将构造置信区间的步骤重复很多次，置信区间中包含总体参数真值的次数所占的比例称为置信水平，也称置信度或置信系数，表示为 $1-\alpha$（常用的置信水平值有 99%，95%，90%，相应的 α 为 0.01，0.05，0.10）。

→α 是事先确定的一个概率值，也称风险值，是总体参数未在区间内的概率。

对置信区间的理解需要注意以下几点：

①如果用某种方法构造的所有区间中有 95% 的区间包含总体参数的真值，5% 的区间不包含总体参数的真值，那么，用该方法构造的区间称为置信水平为 95% 的置信区间。

②总体参数的真值是固定的、未知的，而用样本构造的区间则是不固定的。若抽取不同的样本，用该方法可以得到不同的区间，从这个意义上说，置信区间是一个随机区间，它会因样本的不同而不同，而且不是所有的区间都包含总体参数的真值。

> 特别注意：对于随机区间而言，我们只能认为置信区间以一定的概率包含总体参数，而不能说参数以一定的概率落入某个区间。

③在实际问题中，进行估计时往往只抽取一个样本，此时所构造的是与样本相联系的一定置信水平下的置信区间。由于用该样本构造的区间是一个特定的区间，而不是随机区间，因此无法知道这个样本所产生的区间是否包含总体参数的真值。

> 特别注意：对于一个特定的区间而言，这个区间要么绝对包含总体参数的真值，要么绝对不包含总体参数的真值。不存在"以一定的概率包含总体参数的真值"的情况。

3. 评价估计量的标准

（1）无偏性是指估计量抽样分布的数学期望等于被估计的总体参数。设总体参数为 θ，所选择的估计量为 $\hat{\theta}$，如果 $E(\hat{\theta}) = \theta$，则称 $\hat{\theta}$ 为 θ 的无偏估计量。

（2）有效性是指用于估计同一总体参数的两个无偏估计量，有更小标准差的估计量更有效，即在无偏估计的条件下，估计量的方差越小，估计越有效。

（3）一致性是指随着样本量的增大，估计量的值越来越接近被估计总体的参数，即一个大样本给出的估计量要比一个小样本给出的估计量更接近总体的参数。

7.2 一个总体参数的区间估计

一个总体参数区间估计如表所示。

总体参数	假设条件	构造区间不等式	置信区间
均值 μ	非正态总体或正态总体 大样本 方差已知	$P\left(-z_{\frac{\alpha}{2}} \leqslant \dfrac{\bar{x}-\mu}{\frac{\sigma}{\sqrt{n}}} \leqslant z_{\frac{\alpha}{2}}\right) = 1-\alpha$	$\bar{x} \pm z_{\frac{\alpha}{2}} \dfrac{\sigma}{\sqrt{n}}$
	正态总体 小样本 方差已知	$P\left(-z_{\frac{\alpha}{2}} \leqslant \dfrac{\bar{x}-\mu}{\frac{\sigma}{\sqrt{n}}} \leqslant z_{\frac{\alpha}{2}}\right) = 1-\alpha$	$\bar{x} \pm z_{\frac{\alpha}{2}} \dfrac{\sigma}{\sqrt{n}}$
	非正态总体或正态总体 大样本 方差未知	$P\left(-z_{\frac{\alpha}{2}} \leqslant \dfrac{\bar{x}-\mu}{\frac{s}{\sqrt{n}}} \leqslant z_{\frac{\alpha}{2}}\right) = 1-\alpha$	$\bar{x} \pm z_{\frac{\alpha}{2}} \dfrac{s}{\sqrt{n}}$
	正态总体 方差未知 小样本	$P\left(-t_{\frac{\alpha}{2}} \leqslant \dfrac{\bar{x}-\mu}{\frac{s}{\sqrt{n}}} \leqslant t_{\frac{\alpha}{2}}\right) = 1-\alpha$	$\bar{x} \pm t_{\frac{\alpha}{2}} \dfrac{s}{\sqrt{n}}$
比例 π	大样本	$P\left(-z_{\frac{\alpha}{2}} \leqslant \dfrac{p-\pi}{\sqrt{\frac{\pi(1-\pi)}{n}}} \leqslant z_{\frac{\alpha}{2}}\right) = 1-\alpha$	$p \pm z_{\frac{\alpha}{2}} \sqrt{\dfrac{p(1-p)}{n}}$

续表

总体参数	假设条件	构造区间不等式	置信区间
方差 σ^2	正态总体	$P\left(\chi^2_{1-\frac{\alpha}{2}} \leqslant \frac{(n-1)s^2}{\sigma^2} \leqslant \chi^2_{\frac{\alpha}{2}}\right) = 1-\alpha$	$\frac{(n-1)s^2}{\chi^2_{\frac{\alpha}{2}}} \leqslant \sigma^2 \leqslant \frac{(n-1)s^2}{\chi^2_{1-\frac{\alpha}{2}}}$

7.3 两个总体参数的区间估计

两个总体均值差（$\mu_1 - \mu_2$）的区间估计如表所示。

	假设条件	构造区间不等式	置信区间
独立样本	正态总体 大样本 方差已知	$P\left(-z_{\frac{\alpha}{2}} \leqslant \frac{(\bar{x}_1-\bar{x}_2)-(\mu_1-\mu_2)}{\sqrt{\frac{\sigma_1^2}{n_1}+\frac{\sigma_2^2}{n_2}}} \leqslant z_{\frac{\alpha}{2}}\right) = 1-\alpha$	$(\bar{x}_1-\bar{x}_2) \pm z_{\frac{\alpha}{2}}\sqrt{\frac{\sigma_1^2}{n_1}+\frac{\sigma_2^2}{n_2}}$
	正态总体 大样本 方差未知	$P\left(-z_{\frac{\alpha}{2}} \leqslant \frac{(\bar{x}_1-\bar{x}_2)-(\mu_1-\mu_2)}{\sqrt{\frac{s_1^2}{n_1}+\frac{s_2^2}{n_2}}} \leqslant z_{\frac{\alpha}{2}}\right) = 1-\alpha$	$(\bar{x}_1-\bar{x}_2) \pm z_{\frac{\alpha}{2}}\sqrt{\frac{s_1^2}{n_1}+\frac{s_2^2}{n_2}}$
独立样本	正态总体 小样本 方差未知但相等	$P\left(-t_{\frac{\alpha}{2}} \leqslant \frac{(\bar{x}_1-\bar{x}_2)-(\mu_1-\mu_2)}{s_p\sqrt{\frac{1}{n_1}+\frac{1}{n_2}}} \leqslant t_{\frac{\alpha}{2}}\right) = 1-\alpha$， 其中 $s_p^2 = \frac{(n_1-1)s_1^2+(n_2-1)s_2^2}{n_1+n_2-2}$	$(\bar{x}_1-\bar{x}_2) \pm t_{\frac{\alpha}{2}}(n_1+n_2-2)\sqrt{s_p^2\left(\frac{1}{n_1}+\frac{1}{n_2}\right)}$
	正态总体 小样本 方差未知但不相等	$P\left(-t_{\frac{\alpha}{2}}(v) \leqslant \frac{(\bar{x}_1-\bar{x}_2)-(\mu_1-\mu_2)}{\sqrt{\frac{s_1^2}{n_1}+\frac{s_2^2}{n_2}}} \leqslant t_{\frac{\alpha}{2}}(v)\right) = 1-\alpha$， 其中 $v = \frac{\left(\frac{s_1^2}{n_1}+\frac{s_2^2}{n_2}\right)^2}{\frac{\left(\frac{s_1^2}{n_1}\right)^2}{n_1-1}+\frac{\left(\frac{s_2^2}{n_2}\right)^2}{n_2-1}}$	$(\bar{x}_1-\bar{x}_2) \pm t_{\frac{\alpha}{2}}(v)\sqrt{\frac{s_1^2}{n_1}+\frac{s_2^2}{n_2}}$
匹配样本	正态总体 大样本	$P\left(-z_{\frac{\alpha}{2}} \leqslant \frac{\bar{x}-\mu}{\frac{s_d}{\sqrt{n}}} \leqslant z_{\frac{\alpha}{2}}\right) = 1-\alpha$	$\bar{d} \pm z_{\frac{\alpha}{2}}\frac{s_d}{\sqrt{n}}$
	正态总体 小样本	$P\left(-t_{\frac{\alpha}{2}} \leqslant \frac{\bar{x}-\mu}{\frac{s_d}{\sqrt{n}}} \leqslant t_{\frac{\alpha}{2}}\right) = 1-\alpha$	$\bar{d} \pm t_{\frac{\alpha}{2}}(n-1)\frac{s_d}{\sqrt{n}}$

其他参数区间估计如表所示。

参数	假设条件	构造区间不等式	置信区间
比例之差 $\pi_1 - \pi_2$	大样本	$P\left(-z_{\frac{\alpha}{2}} \leq \dfrac{(p_1-p_2)-(\pi_1-\pi_2)}{\sqrt{\dfrac{\pi_1(1-\pi_1)}{n_1}+\dfrac{\pi_2(1-\pi_2)}{n_2}}} \leq z_{\frac{\alpha}{2}}\right)=1-\alpha$	$(p_1-p_2) \pm z_{\frac{\alpha}{2}} \sqrt{\dfrac{p_1(1-p_1)}{n_1}+\dfrac{p_2(1-p_2)}{n_2}}$
方差比 σ_1^2/σ_2^2	正态总体	$P\left(F_{1-\frac{\alpha}{2}} \leq \dfrac{\frac{s_1^2}{\sigma_1^2}}{\frac{s_2^2}{\sigma_2^2}} \leq F_{\frac{\alpha}{2}}\right)=1-\alpha$	$\dfrac{\frac{s_1^2}{s_2^2}}{F_{\frac{\alpha}{2}}(n_1-1,n_2-1)} \leq \dfrac{\sigma_1^2}{\sigma_2^2} \leq \dfrac{\frac{s_1^2}{s_2^2}}{F_{1-\frac{\alpha}{2}}(n_1-1,n_2-1)}$

7.4 样本量的确定

1. 估计总体均值时样本量的确定 →估计误差也称边际误差。

估计误差：$E = z_{\frac{\alpha}{2}} \dfrac{\sigma}{\sqrt{n}}$，由此可以推导出确定样本量的公式：

样本量与置信水平 $(1-\alpha)$ 成正比。←

$$n = \dfrac{\left(z_{\frac{\alpha}{2}}\right)^2 \sigma^2}{E^2}$$

→与总体方差成正比。
→与估计误差的平方成反比。

当计算出的样本量不是整数时，将小数点后面的数值一律进位成整数。

2. 估计总体比例时样本量的确定

估计误差：$E = z_{\frac{\alpha}{2}} \sqrt{\dfrac{\pi(1-\pi)}{n}}$，由此可以推导出确定样本量的公式：

$$n = \dfrac{\left(z_{\frac{\alpha}{2}}\right)^2 \pi(1-\pi)}{E^2}$$

→当 π 无法知道时，可取使 $\pi(1-\pi)$ 达到最大的值 0.5，这样使取得的样本量达到最大。

 斩题型

🏅 **题型 1** 点估计与评价标准 ☆☆☆☆

例 1 设 X_1, X_2, X_3, X_4 是来自总体 X 的简单随机样本，$E(X)=\mu$，$D(X)=\sigma^2$，则（　　）是 μ 的最有效估计。→确定有效估计之前先确定是否为无偏估计，在无偏估计里方差最小的估计即为最有效估计。

A. $\hat{\mu} = \dfrac{1}{4}X_1 + \dfrac{1}{4}X_2 + \dfrac{1}{4}X_3 + \dfrac{1}{4}X_4$　　　　B. $\hat{\mu} = \dfrac{1}{5}X_1 + \dfrac{2}{5}X_2 + \dfrac{1}{5}X_3 + \dfrac{1}{5}X_4$

C. $\hat{\mu} = \dfrac{1}{9}X_1 + \dfrac{2}{9}X_2 + \dfrac{1}{9}X_3 + \dfrac{1}{9}X_4$　　　　D. $\hat{\mu} = \dfrac{1}{3}X_1 + \dfrac{1}{3}X_2 + \dfrac{1}{6}X_3 + \dfrac{1}{6}X_4$

答案： A

解析： A 选项，无偏性判断

$$E(\hat{\mu}) = E\left(\frac{1}{4}X_1 + \frac{1}{4}X_2 + \frac{1}{4}X_3 + \frac{1}{4}X_4\right) = \frac{1}{4}[E(X_1) + E(X_2) + E(X_3) + E(X_4)] = \mu$$

有效性判断

$$D(\hat{\mu}) = D\left(\frac{1}{4}X_1 + \frac{1}{4}X_2 + \frac{1}{4}X_3 + \frac{1}{4}X_4\right) = \frac{1}{16}[D(X_1) + D(X_2) + D(X_3) + D(X_4)] = \frac{1}{4}\sigma^2$$

同理，B 选项，$E(\hat{\mu}) = \mu, D(\hat{\mu}) = \frac{7}{25}\sigma^2$；

C 选项，$E(\hat{\mu}) = \frac{5}{9}\mu$，不是 μ 的无偏估计；

D 选项，$E(\hat{\mu}) = \mu, D(\hat{\mu}) = \frac{5}{18}\sigma^2$，经比较，在所有无偏估计中，A 选项方差最小，因而是最有效估计。

题型总结：（1）对于辨别有效估计的问题，需要先确定是否为无偏估计，在无偏估计的基础上找方差最小的统计量；（2）由于简单随机样本相互独立，因此在求统计量的方差时不涉及协方差。

题型 2 区间估计的理解 ★★★★★

例 2 90% 的置信水平是指（ ）。

A. 总体参数落在一个特定的样本所构造的区间内的概率为 90%

B. 总体参数落在一个特定的样本所构造的区间内的概率为 10%

C. 在用同样方法构造的总体参数的多个区间中，包含总体参数的区间比例为 90%

D. 在用同样方法构造的总体参数的多个区间中，包含总体参数的区间比例为 10%

答案：C

解析：90% 的置信水平的含义是在用同样方法构造的总体参数的多个区间中，包含总体参数的区间比例为 90%。

例 3 根据一个具体的样本，计算总体均值的置信水平为 90% 的置信区间，则该区间（ ）。

A. 以 90% 的概率包含总体均值 B. 有 10% 的可能包含总体均值

C. 绝对包含总体均值 D. 绝对包含总体均值或绝对不包含总体均值

答案：D

解析：根据一个具体的样本计算的置信区间为一个确定的区间，因此，要么绝对包含，要么绝对不包含。

题型总结：对于此类题型首先要理解置信区间的概念，其次要明确是否为一个特定样本构造的置信区间。

题型 3 一个总体参数区间估计 ★★★★★

例 4 一批糖袋的重量服从正态分布，现从这批糖袋中随机抽取 12 袋，测得这 12

袋的平均重量为 3.057，方差为 0.129 1。

（1）求这批糖袋的平均重量 μ 的置信度为 95% 的置信区间。

（2）求这批糖袋的重量方差 σ^2 的置信度为 95% 的置信区间。

答案：（1）根据题意可知，$n=12$，为小样本，且方差未知，$\bar{x}=3.057, s^2=0.129\,1, 1-\alpha=95\%$，查表得 $t_{0.025}(11)=2.201\,0$，由此可得 μ 的置信区间为

$$\bar{x} \pm t_{\frac{\alpha}{2}}(11) \frac{s}{\sqrt{n}} = 3.057 \pm 2.201\,0 \times \frac{\sqrt{0.129\,1}}{\sqrt{12}} = 3.057 \pm 0.228$$

即置信区间为（2.829，3.285）。

（2）根据题意，有 $s^2=0.129\,1, 1-\alpha=95\%$，查表得 $\chi^2_{0.025}(11)=21.92, \chi^2_{0.975}(11)=3.815\,7$，则 σ^2 的置信区间为

$$\frac{(n-1)s^2}{\chi^2_{0.025}} \le \sigma^2 \le \frac{(n-1)s^2}{\chi^2_{0.975}}$$

$$\frac{11 \times 0.129\,1}{21.92} \le \sigma^2 \le \frac{11 \times 0.129\,1}{3.815\,7}$$

即置信区间为（0.065，0.372）。

题型总结：（1）根据题意找准已知条件，如"正态总体，方差已知"；（2）根据已知条件进行选择对应的枢轴量；（3）根据置信度，代入数据得到置信区间。

习题引导： 属于该题型的有练习题 7.1，7.2，7.4，7.9，7.10。

题型 4　两个总体参数的区间估计　☆☆☆☆

例 5 从 A 批导线中随机抽取 4 根，并从 B 批导线中随机抽取 5 根，测量其电阻（单位：Ω），A 批导线的样本 X_1，X_2，X_3，X_4 的观测值为 0.143，0.142，0.143，0.137；B 批导线的样本 Y_1，Y_2，Y_3，Y_4，Y_5 的观测值为 0.140，0.142，0.136，0.138，0.140。设测试数据分别服从 $N(\mu_1, \sigma^2)$ 和 $N(\mu_2, \sigma^2)$，且它们相互独立，μ_1，μ_2，σ^2 均未知，求参数 $\mu_1-\mu_2$ 的置信度为 95% 的置信区间（$t_{0.025}(7)=2.36$）。　→正态总体，小样本，方差未知但相等。

附：$\bar{x}=0.141\,25$，$\bar{y}=0.139\,2$，$s_x^2=0.000\,008\,25$，$s_y^2=0.000\,005\,2$。

答案： 由题意可知，两个小样本，且均服从正态分布，方差未知但相等，用 t 统计量

$$t=\frac{(\bar{x}-\bar{y})-(\mu_1-\mu_2)}{s_p\sqrt{\frac{1}{n_1}+\frac{1}{n_2}}} \sim t(7)$$

两样本均值差检验：
(1) 确定为独立样本还是匹配样本？
(2) 是否服从正态总体？
(3) 是否为大样本？
(4) 方差是否已知？
(5) 方差未知时，是否相等？

$$s_p^2=\frac{(n_1-1)s_x^2+(n_2-1)s_y^2}{n_1+n_2-2}=\frac{0.000\,045\,55}{7}=0.000\,006\,507$$

参数 $\mu_1-\mu_2$ 的置信度为 95% 的置信区间为

$$(\bar{x}-\bar{y}) \pm t_{\frac{\alpha}{2}}(n_1+n_2-2)\sqrt{s_p^2\left(\frac{1}{n_1}+\frac{1}{n_2}\right)}=0.002\,05 \pm 0.004\,038$$

即 (−0.001 99, 0.006 09)。

题型总结： 同"题型 3"。

习题引导： 属于该题型的有练习题 7.11。

题型 5 样本量的确定 ✦✦✦

例 6 在其他条件不变的情况下，要使估计时所需的**样本容量变小**，应该（ ）。
A. 提高置信水平   B. 降低置信水平   C. 使置信水平不变   D. 使置信水平等于 1

答案： B

解析： 样本容量计算公式为

$$n = \frac{\left(z_{\frac{\alpha}{2}}\right)^2 \sigma^2}{E^2}$$

样本量与置信水平 $(1-\alpha)$ 成正比。 ← → 与总体方差成正比。
→ 与估计误差的平方成反比。

因此，要使所需的样本容量变小，需降低置信水平。

例 7 某冷库欲对储存的一批鸡蛋的劣质率进行抽样推断。要求允许误差不超过 5%，推断的置信水平 $1-\alpha$ 为 95%（$z_{0.025}=1.96$），问至少应抽取多少鸡蛋进行检查？

答案： 根据确定样本量的公式可得

$$n = \frac{\left(z_{\frac{\alpha}{2}}\right)^2 \pi(1-\pi)}{E^2}$$

由于 π 值无法确定，故取 $\pi=0.5$，样本容量为 → 选择 $\pi=0.5$，使得 $\pi(1-\pi)$ 最大，此时所求得样本量可以满足任意比例。

$$n = \frac{(1.96)^2 \times 0.5 \times (1-0.5)}{0.05^2} = 384.16 \approx 385 \text{（个）}$$

→ 圆整法则。

故至少应抽取 385 个鸡蛋进行检查。

题型总结：（1）对于样本量计算的问题要注意允许误差、边际误差、估计误差均指的是区间半径；（2）当样本量为小数时，要将小数点后面的数值进位成整数。

习题引导： 属于该题型的有练习题 7.8，7.16。

解习题

一、思考题

7.1 解释估计量和估计值。

答案： 在参数估计中，用来估计总体参数的统计量称为估计量，用 $\hat{\theta}$ 表示。估计参数时根据具体样本计算出来的统计量的具体数值称为估计值。

比如，总体均值为 μ，由样本得到的均值 $\bar{X}$ 为统计量，当根据样本计算出来的样本均值 $\bar{x} = 70$，则 70 为估计值。

本题重点提示： 两者区别在于是否有具体的取值。

7.2 简述评价估计量好坏的标准。

答案：（1）无偏性。

无偏性是指估计量抽样分布的数学期望等于被估计的总体参数。设总体参数为 θ，所选择的估计量为 $\hat{\theta}$，如果 $E(\hat{\theta}) = \theta$，则称 $\hat{\theta}$ 为 θ 的无偏估计量。

（2）有效性。

一个无偏的估计量并不意味着它就非常接近被估计的参数，它还必须与总体参数的离散程度比较小。有效性是指用于估计同一总体参数的两个无偏估计量，有更小标准差的估计量更有效。

（3）一致性。

一致性是指随着样本量的增大，估计量的值越来越接近被估计总体的参数。换言之，一个大样本给出的估计量要比一个小样本给出的估计量更接近总体的参数。

7.3 怎样理解置信区间？

答案： 对置信区间的理解需要注意以下几点。

① 如果用某种方法构造的所有区间中有 $(1-\alpha)\%$ 的区间包含总体参数的真值，$\alpha\%$ 的区间不包含总体参数的真值，那么，用该方法构造的区间称为置信水平为 $(1-\alpha)\%$ 的置信区间。

② 总体参数的真值是固定的、未知的，而用样本构造的区间则是不固定的。若抽取不同的样本，用该方法可以得到不同的区间，从这个意义上说，置信区间是一个随机区间，它会因样本的不同而不同，而且不是所有的区间都包含总体参数的真值。

③ 在实际问题中，进行估计时往往只抽取一个样本，此时所构造的是与样本相联系的一定置信水平下的置信区间。由于用该样本构造的区间是一个特定的区间，而不是随机区间，所以无法知道这个样本所产生的区间是否包含总体参数的真值。对于一个特定的区间而言，这个区间要么绝对包含总体参数的真值，要么绝对不包含总体参数的真值。不存在"以一定的概率包含总体参数的真值"的情况。

本题重点提示：（1）总体参数的真值是固定的、未知的，而用样本构造的区间则是不固定的；（2）根据一个具体的样本得到的区间是一个确定区间。

7.4 解释 95% 的置信区间。

答案： 用某种方法构造的所有区间中有 95% 的区间包含总体参数的真值，5% 的区间不包含总体参数的真值。

7.5 $z_{\frac{\alpha}{2}} \frac{\sigma}{\sqrt{n}}$ 的含义是什么？

答案： $z_{\frac{\alpha}{2}} \frac{\sigma}{\sqrt{n}}$ 是估计总体均值时的估计误差，也称边际误差、抽样的极限误差。

本题重点提示： 注意区分估计误差与估计的标准误差，估计的标准误差是指抽样分布的标准差。

7.6 解释独立样本和匹配样本的含义。

答案： 独立样本：如果两个样本是从两个总体中独立抽取的，即一个样本中的元素与另一个样本中的元素相互独立，称为独立样本。

匹配样本：匹配样本是指一个样本中的数据与另一个样本中的数据相对应。匹配样本可以消除由于样本指定的不公平造成的两种方法组装时间上的差异。

本题重点提示： 区别在于两样本数据是否可以匹配。

7.7 在对两个总体均值之差的小样本估计中，对两个总体和样本都有哪些假定？

答案：（1）两个总体都服从正态分布。

（2）两个随机样本独立地分别抽自两个总体。

在这样的假定条件下，满足独立的正态总体，则两个样本均值之差也服从正态分布，然后可根据大样本还是小样本、方差是否已知进行区间估计。

本题重点提示： 两个独立正态变量的线性变换依然服从正态分布。

7.8 简述样本量与置信水平、总体方差、估计误差的关系。

答案： 估计总体均值时样本量的公式为

$$n = \frac{\left(z_{\frac{\alpha}{2}}\right)^2 \sigma^2}{E^2}$$

从样本量的公式可以看出，样本量与置信水平成正比，在其他条件不变的情况下，置信水平越大，所需的样本量也就越大。

样本量与总体方差成正比，总体方差越大，所需的样本量也就越大。

样本量与估计误差的平方成反比，我们可以接受的估计误差的平方越大，所需的样本量就越小。

需要确定三点：
(1) 总体是否服从正态分布？
(2) 方差是否已知？
(3) 是否为大样本？

二、练习题

7.1 利用下面的信息，构建总体均值的置信区间。

（1）总体服从正态分布，已知 $\sigma = 500, n = 15, \bar{x} = 8\,900$，置信水平为 95%。

（2）总体不服从正态分布，已知 $\sigma = 500, n = 35, \bar{x} = 8\,900$，置信水平为 95%。

（3）总体不服从正态分布，σ 未知，$n = 35, \bar{x} = 8\,900, s = 500$，置信水平为 90%。

（4）总体不服从正态分布，σ 未知，$n = 35, \bar{x} = 8\,900, s = 500$，置信水平为 99%。

答案：（1）根据题意可得，正态总体，方差已知，$\sigma = 500, n = 15, \bar{x} = 8\,900$，所以总体均值的 95% 的置信区间为

$$\bar{x} \pm z_{\frac{\alpha}{2}} \frac{\sigma}{\sqrt{n}} = 8\,900 \pm 1.96 \times \frac{500}{\sqrt{15}} = 8\,900 \pm 253.03$$

即（8 646.97，9 153.03）。

（2）根据题意可得，总体不服从正态分布，方差已知，$\sigma = 500$，大样本，$n = 35$，$\bar{x} = 8\,900$，所以总体均值的 95% 的置信区间为

$$\bar{x} \pm z_{\frac{\alpha}{2}} \frac{\sigma}{\sqrt{n}} = 8\,900 \pm 1.96 \times \frac{500}{\sqrt{35}} = 8\,900 \pm 165.65$$

即（8 734.35，9 065.65）。

（3）根据题意可得，总体不服从正态分布，方差未知，大样本，$n = 35$，$\bar{x} = 8\,900$，$s = 500$，所以总体均值的 90% 的置信区间为

$$\bar{x} \pm z_{\frac{\alpha}{2}} \frac{s}{\sqrt{n}} = 8\,900 \pm 1.645 \times \frac{500}{\sqrt{35}} = 8\,900 \pm 139.03$$

即（8 760.97，9 039.03）。

（4）根据题意可得，总体不服从正态分布，方差未知，大样本，$n = 35$，$\bar{x} = 8\,900$，$s = 500$，所以总体均值的 99% 的置信区间为

$$\bar{x} \pm z_{\frac{\alpha}{2}} \frac{s}{\sqrt{n}} = 8\,900 \pm 2.58 \times \frac{500}{\sqrt{35}} = 8\,900 \pm 218.05$$

即（8 681.95，9 118.05）。

7.2 某大学为了解学生每天上网的时间，在全校 7 500 名学生中采取重复抽样方法随机抽取 36 人，调查他们每天上网的时间，得到下面的数据（单位：小时）：

3.3	3.1	6.2	5.8	2.3	4.1	5.4	4.5	3.2
4.4	2.0	5.4	2.6	6.4	1.8	3.5	5.7	2.3
2.1	1.9	1.2	5.1	4.3	4.2	3.6	0.8	1.5
4.7	1.4	1.2	2.9	3.5	2.4	0.5	3.6	2.5

求该校大学生平均上网时间的置信区间，置信水平分别为 90%，95% 和 99%。

答案： 根据题意可知，大样本，方差未知，因此样本均值服从正态分布。根据样本计算得

$$\bar{x} = \frac{3.3 + 3.1 + 6.2 + \cdots + 0.5 + 3.6 + 2.5}{36} = 3.32$$

$$s = \sqrt{\frac{1}{35} \sum_{i=1}^{36}(x_i - 3.32)^2} = 1.61$$

因此，该校大学生平均上网时间的 90% 的置信区间为

$$\bar{x} \pm z_{\frac{\alpha}{2}} \frac{s}{\sqrt{n}} = 3.32 \pm 1.645 \times \frac{1.61}{6} = 3.32 \pm 0.44$$

即（2.88，3.76）。
该校大学生平均上网时间的 95% 的置信区间为

$$\bar{x} \pm z_{\frac{\alpha}{2}} \frac{s}{\sqrt{n}} = 3.32 \pm 1.96 \times \frac{1.61}{6} = 3.32 \pm 0.53$$

即（2.79，3.85）。
该校大学生平均上网时间的 99% 的置信区间为

$$\bar{x} \pm z_{\frac{\alpha}{2}} \frac{s}{\sqrt{n}} = 3.32 \pm 2.58 \times \frac{1.61}{\sqrt{6}} = 3.32 \pm 0.69$$

即（2.63，4.01）。

7.3 某企业生产的袋装食品采用自动打包机包装，每袋标准重量为100克。现从某天生产的一批产品中按重复抽样随机抽取 50 袋进行检查，得到如下数据：

每袋重量（克）	袋数
96~98	2
98~100	3
100~102	34
102~104	7
104~106	4
合计	50

已知食品每袋的重量服从正态分布，要求：（分组数据，用组中值计算样本均值和样本标准差。）

（1）确定该食品平均重量的 95% 的置信区间。（正态总体，大样本，未提及方差，认为方差未知。）

（2）如果规定食品重量低于 100 克属于不合格，确定该批食品合格率的 95% 的置信区间。

答案：（1）根据题意可知，大样本，方差未知，且此样本均值服从正态分布。根据样本计算得

$$\bar{x} = \frac{\sum M_i f_i}{\sum f_i} = 101.32$$

$$s = \sqrt{\frac{1}{49} \sum (M_i - \bar{x})^2} = 1.63$$

该种食品平均重量的 95% 的置信区间为

$$\bar{x} \pm z_{\frac{\alpha}{2}} \frac{s}{\sqrt{n}} = 101.32 \pm 1.96 \times \frac{1.63}{\sqrt{50}} = 101.32 \pm 0.45$$

即（100.87，101.77）。

（2）根据样本数据可知，不合格样本的所在组为 96～98，98～100，频数为 5。样本合格率为 $p = \frac{45}{50} = 0.9$。则该批食品合格率的 95% 的置信区间为

$$p \pm z_{\frac{\alpha}{2}} \sqrt{\frac{p(1-p)}{n}} = 0.9 \pm 1.96 \times \sqrt{\frac{0.9 \times 0.1}{50}} = 0.9 \pm 0.08$$

即（0.82，0.98）。

7.4 假设总体服从正态分布，利用下面的数据构建总体均值 μ 的 99% 的置信区间。

16.4	17.1	17.0	15.6	16.2
14.8	16.0	15.6	17.3	17.4
15.6	15.7	17.2	16.6	16.0
15.3	15.4	16.0	15.8	17.2
14.6	15.5	14.9	17.7	16.3

答案： 根据题意可知，已知总体服从正态分布，方差未知，$n=25$，为小样本，置信水平为99%，$t_{0.005}(24)=2.797$，根据样本计算得

$$\bar{x}=\frac{16.4+17.1+\cdots+17.7+16.3}{25}=16.128$$

$$s=\sqrt{\frac{1}{24}\sum_{i=1}^{25}(x_i-16.128)^2}=0.871$$

μ 的99%的置信区间为

$$\bar{x}\pm t_{0.005}\frac{s}{\sqrt{n}}=16.128\pm 2.797\times\frac{0.871}{\sqrt{25}}=16.128\pm 0.487$$

即（15.641，16.615）。

7.5 利用下面的样本数据构建总体比例 π 的置信区间。（求比例 π 的置信区间时，均用正态分布计算。）

（1）$n=44$，$p=0.51$，置信水平为99%。

（2）$n=300$，$p=0.82$，置信水平为95%。

（3）$n=1\,150$，$p=0.48$，置信水平为90%。

答案：（1）已知 $n=44$，$p=0.51$，$\alpha=0.01$，比例 π 的置信区间为

$$p\pm z_{\frac{\alpha}{2}}\sqrt{\frac{p(1-p)}{n}}=0.51\pm 2.58\times\sqrt{\frac{0.51\times(1-0.51)}{44}}=0.51\pm 0.19$$

即（0.32，0.70）。

（2）已知 $n=300$，$p=0.82$，$\alpha=0.05$，比例 π 的置信区间为

$$p\pm z_{\frac{\alpha}{2}}\sqrt{\frac{p(1-p)}{n}}=0.82\pm 1.96\times\sqrt{\frac{0.82\times(1-0.82)}{300}}=0.82\pm 0.04$$

即（0.78，0.86）。

（3）已知 $n=1\,150$，$p=0.48$，$\alpha=0.1$，比例 π 的置信区间为

$$p\pm z_{\frac{\alpha}{2}}\sqrt{\frac{p(1-p)}{n}}=0.48\pm 1.645\times\sqrt{\frac{0.48\times(1-0.48)}{1\,150}}=0.48\pm 0.02$$

即（0.46，0.50）。

7.6 在一项家电市场调查中，随机抽取了200个居民户，调查他们是否拥有某一品牌的电视机，其中拥有该品牌电视机的家庭占23%。求总体比例的置信区间，置信水平分别为90%和95%。

答案： 根据题意可知，样本比例 $p=0.23$，$n=200$，当 $\alpha=0.1$ 时，$z_{\frac{\alpha}{2}}=1.645$，当 $\alpha=0.05$ 时，$z_{\frac{\alpha}{2}}=1.96$。

（1）总体比例90%的置信区间为

$$p\pm z_{\frac{\alpha}{2}}\sqrt{\frac{p(1-p)}{n}}=0.23\pm 1.645\times\sqrt{\frac{0.23\times 0.77}{200}}=0.23\pm 0.05$$

即（0.18，0.28）。

（2）总体比例95%的置信区间为

$$p \pm z_{\frac{\alpha}{2}} \sqrt{\frac{p(1-p)}{n}} = 0.23 \pm 1.96 \times \sqrt{\frac{0.23 \times 0.77}{200}} = 0.23 \pm 0.06$$

即（0.17，0.29）。

7.7 一位银行的管理人员想估计每位顾客在该银行的月平均存款额。他假设所有顾客月存款额的标准差为1 000元，要求的估计误差在200元以内，置信水平为99%。应选取多大的样本？

→ $E \leq 200$

(1) 根据题意找准估计误差。
(2) 根据估计误差反推样本量。

答案： 根据题意可知，估计误差 $E=200$，标准差 $\sigma=1\,000$，置信水平为99%，所以 $\alpha=0.01$。根据样本量计算公式得

$$n = \frac{\left(z_{\frac{\alpha}{2}}\right)^2 \sigma^2}{E^2} = \frac{2.58^2 \times 1\,000^2}{200^2} = 166.41 \approx 167$$

故至少应选取167人。

7.8 某居民小区共有居民500户，小区管理者准备采用一种新的供水设施，想了解居民是否赞成。采取重复抽样方法随机抽取了50户，其中有32户赞成，18户反对。

（1）求总体中赞成该项改革的户数比例的置信区间（α =0.05）。

（2）如果小区管理者预计赞成的比例能达到80%，估计误差不超过10%，应抽取多少户进行调查（α =0.05）？

答案：（1）根据题意可知 $n=50$，赞成的比例为 $p=\frac{32}{50}=0.64$，$\alpha=0.05$，$z_{\frac{\alpha}{2}}=1.96$，总体中赞成该项改革的户数比例的置信区间为

$$p \pm z_{\frac{\alpha}{2}} \sqrt{\frac{p(1-p)}{n}} = 0.64 \pm 1.96 \times \sqrt{\frac{0.64 \times 0.36}{50}} = 0.64 \pm 0.13$$

即（0.51，0.77）。

（2）根据题意 $\pi=0.8$，$E \leq 10\%$，根据样本量计算公式得

$$n = \frac{\left(z_{\frac{\alpha}{2}}\right)^2 \pi(1-\pi)}{E^2} = \frac{1.96^2 \times 0.8 \times 0.2}{0.01} = 61.47 \approx 62$$

故应抽取62户进行调查。

7.9 根据下面的样本结果，计算总体标准差 σ 的90%的置信区间。

→ 标准差的置信区间用卡方分布构造，不区分假设条件，只有一种情况。

（1）$\bar{x}=21, s=2, n=50$。

（2）$\bar{x}=1.3, s=0.02, n=15$。

（3）$\bar{x}=167, s=31, n=22$。

答案： 根据方差的区间估计公式可以得到置信区间为

$$\frac{(n-1)s^2}{\chi^2_{\frac{\alpha}{2}}(n-1)} \leqslant \sigma^2 \leqslant \frac{(n-1)s^2}{\chi^2_{1-\frac{\alpha}{2}}(n-1)}$$

> 样本量不同时自由度不一样；χ^2 的值可以通过查表得到，也可以利用 Excel 中 CHIINV 函数得到。

（1）已知 $s=2, n=50, \alpha=0.1$，根据卡方分布，有 $\chi^2_{0.95}(49)=33.9303$，$\chi^2_{0.05}(49)=66.3387$，代入公式得

$$\frac{49\times 4}{66.3387} \leqslant \sigma^2 \leqslant \frac{49\times 4}{33.9303}$$

即标准差的置信区间为 $1.72 \leqslant \sigma \leqslant 2.40$。

（2）已知 $s=0.02, n=15$，$\alpha=0.1$，根据卡方分布，有 $\chi^2_{0.95}(14)=6.5706$，$\chi^2_{0.05}(14)=23.6848$，代入公式得

$$\frac{14\times 0.02^2}{23.6848} \leqslant \sigma^2 \leqslant \frac{14\times 0.02^2}{6.5706}$$

即标准差的置信区间为 $0.015 \leqslant \sigma \leqslant 0.029$。

（3）已知 $s=31, n=22$，$\alpha=0.1$，根据卡方分布，有 $\chi^2_{0.95}(21)=11.5913$，$\chi^2_{0.05}(21)=32.6706$，代入公式得

$$\frac{21\times 31^2}{32.6706} \leqslant \sigma^2 \leqslant \frac{21\times 31^2}{11.5913}$$

即标准差的置信区间为 $24.85 \leqslant \sigma \leqslant 41.73$。

7.10 顾客到银行办理业务时往往需要等待一段时间，而等待时间的长短与多种因素有关，比如，银行业务员办理业务的速度，顾客排队的方式等。为此，某银行准备采取两种排队方式进行试验，第一种排队方式是所有顾客都进入一个等待队列；第二种排队方式是顾客在三个业务窗口处列队三排等待。为比较哪种排队方式使顾客等待的时间更短，银行各随机抽取 10 名顾客，他们在办理业务时所等待的时间（单位：分钟）如下。

| 方式 1 | 6.5 | 6.6 | 6.7 | 6.8 | 7.1 | 7.3 | 7.4 | 7.7 | 7.7 | 7.7 |
| 方式 2 | 4.2 | 5.4 | 5.8 | 6.2 | 6.7 | 7.7 | 7.7 | 8.5 | 9.3 | 10.0 |

（1）构建第一种排队方式等待时间标准差的 95% 的置信区间。

（2）构建第二种排队方式等待时间标准差的 95% 的置信区间。

（3）根据（1）和（2）的结果，你认为哪种排队方式更好？

答案：（1）由题意可知，根据样本数据得 $n=10, \bar{x}=7.15, s^2=0.2272$，$\alpha=0.05$，根据卡方分布，有 $\chi^2_{0.975}(9)=2.7004$，$\chi^2_{0.025}(9)=19.0228$。
代入公式得

$$\frac{9\times 0.2272}{19.0228} \leqslant \sigma^2 \leqslant \frac{9\times 0.2272}{2.7004}$$

即第一种排队方式等待时间标准差的 95% 的置信区间为 $0.33 \leqslant \sigma \leqslant 0.87$。

（2）同理，根据样本数据得 $n=10, \bar{x}=7.15, s^2=3.3183$，$\alpha=0.05$，根据卡方分布有 $\chi^2_{0.975}(9)=2.7004$，$\chi^2_{0.025}(9)=19.0228$，代入公式得

$$\frac{9\times 3.318\ 3}{19.022\ 8} \leqslant \sigma^2 \leqslant \frac{9\times 3.318\ 3}{2.700\ 4}$$

即第二种排队方式等待时间标准差的 95% 的置信区间为 $1.25 \leqslant \sigma \leqslant 3.33$。

（3）第一种排队方式更好。因为两种排队的时间均值相等，但第一种方差更小一些，所以第一种排队方式更好。

7.11 从两个正态总体中分别抽取两个独立的随机样本，它们的均值和标准差如下表所示。

来自总体 1 的样本	来自总体 2 的样本
$\bar{x}_1 = 25$	$\bar{x}_2 = 23$
$s_1^2 = 16$	$s_2^2 = 20$

（1）设 $n_1 = n_2 = 100$，求 $\mu_1 - \mu_2$ 的 95% 的置信区间。
（2）设 $n_1 = n_2 = 10, \sigma_1^2 = \sigma_2^2$，求 $\mu_1 - \mu_2$ 的 95% 的置信区间。
（3）设 $n_1 = n_2 = 10, \sigma_1^2 \neq \sigma_2^2$，求 $\mu_1 - \mu_2$ 的 95% 的置信区间。
（4）设 $n_1 = 10$，$n_2 = 20, \sigma_1^2 = \sigma_2^2$，求 $\mu_1 - \mu_2$ 的 95% 的置信区间。
（5）设 $n_1 = 10$，$n_2 = 20, \sigma_1^2 \neq \sigma_2^2$，求 $\mu_1 - \mu_2$ 的 95% 的置信区间。

> 两样本均值差检验：
> (1) 确定为独立样本还是匹配样本；
> (2) 是否服从正态总体；
> (3) 是否为大样本；
> (4) 方差是否已知；
> (5) 方差未知时是否相等。

答案：（1）已知 $n_1 = n_2 = 100$，相互独立且为大样本，正态总体，方差均未知，用样本方差代替总体方差，因此 $\mu_1 - \mu_2$ 的 95% 的置信区间为

$$(\bar{x}_1 - \bar{x}_2) \pm z_{\frac{\alpha}{2}}\sqrt{\frac{s_1^2}{n_1} + \frac{s_2^2}{n_2}} = (25-23) \pm 1.96 \times \sqrt{\frac{16}{100} + \frac{20}{100}} = 2 \pm 1.176$$

即（0.824, 3.176）。

（2）已知 $n_1 = n_2 = 10$，相互独立且为小样本，正态总体，方差未知但相等，因此需要先计算总体方差的合并估计量

$$s_p^2 = \frac{(n_1-1)s_1^2 + (n_2-1)s_2^2}{n_1 + n_2 - 2} = \frac{(10-1)\times 16 + (10-1)\times 20}{10 + 10 - 2} = 18$$

$\alpha = 0.05, t_{0.025}(18) = 2.101$，则 $\mu_1 - \mu_2$ 的 95% 的置信区间为

$$(\bar{x}_1 - \bar{x}_2) \pm t_{\frac{\alpha}{2}}(n_1 + n_2 - 2)\sqrt{s_p^2\left(\frac{1}{n_1} + \frac{1}{n_2}\right)}$$

$$= (25 - 23) \pm 2.101 \times \sqrt{18 \times \left(\frac{1}{10} + \frac{1}{10}\right)} = 2 \pm 3.986$$

即（-1.986, 5.986）。

（3）已知 $n_1 = n_2 = 10$，相互独立且为小样本，正态总体，方差未知不相等，需要构造自由度 v，有

$$v = \frac{\left(\dfrac{s_1^2}{n_1} + \dfrac{s_2^2}{n_2}\right)^2}{\dfrac{\left(\dfrac{s_1^2}{n_1}\right)^2}{n_1 - 1} + \dfrac{\left(\dfrac{s_2^2}{n_2}\right)^2}{n_2 - 1}} = \frac{\left(\dfrac{16}{10} + \dfrac{20}{10}\right)^2}{\dfrac{\left(\dfrac{16}{10}\right)^2}{9} + \dfrac{\left(\dfrac{20}{10}\right)^2}{9}} \approx 18$$

$\alpha = 0.05, t_{0.025}(18) = 2.101$，则 $\mu_1 - \mu_2$ 的 95% 的置信区间为

$$(\overline{x}_1 - \overline{x}_2) \pm t_{\frac{\alpha}{2}}(v)\sqrt{\frac{s_1^2}{n_1} + \frac{s_2^2}{n_2}} = (25 - 23) \pm 2.101 \times \sqrt{\frac{16}{10} + \frac{20}{10}} = 2 \pm 3.986$$

即（-1.986，5.986）。

（4）已知 $n_1 = 10$，$n_2 = 20$，<u>相互独立且为小样本，正态总体，方差未知但相等</u>，因此需要先计算总体方差的合并估计量。

$$s_p^2 = \frac{(n_1 - 1)s_1^2 + (n_2 - 1)s_2^2}{n_1 + n_2 - 2} = \frac{(10-1) \times 16 + (20-1) \times 20}{10 + 20 - 2} = 18.71$$

$\alpha = 0.05, t_{0.025}(28) = 2.048\ 4$，则 $\mu_1 - \mu_2$ 的 95% 的置信区间为

$$(\overline{x}_1 - \overline{x}_2) \pm t_{\frac{\alpha}{2}}(28)\sqrt{s_p^2\left(\frac{1}{n_1} + \frac{1}{n_2}\right)} = (25 - 23) \pm 2.048\ 4 \times \sqrt{18.71 \times \left(\frac{1}{10} + \frac{1}{20}\right)} = 2 \pm 3.432$$

即（-1.432，5.432）。

（5）已知 $n_1 = 10$，$n_2 = 20$，<u>相互独立且为小样本，正态总体，方差未知不相等</u>，需要构造自由度 v，有

$$v = \frac{\left(\dfrac{s_1^2}{n_1} + \dfrac{s_2^2}{n_2}\right)^2}{\dfrac{\left(\dfrac{s_1^2}{n_1}\right)^2}{n_1 - 1} + \dfrac{\left(\dfrac{s_2^2}{n_2}\right)^2}{n_2 - 1}} = \frac{\left(\dfrac{16}{10} + \dfrac{20}{20}\right)^2}{\dfrac{\left(\dfrac{16}{10}\right)^2}{10 - 1} + \dfrac{\left(\dfrac{20}{20}\right)^2}{20 - 1}} \approx 20$$

$\alpha = 0.05, t_{0.025}(20) = 2.086$，则 $\mu_1 - \mu_2$ 的 95% 的置信区间为

$$(\overline{x}_1 - \overline{x}_2) \pm t_{\frac{\alpha}{2}}(v)\sqrt{\frac{s_1^2}{n_1} + \frac{s_2^2}{n_2}} = (25 - 23) \pm 2.086 \times \sqrt{\frac{16}{10} + \frac{20}{20}} = 2 \pm 3.364$$

即（-1.364，5.364）。 *对于配对样本，先计算两样本数据差，再按照一个总体参数区间估计进行计算均值差的置信区间。*

7.12 下表是由四对观察值组成的随机样本。

配对号	来自总体 A 的样本	来自总体 B 的样本
1	2	0
2	5	7
3	10	6
4	8	5

（1）计算 A 与 B 各对观察值之差，再利用得出的差值计算 $\overline{d}$ 和 s_d。

（2）设 μ_1 和 μ_2 分别为总体 A 和总体 B 的均值，构建 $\mu_d = \mu_1 - \mu_2$ 的 95% 的置信区间。

答案：（1）计算 A 与 B 各对观察值之差如表所示。

配对号	样本 A	样本 B	差值 d
1	2	0	2
2	5	7	−2
3	10	6	4
4	8	5	3

$$\bar{d} = \frac{2-2+4+3}{4} = 1.75$$

$$s_d = \sqrt{\frac{(2-1.75)^2 + (-2-1.75)^2 + (4-1.75)^2 + (3-1.75)^2}{3}} = 2.63$$

（2）$\alpha = 0.05$，$t_{0.025}(3) = 3.182$，匹配小样本，因此 $\mu_d = \mu_1 - \mu_2$ 的 95% 的置信区间为

$$\bar{d} \pm t_{\frac{\alpha}{2}}(n-1) \frac{s_d}{\sqrt{n}} = 1.75 \pm 3.182 \times \frac{2.63}{\sqrt{4}} = 1.75 \pm 4.18$$

即（−2.43，5.93）。

7.13 一家人才测评机构对随机抽取的 10 名小企业的经理人用两种方法进行自信心测试，得到的测试分数如下。

人员编号	方法 1	方法 2
1	78	71
2	63	44
3	72	61
4	89	84
5	91	74
6	49	51
7	68	55
8	76	60
9	85	77
10	55	39

构建两种方法平均自信心得分之差 $\mu_d = \mu_1 - \mu_2$ 的 95% 的置信区间。

答案： 根据样本计算得 $\bar{d} = 11$，$s_d = 6.53$，$\alpha = 0.05$，$t_{0.025}(9) = 2.262\ 2$，匹配小样本，因此 $\mu_d = \mu_1 - \mu_2$ 的 95% 的置信区间为

$$\bar{d} \pm t_{0.025}(9) \frac{s_d}{\sqrt{n}} = 11 \pm 2.262\ 2 \times \frac{6.53}{\sqrt{10}} = 11 \pm 4.67$$

即（6.33，15.67）。

7.14 从两个总体中各抽取一个 $n_1 = n_2 = 250$ 的独立随机样本，来自总体 1 的样本比例为 $p_1 = 40\%$，来自总体 2 的样本比例为 $p_2 = 30\%$。

（1）构建 $\pi_1 - \pi_2$ 的 90% 的置信区间。

（2）构建 $\pi_1 - \pi_2$ 的 95% 的置信区间。

答案： 根据题意可知，$n_1 = n_2 = 250$，大样本，且 $p_1 = 40\%$，$p_2 = 30\%$。

（1）$\pi_1 - \pi_2$ 的 90% 的置信区间为

$$(p_1 - p_2) \pm z_{\frac{\alpha}{2}} \sqrt{\frac{p_1(1-p_1)}{n_1} + \frac{p_2(1-p_2)}{n_2}} = (0.4 - 0.3) \pm 1.645 \times \sqrt{\frac{0.4 \times 0.6}{250} + \frac{0.3 \times 0.7}{250}} = 0.1 \pm 0.069\ 8$$

即（3.02%，16.98%）。

（2）$\pi_1 - \pi_2$ 的 95% 的置信区间为

$$(p_1 - p_2) \pm z_{\frac{\alpha}{2}} \sqrt{\frac{p_1(1-p_1)}{n_1} + \frac{p_2(1-p_2)}{n_2}} = (0.4 - 0.3) \pm 1.96 \times \sqrt{\frac{0.4 \times 0.6}{250} + \frac{0.3 \times 0.7}{250}} = 0.1 \pm 0.083\ 2$$

即（1.68%，18.32%）。

7.15 生产工序的方差是工序质量的一个重要度量。当方差较大时，需要对工序进行改进以减小方差。下面是两部机器生产的袋装茶重量的数据（单位：克）。

机器 1			机器 2		
3.45	3.22	3.90	3.22	3.28	3.35
3.20	2.98	3.70	3.38	3.19	3.30
3.22	3.75	3.28	3.30	3.20	3.05
3.50	3.38	3.35	3.30	3.29	3.33
2.95	3.45	3.20	3.34	3.35	3.27
3.16	3.48	3.12	3.28	3.16	3.28
3.20	3.18	3.25	3.30	3.34	3.25

构建两个总体方差比 σ_1^2 / σ_2^2 的 95% 的置信区间。

答案： 根据题中数据可以得到 $s_1^2 = 0.058\ 4, s_2^2 = 0.005\ 8, \alpha = 0.05, F_{0.025}(20, 20) = 2.46, F_{0.975}(20, 20) = 0.41$，则两个总体方差比 σ_1^2 / σ_2^2 的 95% 的置信区间为

$$\frac{\frac{0.058\ 4}{0.005\ 8}}{2.46} \leq \frac{\sigma_1^2}{\sigma_2^2} \leq \frac{\frac{0.058\ 4}{0.005\ 8}}{0.41}$$

即（4.09，24.56）。

7.16 根据以往的生产数据，某种产品的废品率为 2%。如果置信区间为 95%，估计误差不超过 4%，应抽取多少样本？

答案： 由题意可得，$\pi = 2\%, E \leq 4\%, \alpha = 0.05, z_{\frac{\alpha}{2}} = 1.96$，根据样本量计算公式有

$$n = \frac{\left(z_{\frac{\alpha}{2}}\right)^2 \pi(1-\pi)}{E^2} = \frac{1.96^2 \times 0.02 \times 0.98}{0.04^2} = 47.06 \approx 48$$

（圆整法则）

故应抽取 48 个样本。

第 8 章 假设检验

假设检验和参数估计一样,是推断统计的重要组成部分。假设检验的思想和方法为样本与样本、样本与总体差异性的判断提供了依据。针对假设检验相关知识要求具备如下能力:掌握假设检验的基本原理;掌握假设检验的步骤;熟练掌握一个总体参数的检验方法;熟练掌握两个总体参数的检验方法;熟练掌握 P 值的计算与应用。

划重点

8.1 假设检验的基本问题

1. 检验问题及表达式

(1)假设问题的提出。 →(1)假设检验分为参数假设检验和非参数假设检验。
→(2)采用逻辑上的反证法,依据统计上的小概率原理。

<u>假设检验</u>:事先对<u>总体参数或分布形式</u>作出某种假设,然后利用样本信息来判断原假设是否成立。

(2)假设的表达式。

统计的语言是用一个等式或不等式表示问题的原假设。→研究者想收集证据予以反对的假设。

<u>原假设</u>:待检验的假设,又称"零假设",用 H_0 表示。总是有符号 =、≥ 或 ≤ 。

<u>备择假设</u>:如果原假设不成立,就要拒绝原假设,而需要在另一个假设中作出选择,这个假设与原假设对立,也称"研究假设"或"备选假设",用 H_1 表示。总是有符号 ≠、< 或 >。
→研究者想收集证据予以支持的假设。
注:等号永远在原假设上。

2. 假设检验中的两类错误

第一类错误:原假设为真时,拒绝原假设。犯这种错误的概率用 α 表示,所以也称 α 错误或弃真错误。α 被称为显著性水平。

第二类错误:原假设为伪时,接受原假设。犯这种错误的概率用 β 表示,所以也称 β 错误或取伪错误。

假设检验中各种可能结果的概率如表所示。

项目	没有拒绝 H_0	拒绝 H_0
H_0 为真	$1-\alpha$(正确决策)	α(弃真错误)
H_0 为伪	β(取伪错误)	$1-\beta$(正确决策)

对于一定的样本量 n,不能同时做到犯这两类错误的概率都很小。如果减小 α 错误,就会增大犯
→若想使 α 和 β 同时变小,唯一的办法是增大样本量。

β 错误的机会；若减小 β 错误，就会增大犯 α 错误的机会。

3. 假设检验的流程

（1）提出原假设和备择假设。

（2）确定适当的检验统计量。

（3）计算检验统计量的值。

（4）规定显著性水平 α，确定拒绝域。 → 拒绝原假设的统计量的取值范围。

（5）进行统计决策。

4. 利用 P 值进行决策

传统检验存在的优缺点：

优点：在确定 α 以后，拒绝域的位置就确定了，其好处在于进行决策的界限清晰。

缺点：进行决策面临的风险是笼统的。虽然计算的统计量的值落入拒绝域，我们可以直接拒绝原假设，但具体面临的风险并不能确定。

P 值：是一个概率，即当原假设为真时样本观察结果或更极端结果出现的概率，也被称为观察到的 (或实测的) 显著性水平，表示 H_0 能被拒绝的最小值。

利用 P 值进行检验： → 如果 P 值很小，说明这种情况发生的概率很小。
P 值越小，我们拒绝原假设的理由就越充分。

在单侧检验中，$P > \alpha$ 时不能拒绝原假设，$P < \alpha$ 时拒绝原假设。

在双侧检验中，$P > \alpha$ 时不能拒绝原假设，$P < \alpha$ 时拒绝原假设（在双侧检验中，P 值为单边概率乘以 2）。

5. 双侧检验和单侧检验

研究的问题	假设形式	拒绝域情况	图示
双侧检验	H_0：$m = m_0$ H_1：$m \neq m_0$	两个拒绝域，在两侧	拒绝 H_0 $\alpha/2$（左右两侧），$\dfrac{P值}{2}$（左右两侧），临界值，计算出的样本统计量
左单侧检验 （下限检验）	H_0：$m \geq m_0$ H_1：$m < m_0$	一个拒绝域，在左侧	拒绝 H_0 α，P 值，置信水平 $1-\alpha$，临界值，计算出的样本统计量，样本统计量

研究的问题	假设形式	拒绝域情况	图示
右单侧检验 （上限检验）	$H_0: m \leq m_0$ $H_1: m > m_0$	一个拒绝域，在右侧	置信水平，$1-\alpha$，拒绝H_0，α，P值，临界值，计算出的样本统计量

8.2 一个总体参数的检验

1. 一个总体均值检验

正态总体、大样本情况下			
研究的问题	双侧检验	左单侧检验	右单侧检验
假设形式	$H_0: \mu = \mu_0$ $H_1: \mu \neq \mu_0$	$H_0: \mu \geq \mu_0$ $H_1: \mu < \mu_0$	$H_0: \mu \leq \mu_0$ $H_1: \mu > \mu_0$
统计量	σ 已知	\multicolumn{2}{c	}{$z = \dfrac{\bar{x} - \mu_0}{\sigma / \sqrt{n}}$}
	σ 未知	\multicolumn{2}{c	}{$z = \dfrac{\bar{x} - \mu_0}{s / \sqrt{n}}$}
拒绝域	$\|z\| > z_{\alpha/2}$	$z < -z_\alpha$	$z > z_\alpha$
P值决策	\multicolumn{3}{c	}{$P < \alpha$ 拒绝 H_0}
正态总体、小样本情况下			
研究的问题	双侧检验	左单侧检验	右单侧检验
假设形式	$H_0: \mu = \mu_0$ $H_1: \mu \neq \mu_0$	$H_0: \mu \geq \mu_0$ $H_1: \mu < \mu_0$	$H_0: \mu \leq \mu_0$ $H_1: \mu > \mu_0$
统计量	σ 已知	\multicolumn{2}{c	}{$z = \dfrac{\bar{x} - \mu_0}{\sigma / \sqrt{n}}$}
	σ 未知	\multicolumn{2}{c	}{$t = \dfrac{\bar{x} - \mu_0}{s / \sqrt{n}}$}
拒绝域	\multicolumn{3}{c	}{σ 已知}
	$\|z\| > z_{\alpha/2}$	$z < -z_\alpha$	$z > z_\alpha$
	\multicolumn{3}{c	}{σ 未知}
	$\|t\| > t_{\alpha/2}(n-1)$	$t < -t_\alpha(n-1)$	$t > t_\alpha(n-1)$
P值决策	\multicolumn{3}{c	}{$P < \alpha$ 拒绝 H_0}

2. 总体比例的检验（大样本情况）

研究的问题	双侧检验	左单侧检验	右单侧检验
假设形式	H_0: $\pi = \pi_0$ H_1: $\pi \neq \pi_0$	H_0: $\pi \geqslant \pi_0$ H_1: $\pi < \pi_0$	H_0: $\pi \leqslant \pi_0$ H_1: $\pi > \pi_0$
统计量	$z = \dfrac{p - \pi_0}{\sqrt{\dfrac{\pi_0(1-\pi_0)}{n}}}$		
拒绝域	$\lvert z \rvert > z_{\alpha/2}$	$z < -z_\alpha$	$z > z_\alpha$
P 值决策	$P < \alpha$ 拒绝 H_0		

3. 总体方差的检验（正态总体）

研究的问题	双侧检验	左单侧检验	右单侧检验
假设形式	H_0: $\sigma^2 = \sigma_0^2$ H_1: $\sigma^2 \neq \sigma_0^2$	H_0: $\sigma^2 \geqslant \sigma_0^2$ H_1: $\sigma^2 < \sigma_0^2$	H_0: $\sigma^2 \leqslant \sigma_0^2$ H_1: $\sigma^2 > \sigma_0^2$
统计量	$\chi^2 = \dfrac{(n-1)s^2}{\sigma_0^2}$		
拒绝域	$\chi^2 > \chi_{\alpha/2}^2(n-1)$, $\chi^2 < \chi_{1-\alpha/2}^2(n-1)$	$\chi^2 < \chi_{1-\alpha}^2(n-1)$	$\chi^2 > \chi_\alpha^2(n-1)$
P 值决策	$P < \alpha$ 拒绝 H_0		

8.3 两个总体参数的检验

1. 两个总体均值之差的检验

正态总体、大样本			
研究的问题	双侧检验	左单侧检验	右单侧检验
假设形式	H_0: $\mu_1 - \mu_2 = 0$ H_1: $\mu_1 - \mu_2 \neq 0$	H_0: $\mu_1 - \mu_2 \geqslant 0$ H_1: $\mu_1 - \mu_2 < 0$	H_0: $\mu_1 - \mu_2 \leqslant 0$ H_1: $\mu_1 - \mu_2 > 0$
统计量（σ_1^2, σ_2^2 已知）	$z = \dfrac{(\bar{x}_1 - \bar{x}_2) - (\mu_1 - \mu_2)}{\sqrt{\dfrac{\sigma_1^2}{n_1} + \dfrac{\sigma_2^2}{n_2}}}$		
统计量（σ_1^2, σ_2^2 未知）	$z = \dfrac{(\bar{x}_1 - \bar{x}_2) - (\mu_1 - \mu_2)}{\sqrt{\dfrac{s_1^2}{n_1} + \dfrac{s_2^2}{n_2}}}$		
拒绝域	$\lvert z \rvert > z_{\alpha/2}$	$z < -z_\alpha$	$z > z_\alpha$
P 值决策	$P < \alpha$ 拒绝 H_0		

正态总体、小样本				
研究的问题	双侧检验		左单侧检验	右单侧检验
假设形式	H_0: $\mu_1 - \mu_2 = 0$ H_1: $\mu_1 - \mu_2 \neq 0$		H_0: $\mu_1 - \mu_2 \geq 0$ H_1: $\mu_1 - \mu_2 < 0$	H_0: $\mu_1 - \mu_2 \leq 0$ H_1: $\mu_1 - \mu_2 > 0$
统计量	σ_1^2, σ_2^2 已知	$z = \dfrac{(\bar{x}_1 - \bar{x}_2) - (\mu_1 - \mu_2)}{\sqrt{\dfrac{\sigma_1^2}{n_1} + \dfrac{\sigma_2^2}{n_2}}}$		
	σ_1^2, σ_2^2 未知但相等	$t = \dfrac{(\bar{x}_1 - \bar{x}_2) - (\mu_1 - \mu_2)}{s_p\sqrt{\dfrac{1}{n_1} + \dfrac{1}{n_2}}}$,其中 $s_p^2 = \dfrac{(n_1-1)s_1^2 + (n_2-1)s_2^2}{n_1 + n_2 - 2}$		
	σ_1^2, σ_2^2 未知但不相等	$t = \dfrac{(\bar{x}_1 - \bar{x}_2) - (\mu_1 - \mu_2)}{\sqrt{\dfrac{s_1^2}{n_1} + \dfrac{s_2^2}{n_2}}}$,其中自由度 $f = \dfrac{\left(\dfrac{s_1^2}{n_1} + \dfrac{s_2^2}{n_2}\right)^2}{\dfrac{(s_1^2/n_1)^2}{n_1 - 1} + \dfrac{(s_2^2/n_2)^2}{n_2 - 1}}$		
拒绝域	σ_1^2, σ_2^2 已知:$\|z\| > z_{\alpha/2}$ σ_1^2, σ_2^2 未知:$\|t\| > t_{\alpha/2}$		σ_1^2, σ_2^2 已知:$z < -z_\alpha$ σ_1^2, σ_2^2 未知:$t < -t_\alpha$	σ_1^2, σ_2^2 已知:$z > z_\alpha$ σ_1^2, σ_2^2 未知:$t > t_\alpha$
P 值决策	$P < \alpha$ 拒绝 H_0			

2. 两个总体比例之差的检验(大样本)

检验两个总体比例相等的假设			
研究的问题	双侧检验	左单侧检验	右单侧检验
假设形式	H_0: $\pi_1 - \pi_2 = 0$ H_1: $\pi_1 - \pi_2 \neq 0$	H_0: $\pi_1 - \pi_2 \geq 0$ H_1: $\pi_1 - \pi_2 < 0$	H_0: $\pi_1 - \pi_2 \leq 0$ H_1: $\pi_1 - \pi_2 > 0$
统计量	$z = \dfrac{p_1 - p_2}{\sqrt{p(1-p)\left(\dfrac{1}{n_1} + \dfrac{1}{n_2}\right)}}$,其中 $p = \dfrac{x_1 + x_2}{n_1 + n_2} = \dfrac{p_1 n_1 + p_2 n_2}{n_1 + n_2}$		
拒绝域	$\|z\| > z_{\alpha/2}$	$z < -z_\alpha$	$z > z_\alpha$
P 值决策	$P < \alpha$ 拒绝 H_0		

检验两个总体比例之差不为零的假设			
研究的问题	双侧检验	左单侧检验	右单侧检验
假设形式	H_0: $\pi_1 - \pi_2 = d_0(d_0 \neq 0)$ H_1: $\pi_1 - \pi_2 \neq d_0$	H_0: $\pi_1 - \pi_2 \geq d_0$ H_1: $\pi_1 - \pi_2 < d_0$	H_0: $\pi_1 - \pi_2 \leq d_0$ H_1: $\pi_1 - \pi_2 > d_0$
统计量	$z = \dfrac{(p_1 - p_2) - d_0}{\sqrt{\dfrac{p_1(1-p_1)}{n_1} + \dfrac{p_2(1-p_2)}{n_2}}}$		
拒绝域	$\|z\| > z_{\alpha/2}$	$z < -z_\alpha$	$z > z_\alpha$
P值决策	$P < \alpha$ 拒绝 H_0		

3. 两个总体方差比的检验（正态总体）

研究的问题	双侧检验	左单侧检验	右单侧检验
假设形式	H_0: $\sigma_1^2 / \sigma_2^2 = 1$ H_1: $\sigma_1^2 / \sigma_2^2 \neq 1$	H_0: $\sigma_1^2 / \sigma_2^2 \geq 1$ H_1: $\sigma_1^2 / \sigma_2^2 < 1$	H_0: $\sigma_1^2 / \sigma_2^2 \leq 1$ H_1: $\sigma_1^2 / \sigma_2^2 > 1$
统计量	$F = \dfrac{s_1^2}{s_2^2}$		
拒绝域	$F > F_{\alpha/2}(n_1-1, n_2-1)$ 或 $F < F_{1-\alpha/2}(n_1-1, n_2-1)$	$F < F_{1-\alpha}(n_1-1, n_2-1)$	$F > F_\alpha(n_1-1, n_2-1)$
P值决策	$P < \alpha$ 拒绝 H_0		

4. 检验中的匹配样本

匹配样本是指一个样本中的数据与另一个样本中的数据相对应。匹配样本可以消除由于样本指定的不公平造成的两种方法组装时间上的差异。

→ 对于匹配样本均值之差的检验，可以先将两样本转化成单样本再进行检验。

8.4 检验问题的进一步说明

1. 关于检验结果

备择假设在一次试验中不容易发生，一旦发生，我们就有充分的理由拒绝原假设；但没有拒绝原假设，并不意味着备择假设是错误的，只能说没有足够的证据证明原假设不成立。

2. 关于单侧检验的建立

原假设与备择假设的判断规则：

①进行单侧检验时,选择左单侧检验还是右单侧检验需要根据所要证明的情况和事物的规律而定。
②如何设置原假设和备择假设取决于研究者的意愿。进行假设检验时，一般把研究者想收集证据予以反对的假设作为原假设，又称"零假设"；把研究者想收集证据予以支持的假设作为备择假设，

也称"研究假设"。
③等于号永远在原假设上。
④在建立假设时,通常是先确定备择假设,然后确定原假设。备择假设是人们想予以支持的,比较容易确定。
⑤在检验研究中,将所研究的假设作为备择假设,将认为研究结果无效的说法或理论放在原假设上。
⑥一般把希望证明的命题作为备择假设,把原有的、传统的观点放在原假设上。
⑦一般将原有的传统的观点或结论作为原假设,将新的、可能的、猜测的东西作为备择假设。

斩题型

题型 1 原假设与备择假设的选取 ★★★★★

例 1 食品安全部门想检验超市出售的某种食品的不合格率是否低于 5%,建立的原假设与备择假设为_____。

→一般将想要证明的命题作为备择假设。

答案: $H_0: \pi \geq 5\%$, $H_1: \pi < 5\%$

解析: 一般将想要证明的命题作为备择假设,食品安全部门想证明的是食品的不合格率低于 5%,因此备择假设应为 $\pi < 5\%$。

例 2 一项研究表明,男人和女人对产品质量的评估角度有所不同。在对某一产品的质量评估中,被调查的 500 个女人中有 58% 对该产品的评分等级是"高",而被调查的 500 个男人中给同样评分的却只有 43%。要检验在该产品的质量评估中,女人评高分的比例是否超过男人(π_1 为女人的比例,π_2 为男人的比例),则检验的原假设与备择假设为_____。

→需要验证女人评高分的比例是否高。

答案: $H_0: \pi_1 - \pi_2 \leq 0$, $H_1: \pi_1 - \pi_2 > 0$

解析: 一般将想要证明的命题作为备择假设,本题需要验证女人评高分的比例是否高于男人,因此备择假设应为 $\pi_1 - \pi_2 > 0$。

题型总结: 对于如何设置原假设与备择假设,解题思路参照划重点部分 8.4.2 原假设与备择假设的判断规则。

习题引导: 属于该题型的有练习题 8.3,8.5,8.11,8.13。

题型 2 假设检验的两类错误 ★★★★★

→原假设为 $H_0: \mu = 1\,500$

例 3 在某地区的人均消费水平是否等于 1 500 元的假设检验中,第二类错误(β 错误)是指(   )。

A. 该地区人均消费水平的实际值是 1 500 元,检验结果拒绝原假设

B. 该地区人均消费水平的实际值是 1 500 元,检验结果不拒绝原假设

C. 该地区人均消费水平的实际值不是 1 500 元,检验结果拒绝原假设

D. 该地区人均消费水平的实际值不是 1 500 元,检验结果不拒绝原假设

答案：D

解析：第二类错误也称为取伪错误，是指原假设为伪却没有被拒绝，犯这种错误的概率用 β 表示。

题型总结：此类问题的解答要明确：（1）两类错误的概念及关系；（2）只有拒绝原假设才有可能犯第一类错误，只有不拒绝原假设才有可能犯第二类错误；（3）如何计算犯两类错误的概率。

题型 3　P 值的理解与应用　★★★★★

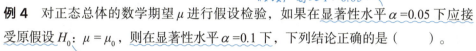

例 4　对正态总体的数学期望 μ 进行假设检验，如果在显著性水平 $\alpha=0.05$ 下应接受原假设 $H_0: \mu=\mu_0$，则在显著性水平 $\alpha=0.1$ 下，下列结论正确的是（　　）。

A. 必接受 H_0　　　　　　　　　　B. 可能接受，也可能拒绝 H_0

C. 必拒绝 H_0　　　　　　　　　　D. 不接受，也不拒绝 H_0

答案：B

解析：根据样本所观察到的实际显著性水平为 P，由 $\alpha=0.05$ 时接受原假设可知 $P>0.05$。若 $P>0.1$，则在 $\alpha=0.1$ 条件下会接受原假设；若 $0.1>P>0.05$，则在 $\alpha=0.1$ 条件下会拒绝原假设。

题型总结：要明确 P 值的概念，能够在图像中确定 P 值所表示的面积，根据 P 值的大小确定是否拒绝原假设。

题型 4　一个总体参数的假设检验　★★★★★

例 5　某批发商欲从生产厂家购进一批电池，根据合同规定，电池的使用寿命不得低于 1 000 小时，已知电池使用寿命的标准差为 200 小时。在总体中随机抽取 100 块电池，测得样本均值为 950 小时，样本标准差为 180 小时。批发商是否应该购买这批电池？（$\alpha=0.05$）

答案：根据题意，设置原假设与备择假设

$$H_0: \mu \geq 1\,000,\ H_1: \mu < 1\,000$$

根据题意可知，大样本，方差已知，且 $\sigma=200$，$n=100$，$\bar{x}=950$，故用 z 统计量。

$$z = \frac{950-1\,000}{200/\sqrt{100}} = -2.5$$

在显著性水平 $\alpha=0.05$ 下，$-z_{0.05}=-1.645$，$z<-z_{0.05}=-1.645$，故可知拒绝原假设，说明不应该购买这批电池。

题型总结：（1）提出原假设和备择假设；（2）确定适当的检验统计量；（3）计算检验统计量的值；（4）规定显著性水平 α，确定拒绝域；（5）进行统计决策。

习题引导：属于该题型的有练习题 8.2，8.3。

题型 5　两个总体参数的假设检验 ★★★★

例 6　有甲、乙两种药,试验者欲比较它们在服用 2 小时后血液中的含量是否一样。对甲药品,随机抽取 8 个病人,他们服药 2 小时后,测得血液中的浓度为(用适当的单位)

$$1.23,1.42,1.41,1.62,1.55,1.51,1.60,1.76$$

对乙药品,随机抽取 6 个病人,他们服药 2 小时后,测得血液中的浓度为

$$1.76,1.41,1.87,1.49,1.67,1.81$$

假定这两组观测值服从具有共同方差的正态分布,试在显著性水平 $\alpha=0.10$ 下,检验病人血液中这两种药的浓度是否有显著的不同?——确定为双侧检验。　正态总体、小样本,方差未知但相等。

备注:$P\{t(12)>1.7823\}=0.05,P\{t(12)>1.3562\}=0.10$。

答案:根据题意,设置原假设与备择假设

$$H_0:\mu_1=\mu_2, H_1:\mu_1\neq\mu_2$$

由题中数据可得

$$\bar{x}_1=1.51,\ \bar{x}_2=1.67,\ s_1^2=0.026,\ s_2^2=0.034,\ n_1=8,\ n_2=6$$

$$s_p^2=\frac{(n_1-1)s_1^2+(n_2-1)s_2^2}{n_1+n_2-2}=0.03$$

$$t=\frac{\bar{x}_1-\bar{x}_2-(\mu_1-\mu_2)}{\sqrt{s_p^2\left(\frac{1}{n_1}+\frac{1}{n_2}\right)}}=\frac{1.51-1.67}{\sqrt{0.03\times\left(\frac{1}{8}+\frac{1}{6}\right)}}=-1.71$$

在显著性水平 $\alpha=0.10$ 下,$t_{0.05}(12)=1.7823$,$|t|<t_{0.05}(12)$,不拒绝原假设,因此病人血液中这两种药的浓度无显著不同。

题型总结:同"题型 4"。

习题引导:属于该题型的有练习题 8.10,8.15。

解习题

一、思考题

8.1　假设检验和参数估计有什么相同点和不同点?

答案:假设检验和参数区间估计的联系:

①都是根据样本信息推断总体参数;

②都是以抽样分布为理论依据建立在概率论基础之上的推断,推断结果都有风险;

③对同一问题的参数进行推断,使用同一样本、同一统计量、同一分布,因而二者一一对应,可以相互转换。

假设检验和参数区间估计的区别:

①假设检验是以样本资料检验对总体参数的先验假设是否成立，参数区间估计是以样本资料估计总体参数的可能范围；

②区间估计求得的是以样本估计值为中心的双侧置信区间，而假设检验既有双侧检验，也有单侧检验；

③假设检验立足于小概率，通常是给定很小的显著性水平 α 去检验对总体参数的先验假设是否成立；区间估计立足于大概率，通常以较大的把握程度（可信度）$1-\alpha$ 去估计总体参数的置信区间。

8.2 什么是假设检验中的显著性水平？统计显著是什么意思？

答案： 显著性水平 α 是指当原假设正确时却被拒绝的概率和风险。显著性水平取 α，意味着如果事件发生的概率小于 α，即小概率事件发生了，则认为原假设不成立。α 取不同的水平，将直接影响拒绝域的临界值，并进而影响判断结果。

在假设检验中，拒绝原假设称样本结果"在统计上是显著的"；不拒绝原假设则称结果"在统计上是不显著的"。"显著的"在这里的意义是"非偶然的"，它表示这样的样本结果不是偶然得到的。在显著和不显著之间没有清楚的界限，只是当 P 值越来越小时，我们有越来越有力的证据。

本题重点提示： 显著性水平 α 是指当原假设正确时却被拒绝的概率和风险，是一个小概率值。当小概率事件发生，就认为拒绝原假设，统计上认为是显著的。

8.3 什么是假设检验中的两类错误？

答案： 由部分来推断总体，判断有可能正确，也有可能不正确，即有犯错误的可能。所犯的错误有两种类型。

第一类错误：原假设 H_0 为真却被拒绝了，犯这种错误的概率用 α 表示，所以也称 α 错误或弃真错误。则原假设为真时，接受原假设的概率为 $1-\alpha$。

第二类错误：原假设 H_0 为伪却没有拒绝，犯这种错误的概率用 β 表示，所以也称 β 错误或取伪错误。则原假设为假时拒绝原假设的概率为 $1-\beta$。

本题重点提示： 两类错误不能同时发生，只有在拒绝原假设时才有可能犯第一类错误，只有在不拒绝原假设时才有可能犯第二类错误。

8.4 两类错误之间存在什么样的数量关系？

答案： 对于一定的样本量 n，不能同时做到犯这两类错误的概率都很小。如果减小 α 错误，就会增大犯 β 错误的机会；若减小 β 错误，就会增大犯 α 错误的机会。使 α 和 β 同时变小的办法也有，那就是增大样本量。基于样本量不能无限地扩大，所以在假设检验中我们要研究两类错误的控制问题。

本题重点提示： n 一定时，α 减小，β 增大，β 减小，α 增大，只有增大样本量才能使两类错误同时减小。

8.5 解释假设检验中的 P 值。

答案：P 值是在原假设为真的前提下出现观察样本或更极端情况的概率，它是拒绝原假设的最小显著性水平。

在用 P 值进行检验时，当 P 值小于给定的显著性水平时，拒绝原假设；否则，不拒绝原假设。

8.6 显著性水平与 P 值有何区别？

答案：显著性水平是假设检验中的一个概念，是指当原假设为真时人们却把它拒绝了的概率或风险。显著性水平是公认的小概率事件的概率值，必须在每一次统计检验之前确定，通常取 $\alpha=0.05$ 或 $\alpha=0.01$。

P 值是当原假设为真时所得到的样本观察结果或更极端结果出现的概率，反映某一事件发生的可能性大小。

统计学根据显著性检验方法所得到的 P 值，一般以 $P<0.05$ 为有统计学差异，以 $P<0.01$ 为有显著的统计学差异，以 $P<0.001$ 为有极其显著的统计学差异。其含义是样本间的差异由抽样误差所致的概率小于 0.05，0.01，0.001。

将给定的显著性水平 α 与 P 值比较，就可作出检验的结论：

如果 $\alpha>P$ 值，则在显著性水平 α 下拒绝原假设。

如果 $\alpha<P$ 值，则在显著性水平 α 下不拒绝原假设。

在实践中，当 $\alpha=P$ 值时，也即统计量的值刚好等于临界值，为慎重起见，可增加样本容量，重新进行抽样检验。

本题重点提示：（1）明确 P 值的概念；（2）明确 P 值所表示的面积（P 值的大小）；（3）如何根据 P 值进行决策。

8.7 假设检验依据的基本原理是什么？

答案：假设检验又称"显著性检验"，是用来判断样本与样本、样本与总体间的差异是由抽样误差引起还是本质差别造成的统计推断方法。假设检验的基本原理是概率性质的反证法，假设检验所遵循的推断依据是统计中的"小概率事件原理"：小概率事件在一次试验中几乎是不会发生的。例如，在 10 000 件产品中，如果只有 1 件是次品，那么可以得知，在这批产品中随机抽取 1 件产品，是次品的概率为 0.01%，此概率是非常小的。或者说，在一次随机抽样试验中，次品几乎是不会被抽到的。反过来，如果从这批产品中任意抽取 1 件，恰好是次品，我们就可以断定，该次品率应该不是很小，否则就不会那么轻易地抽到次品，从而就有足够的理由否认产品的次品率很低的假设。假设检验就是利用样本中所蕴含的信息对事先假设的总体情况作出推断。假设检验并不是毫无根据的，而是在一定的统计概率下支持这种推断。

本题重点提示："反证法""小概率事件原理"。

8.8 在单侧检验中，原假设与备择假设的方向应该如何确定？

答案：在统计的假设检验中，一般是把"不轻易否定的命题"作为原假设，把"需要验证的命题"

作为备择假设；不轻易否定的命题一般指原有的理论、原有的看法、原有的状况，或者说那些保守的、历史的、经验的、在没有充分的证据证明其错误前总是被假定为正确的结论，将这些结论作为原假设，处于被保护的位置，而那些猜测的、可能的、预期的结论作为备择假设。假设检验中，将研究者想收集证据予以支持的假设作为备择假设，将研究者想收集证据证明其不正确的假设作为原假设，先确立备择假设，备择假设的方向与想要证明其正确性的方向一致，原假设与备择假设是互斥的，等号总在原假设上。

在左单侧检验中，原假设和备择假设一般是 H_0：$\mu_1 \geq \mu_2$, H_1：$\mu_1 < \mu_2$。在右单侧检验中，原假设和备择假设一般是 H_0：$\mu_1 \leq \mu_2$, H_1：$\mu_1 > \mu_2$。

本题重点提示： 原假设处于被保护的位置，不能轻易拒绝，只有有充分的证据才可以拒绝原假设。具体方法参照划重点部分 8.4.2 原假设与备择假设的判断规则。

二、练习题

8.1 已知某炼铁厂的铁水含碳量服从正态分布 $N(4.55, 0.108^2)$，现在测定了 9 炉铁水，其平均含碳量为 4.484。如果估计方差没有变化，能否认为现在生产的铁水平均含碳量为 4.55（$\alpha = 0.05$）？

答案： 提出原假设与备择假设：

$$H_0: \mu = 4.55, H_1: \mu \neq 4.55$$

根据题意可知，正态总体，方差已知，因此用 z 作为检验统计量。

$$z = \frac{\bar{x} - \mu_0}{\sigma/\sqrt{n}} = \frac{4.484 - 4.55}{0.108/\sqrt{9}} = -1.833$$

给定显著性水平为 0.05，$z_{0.025} = 1.96$，$|z| = 1.833 < 1.96$，因此不拒绝原假设，认为现在生产的铁水平均含碳量为 4.55。

根据 P 值进行检验：$P = 0.066\,8 > \alpha = 0.05$，因此不拒绝原假设，认为现在生产的铁水平均含碳量为 4.55。

注：解题时临界值方法和 P 值的检验方法选择一种即可，如果没有特殊要求，一般选用临界值方法。

8.2 有一种元件，要求其使用寿命不得低于 700 小时。现从一批这种元件中随机抽取 36 件，测得其平均寿命为 680 小时。已知该元件寿命服从正态分布，σ=60 小时，试在显著性水平 0.05 下确定这批元件是否合格。

答案： 提出原假设与备择假设：

$$H_0: \mu \geq 700, H_1: \mu < 700$$

根据题意可知，正态总体，方差已知，因此用 z 作为检验统计量。

$$z = \frac{\bar{x} - \mu_0}{\sigma/\sqrt{n}} = \frac{680 - 700}{60/\sqrt{36}} = -2$$

给定显著性水平为 0.05，$z_{0.05} = 1.645, -z_{0.05} = -1.645$，$z = -2 < -1.645$，因此拒绝原假设，认为这批元件不合格。

根据 P 值进行检验：$P = 0.022\ 75 < \alpha = 0.05$，因此拒绝原假设，认为这批元件不合格。

8.3 某地区小麦的一般生产水平为亩产 250 千克，其标准差为 30 千克。现用一种化肥进行试验，从 25 个地块抽样，平均亩产量为 270 千克。这种化肥是否使小麦明显增产（$\alpha = 0.05$）？（→方差已知）

答案： 提出原假设与备择假设：（→题目中虽然没有提到正态总体，但是在小样本时，可默认为服从正态总体。）（→只有明显大于时才可以认为显著增产，因此为右单侧检验。）

$$H_0:\ \mu \leqslant 250, H_1:\ \mu > 250$$

根据题意可知，正态总体，方差已知，因此用 z 作为检验统计量。

$$z = \frac{\bar{x} - \mu_0}{\sigma/\sqrt{n}} = \frac{270 - 250}{30/\sqrt{25}} = 3.33$$

给定显著性水平为 0.05，$z_{0.05} = 1.645, z = 3.33 > 1.645$，因此拒绝原假设，可以认为这种化肥能使小麦明显增产。

根据 P 值进行检验：$P = 0.000\ 434 < \alpha = 0.05$，因此拒绝原假设，可以认为这种化肥能使小麦明显增产。

8.4 糖厂用自动打包机打包，每包的标准重量是 100 千克。每天开工后需要检验一次打包机工作是否正常。某日开工后测得 9 包重量（单位：千克）如下：

99.3　98.7　100.5　101.2　98.3　99.7　99.5　102.1　100.5

已知每包的重量服从正态分布，试检验该日打包机工作是否正常（$\alpha = 0.05$）。

答案： 提出原假设与备择假设：（→正态总体，方差未知，小样本，需要用样本方差代替总体方差。）

$$H_0:\ \mu = 100, H_1:\ \mu \neq 100$$

首先根据样本计算样本均值及样本标准差。

$$\bar{x} = \frac{1}{n}\sum_{i=1}^{n} x_i = 99.977\ 8,\ s = \sqrt{\frac{\sum_{i=1}^{n}(x_i - \bar{x})^2}{n-1}} = 1.212\ 2$$

根据题意可知，正态总体，方差未知，小样本，因此用 t 作为检验统计量。

$$t = \frac{\bar{x} - \mu_0}{s/\sqrt{n}} = \frac{99.977\ 8 - 100}{1.212\ 2/\sqrt{9}} = -0.055$$

给定显著性水平为 0.05，$t_{0.025}(8) = 2.306$，$|t| = 0.055 < 2.306$，因此不拒绝原假设，认为该日打包机工作正常。

根据 P 值进行检验：$P = 0.957\ 5 > \alpha = 0.05$，因此不拒绝原假设，认为该日打包机工作正常。

8.5 某种大量生产的袋装食品按规定每袋不得少于 250 克。今从一批该食品中任意抽取 50 袋，发现有 6 袋低于 250 克。若规定不符合标准的比例超过 5% 就不得出厂，问该批食品能否出厂（$\alpha = 0.05$）？（→右单侧检验。）

答案： 提出原假设与备择假设：

$$H_0:\ \pi \leqslant 5\%, H_1:\ \pi > 5\%$$

根据题意可知，样本比例为 $p = \frac{6}{50} = 0.12$，总体比例检验应用 z 作为检验统计量。

$$z = \frac{p-\pi_0}{\sqrt{\frac{\pi_0(1-\pi_0)}{n}}} = \frac{0.12-0.05}{\sqrt{\frac{0.05\times(1-0.05)}{50}}} = 2.2711$$

给定显著性水平为 0.05，$z_{0.05} = 1.645, z = 2.2711 > 1.645$，因此拒绝原假设，认为该批食品不能出厂。

根据 P 值进行检验：$P = 0.01157 < \alpha = 0.05$，因此拒绝原假设，认为该批食品不能出厂。

8.6 某厂家在广告中声称，该厂生产的汽车轮胎在正常条件下行驶距离超过目前的平均水平 25 000 公里。对一个由 15 个轮胎组成的随机样本做了试验，得到样本均值和标准差分别为 27 000 公里和 5 000 公里。假定轮胎寿命服从正态分布，问该厂家的广告所声称的内容是否真实（$\alpha = 0.05$）？

答案：提出原假设与备择假设：

$$H_0: \mu \leqslant 25\,000, H_1: \mu > 25\,000$$

根据题意可知，正态总体，方差未知，小样本，因此用 t 作为检验统计量。

$$t = \frac{\bar{x}-\mu_0}{s/\sqrt{n}} = \frac{27\,000-25\,000}{5\,000/\sqrt{15}} = 1.549$$

给定显著性水平为 0.05，$t_{0.05}(14) = 1.7613$，$t = 1.549 < 1.7613$，因此不拒绝原假设，可以认为该厂家的广告所声称的内容不真实。

根据 P 值进行检验：$P = 0.071843 > \alpha = 0.05$，因此不拒绝原假设，可以认为该厂家的广告所声称的内容不真实。

8.7 某种电子元件的寿命 x 服从正态分布。现测得 16 只元件的寿命 (单位：小时) 如下：

| 159 | 280 | 101 | 212 | 224 | 379 | 179 | 264 |
| 222 | 362 | 168 | 250 | 149 | 260 | 485 | 170 |

是否有理由认为元件的平均寿命显著地大于 225 小时（$\alpha = 0.05$）？

答案：提出原假设与备择假设：

$$H_0: \mu \leqslant 225, H_1: \mu > 225$$

首先根据样本计算样本均值及样本标准差。

$$\bar{x} = \frac{1}{n}\sum_{i=1}^{n}x_i = 241.5, s = \sqrt{\frac{\sum_{i=1}^{n}(x_i-\bar{x})^2}{n-1}} = 98.7259$$

根据题意可知，正态总体，方差未知，小样本，因此用 t 作为检验统计量。

$$t = \frac{\bar{x}-\mu_0}{s/\sqrt{n}} = \frac{241.5-225}{98.7259/\sqrt{16}} = 0.6685$$

给定显著性水平为 0.05，$t_{0.05}(15) = 1.7531$，$t = 0.6685 < 1.7531$，因此不拒绝原假设，不能认为元件的平均寿命显著地大于 225 小时。

根据 P 值进行检验：$P = 0.2570 > \alpha = 0.05$，因此不拒绝原假设，不能认为元件的平均寿命显著地大于 225 小时。

8.8 随机抽取 9 个单位，测得结果分别为：

$$85 \quad 59 \quad 66 \quad 81 \quad 35 \quad 57 \quad 55 \quad 63 \quad 66$$

以 $\alpha = 0.05$ 的显著性水平对下列假设进行检验：H_0：$\sigma^2 \leqslant 100$，H_1：$\sigma^2 > 100$。

答案： 提出原假设与备择假设：

$$H_0：\sigma^2 \leqslant 100, H_1：\sigma^2 > 100$$

首先根据样本计算样本均值及样本方差。

$$\overline{x} = \frac{1}{n}\sum_{i=1}^{n}x_i = 63, \quad s^2 = \frac{\sum_{i=1}^{n}(x_i - \overline{x})^2}{n-1} = 215.75$$

对于总体方差检验，采用 χ^2 作为检验统计量。

$$\chi^2 = \frac{(n-1)s^2}{\sigma_0^2} = \frac{(9-1) \times 215.75}{100} = 17.26$$

给定显著性水平为 0.05，$\chi_{0.05}^2(8) = 15.5073$，$\chi^2 = 17.26 > 15.5073$，因此拒绝原假设，认为 $\sigma^2 > 100$。

根据 P 值进行检验：$P = 0.0275 < \alpha = 0.05$，因此拒绝原假设，认为 $\sigma^2 > 100$。

8.9 A，B 两厂生产同样的材料。已知其抗压强度服从正态分布，且 $\sigma_A^2 = 63^2$，$\sigma_B^2 = 57^2$。从 A 厂生产的材料中随机抽取 81 个样品，测得 $\overline{x}_A = 1070 \text{ kg/cm}^2$；从 B 厂生产的材料中随机抽取 64 个样品，测得 $\overline{x}_B = 1020 \text{ kg/cm}^2$。根据以上调查结果，能否认为 A，B 两厂生产的材料的平均抗压强度相同（$\alpha = 0.05$）？

答案： 提出原假设与备择假设：

$$H_0：\mu_A = \mu_B, H_1：\mu_A \neq \mu_B$$

根据题意可知，独立大样本，正态总体，方差已知，因此采用 z 作为检验统计量。

$$z = \frac{\overline{x}_A - \overline{x}_B}{\sqrt{\dfrac{\sigma_A^2}{n_A} + \dfrac{\sigma_B^2}{n_B}}} = \frac{1070 - 1020}{\sqrt{\dfrac{63^2}{81} + \dfrac{57^2}{64}}} = 5.0059$$

给定显著性水平为 0.05，$z_{0.025} = 1.96$，$z = 5.0059 > 1.96$，因此拒绝原假设，认为 A，B 两厂生产的材料的平均抗压强度不相同。

根据 P 值进行检验：$P = 5.56 \times 10^{-7} < \alpha = 0.05$，因此拒绝原假设，认为 A，B 两厂生产的材料的平均抗压强度不相同。

8.10 装配一个部件可以采用不同的方法，所关心的问题是哪种方法的效率更高。劳动效率可以用平均装配时间来反映。现从不同的装配方法中各抽取 12 件产品，记录各自的装配时间（单位：分钟）如下：

甲方法：31 34 29 32 35 38 34 30 29 32 31 26
乙方法：26 24 28 29 30 29 32 26 31 29 32 28

两总体为正态总体，且方差相同，问这两种方法的装配时间有无显著差别（$\alpha = 0.05$）？

答案： 提出原假设与备择假设：

$$H_0:\ \mu_甲 = \mu_乙,\ H_1:\ \mu_甲 \neq \mu_乙$$

首先计算两样本的均值和方差，$\bar{x}_甲 = 31.75, s_甲^2 = 10.204\ 5, \bar{x}_乙 = 28.67, s_乙^2 = 6.060\ 6$，根据题意可知两总体均服从正态分布，小样本，方差未知但相等，因此有

$$s_p^2 = \frac{(n_甲 - 1)s_甲^2 + (n_乙 - 1)s_乙^2}{n_甲 + n_乙 - 2} = \frac{11 \times 10.204\ 5 + 11 \times 6.060\ 6}{12 + 12 - 2} = 8.132\ 6$$

构造检验统计量为

$$t = \frac{(\bar{x}_甲 - \bar{x}_乙) - (\mu_甲 - \mu_乙)}{\sqrt{s_p^2 \left(\frac{1}{n_甲} + \frac{1}{n_乙}\right)}} = \frac{31.75 - 28.67}{\sqrt{8.132\ 6 \times \left(\frac{1}{12} + \frac{1}{12}\right)}} = 2.645\ 5$$

给定显著性水平为 0.05，$t_{0.025}(22) = 2.073\ 9$，$t = 2.645\ 5 > t_{0.025}(22) = 2.073\ 9$，因此拒绝原假设，认为这两种方法的装配时间有显著差别。

根据 P 值进行检验：$P = 0.014\ 8 < \alpha = 0.05$，因此拒绝原假设，认为这两种方法的装配时间有显著差别。

8.11 调查了 339 名 50 岁以上的人，在 205 名吸烟者中有 43 个患慢性气管炎，在 134 名不吸烟者中有 13 人患慢性气管炎。调查数据能否支持"吸烟者容易患慢性气管炎"这种观点（$\alpha = 0.05$）？

答案： 提出原假设与备择假设：　　　　　　　　　　　→ 把想要支持的观点放在备择假设。

$$H_0:\ \pi_1 - \pi_2 \leqslant 0,\ H_1:\ \pi_1 - \pi_2 > 0 \quad \text{→ 检验两比例之差与 0 比较的问题。}$$

根据题意可知，$p_1 = \frac{43}{205} = 0.209\ 8$，$p_2 = \frac{13}{134} = 0.097$，将两样本 p_1, p_2 合并。

$p = \frac{p_1 n_1 + p_2 n_2}{n_1 + n_2} = 0.165\ 2$，构造 z 统计量。

$$z = \frac{p_1 - p_2}{\sqrt{p(1-p)\left(\frac{1}{n_1} + \frac{1}{n_2}\right)}} = \frac{0.209\ 8 - 0.097}{\sqrt{0.165\ 2(1 - 0.165\ 2)\left(\frac{1}{205} + \frac{1}{134}\right)}} = 2.734\ 3$$

给定显著性水平为 0.05，$z_{0.05} = 1.645, z = 2.734\ 3 > z_{0.05} = 1.645$，因此拒绝原假设，认为调查数据可以支持"吸烟者容易患慢性气管炎"这种观点。

根据 P 值进行检验：$P = 0.003\ 09 < \alpha = 0.05$，因此拒绝原假设，认为调查数据可以支持"吸烟者容易患慢性气管炎"这种观点。

8.12 为了控制贷款规模，某商业银行有个内部要求，平均每项贷款的数额不能超过 60 万元。随着经济的发展，贷款规模有增大的趋势。银行经理想了解在同样的项目条件下，贷款的平均规模是否明显地超过 60 万元，故一个 $n=144$ 的随机样本被抽出，测得 $\bar{x} = 68.1$ 万元，$s=45$。在 $\alpha =0.01$ 的显著性水平下采用 P 值进行检验。→ "显著超过"，因此为右单侧检验。

答案： 提出原假设与备择假设：

$$H_0: \mu \leqslant 60, H_1: \mu > 60$$

由题意可知，正态总体，方差未知，大样本，因此构造 z 统计量。

$$z = \frac{\bar{x} - \mu_0}{s/\sqrt{n}} = \frac{68.1 - 60}{45/\sqrt{144}} = 2.16$$

给定显著性水平为 0.01，$P = P\{z \geqslant 2.16\} = 0.015\ 4 > 0.01$，因此不拒绝原假设，认为贷款的平均规模没有明显地超过 60 万元。

8.13 有一种理论认为服用阿司匹林有助于减少心脏病的发生，为了进行验证，研究人员把自愿参与实验的 22 000 人随机平均分成两组，一组人员每星期服用三次阿司匹林（样本 1），另一组人员在相同的时间服用安慰剂（样本 2）。持续 3 年之后进行检测，样本 1 中有 104 人患心脏病，样本 2 中有 189 人患心脏病。以 $\alpha = 0.05$ 的显著性水平检验服用阿司匹林是否可以降低心脏病发生率。——→将所检验的内容作为备择假设。

答案： 提出原假设与备择假设：

$$H_0: \pi_1 - \pi_2 \geqslant 0, H_1: \pi_1 - \pi_2 < 0$$

根据题意可知，$p_1 = \dfrac{104}{11\ 000}$，$p_2 = \dfrac{189}{11\ 000}$，将两样本 p_1, p_2 合并。

$p = \dfrac{p_1 n_1 + p_2 n_2}{n_1 + n_2} = 0.013\ 3$，构造 z 统计量。

$$z = \frac{p_1 - p_2}{\sqrt{p(1-p)\left(\dfrac{1}{n_1} + \dfrac{1}{n_2}\right)}} = \frac{\dfrac{104}{11\ 000} - \dfrac{189}{11\ 000}}{\sqrt{0.013\ 3(1 - 0.013\ 3)\left(\dfrac{1}{11\ 000} + \dfrac{1}{11\ 000}\right)}} = -5.003$$

给定显著性水平为 0.05，$z_{0.05} = 1.645, z = -5.003 < -z_{0.05} = -1.645$，因此拒绝原假设，认为服用阿司匹林可以降低心脏病发病率。

根据 P 值进行检验：$P = 2.84 \times 10^{-7} < \alpha = 0.05$，因此拒绝原假设，认为服用阿司匹林可以降低心脏病发病率。

8.14 某工厂制造螺栓，规定螺栓口径为 7.0 cm，方差为 0.03 cm。今从一批螺栓中抽取 80 个测量其口径，得平均值为 6.97 cm，方差为 0.037 5 cm。假定螺栓口径服从正态分布，问这批螺栓是否达到规定的要求（$\alpha = 0.05$）？——→对均值和方差都需要进行检验。

答案： （1）先检验方差，建立原假设与备择假设：

$$H_0: \sigma^2 = 0.03, H_1: \sigma^2 \neq 0.03$$

根据题意，选用 χ^2 作为检验统计量。

$$\chi^2 = \frac{(n-1)s^2}{\sigma_0^2} = \frac{79 \times 0.037\ 5}{0.03} = 98.75$$

给定显著性水平为 0.05，$\chi^2_{0.025}(79) = 105.472\ 8, \chi^2_{0.975}(79) = 56.308\ 9$，$\chi^2_{0.975}(79) < \chi^2 < \chi^2_{0.025}(79)$，因此不拒绝原假设，认为方差符合要求。

根据 P 值进行检验：$P = 0.1314 > \alpha = 0.05$，因此不拒绝原假设，认为方差符合要求。

（2）再检验均值，建立原假设与备择假设：

$$H_0: \mu = 7, H_1: \mu \neq 7$$

根据题意，正态总体，方差已知，选用 z 作为检验统计量。

$$z = \frac{\bar{x} - \mu_0}{\sigma_0/\sqrt{n}} = \frac{6.97 - 7}{\sqrt{0.03/80}} = -1.549$$

给定显著性水平为 0.05，$z_{0.025} = 1.96, z = -1.549 > -z_{0.025}$，因此不拒绝原假设，认为均值符合要求。

根据 P 值进行检验：$P = 0.1213 > \alpha = 0.05$，因此不拒绝原假设，认为均值符合要求。

8.15 有人说在大学中男生的学习成绩比女生的学习成绩好。现从一所学校中随机抽取 25 名男生和 16 名女生，对他们进行相同题目的测试。测试结果表明，男生的平均成绩为 82 分，方差为 56 分，女生的平均成绩为 78 分，方差为 49 分。假设显著性水平 $\alpha = 0.02$，从上述数据中能得到什么结论？

→ 成绩的好坏要从均值和方差两方面进行检验。

答案： （1）先检验方差，建立原假设与备择假设：

$$H_0: \sigma_1^2 = \sigma_2^2, H_1: \sigma_1^2 \neq \sigma_2^2$$

根据题意可知，检验两总体方差是否相等采用 F 统计量。

$$F = \frac{s_1^2}{s_2^2} = \frac{56}{49} = 1.1429$$

给定显著性水平为 0.02，$F_{0.01}(24,15) = 3.294, F_{0.99}(24,15) = 0.3462$，$F_{0.99}(24,15) < F < F_{0.01}(24,15)$，因此不拒绝原假设，认为男女生成绩的稳定性没有差别。

根据 P 值进行检验：$P = 0.806 > \alpha = 0.02$，因此不拒绝原假设，认为男女生成绩的稳定性没有差别。

（2）再对均值进行检验，建立原假设与备择假设：

$$H_0: \mu_1 = \mu_2, H_1: \mu_1 \neq \mu_2$$

根据题意可知，正态总体，方差未知，而由（1）知方差相等，故采用 t 作为检验统计量。

$$s_p^2 = \frac{(n_1-1)s_1^2 + (n_2-1)s_2^2}{n_1 + n_2 - 2} = \frac{24 \times 56 + 15 \times 49}{25 + 16 - 2} = 53.3077$$

$$t = \frac{(\bar{x}_1 - \bar{x}_2) - (\mu_1 - \mu_2)}{\sqrt{s_p^2\left(\frac{1}{n_1} + \frac{1}{n_2}\right)}} = \frac{82 - 78}{\sqrt{53.3077 \times \left(\frac{1}{25} + \frac{1}{16}\right)}} = 1.7112$$

给定显著性水平为 0.02，$t_{0.01}(39) = 2.4258, |t| < 2.4258$，因此不拒绝原假设，认为男女生成绩之间没有显著差异。

根据 P 值进行检验：$P = 0.095 > \alpha = 0.02$，因此不拒绝原假设，认为男女生成绩之间没有显著差异。

第 9 章 分类数据分析

> 本章主要是对分类数据进行综合分析,重点在于如何应用 χ^2 检验数据的独立性。因此要求同学们具备如下能力:理解分类数据及 χ^2 统计量的概念;掌握分类变量的拟合优度检验;掌握两个分类变量的独立性检验;了解列联分析中应注意的问题;熟练掌握列联表中的相关测量。

 划重点

9.1 分类数据与 χ^2 统计量

1. 分类数据

分类数据是对事物进行分类的结果,其特征是:调查结果虽然用数值表示,但不同数值描述了调查对象的不同特征。这类问题是在汇总数据的基础上进行分析的,数据汇总的结果表现为频数。

2. χ^2 统计量 → χ^2 检验是对分类数据的频数进行分析的统计方法。通过对 χ^2 统计量的计算结果与 χ^2 分布中的临界值进行比较,作出是否拒绝原假设的统计决策。

χ^2 可以用于测定两个分类变量之间的相关程度。若用 f_o 表示观察值频数,用 f_e 表示期望值频数,则 χ^2 统计量可以写为

$$\chi^2 = \sum \frac{(f_o - f_e)^2}{f_e}$$

χ^2 统计量具有如下特征:

① $\chi^2 \geq 0$,因为它是对平方结果的汇总。

② χ^2 统计量的分布与自由度有关。自由度越小,分布就越向左边倾斜,随着自由度的逐渐增大,χ^2 分布将趋于对称的正态分布。

③ χ^2 统计量描述了观察值与期望值的接近程度。两者越接近,即 $|f_o - f_e|$ 越小,计算出的 χ^2 值就越小;反之,计算出的 χ^2 值也越大。

9.2 拟合优度检验 → 对一个分类变量的检验。

拟合优度检验:用 χ^2 统计量进行统计显著性检验的重要内容之一。它是依据总体分布状况,计算出分类变量中各类别的期望频数,与分布的观察频数进行对比,判断期望频数与观察频数是否有显著差异,从而达到对分类变量进行分析的目的。具体步骤如下:

（1）建立原假设与备择假设。

H_0：观察频数与期望频数一致。

H_1：观察频数与期望频数不一致。

（2）计算检验统计量值。

根据频数分布表计算 χ^2 值。

$$\chi^2 = \sum \frac{(f_o - f_e)^2}{f_e} \sim \chi^2(R-1)$$

（3）作决策。

经查 χ^2 分布表，得到临界值 $\chi_\alpha^2(R-1)$，若 $\chi^2 > \chi_\alpha^2$，则拒绝原假设，接受备择假设，否则不拒绝。

9.3 列联分析：独立性检验

1. 列联表

列联表：由两个以上的变量进行交叉分类的频数分布表。行分类用 R 来表示，列分类用 C 来表示，列联表称为 R×C 列联表。

2. 独立性检验

独立性检验：分析列联表中行变量和列变量是否相互独立。具体步骤如下：

（1）建立原假设与备择假设。

H_0：行因素与列因素之间是独立的。

H_1：行因素与列因素之间不独立。

（2）计算检验统计量值。

首先，可以采用下式计算任何一个单元中频数的期望值：

$$f_e = \frac{RT}{n} \times \frac{CT}{n} \times n = \frac{RT \times CT}{n}$$

其次，根据表中的实际频数与得到的期望频数计算检验统计量值。

$$\chi^2 = \sum \frac{(f_o - f_e)^2}{f_e} \sim \chi^2[(R-1)(C-1)]$$

（3）作决策。

经查 χ^2 分布表，得到临界值 $\chi_\alpha^2[(R-1)(C-1)]$，若 $\chi^2 > \chi_\alpha^2$，则拒绝原假设，否则不拒绝。

9.4 列联表中的相关测量

如果变量相互独立，说明它们之间没有联系；反之，则认为它们之间存在联系。分类数据之间的相关称为品质相关。经常用到的品质相关系数有以下几种。

1. φ相关系数

→ φ系数适合2×2列联表，因为对于2×2列联表中的数据，计算出的φ系数可以控制在 0～1 这个范围内。

φ相关系数：描述2×2列联表数据相关程度最常用的一种相关系数。它的计算公式为

$$\varphi = \sqrt{\chi^2/n}$$

2. 列联相关系数

列联相关系数：又称列联系数，简称 c 系数，主要用于列联表大于2×2的情况。c 系数的计算公式为

(1) c 系数不可能大于 1。
(2) 不同的行和列计算的列联系数不便于比较。
(3) 对总体的分布没有任何要求。

$$c = \sqrt{\frac{\chi^2}{\chi^2 + n}}$$

(1) V 的取值范围是 $0 \leq V \leq 1$。
(2) $V=0$ 表明列联表中的两个变量相互独立。
(3) $V=1$ 表明列联表中的两个变量完全相关。
(4) 当列联表中有一维为2时，$\min\{(R-1),(C-1)\}=1$ 时，则 V 值就等于 φ 值。

3. V相关系数

鉴于 φ 系数无上限，c 系数小于 1 的情况，克莱姆提出了 V 相关系数。V 相关系数的计算公式为

$$V = \sqrt{\frac{\chi^2}{n \times \min\{(R-1),(C-1)\}}}$$

9.5 列联分析中应注意的问题

1. 条件百分表的方向

一般来说，列联表中变量的位置是任意的。如果变量 X 与 Y 存在因果关系，令 X 为自变量，Y 为因变量，那么一般将 X 放在列的位置，将 Y 放在行的位置。

2. χ^2 分布的期望值准则

用 χ^2 分布进行独立性检验，要求样本量必须足够大，特别是每个单元的期望频数不能过小，否则 χ^2 检验可能会得出错误的结论。因此，关于小单元的频数通常有两条准则：

①如果只有两个单元，则每个单元的期望频数必须是 5 或 5 以上。

②倘若有两个以上的单元，如果 20% 的单元期望频数 f_e 小于 5，则不能使用 χ^2 检验。

 拟合优度检验 ✦✦✦

例1 判断一个四面体是否为正四面体，现对该四面体进行自由落体实验，记录四个面落地时各个面与地面接触的次数。若是正四面体，四个面落地时朝下的概率应相同。该四面体是否为正四面体？ → 可判断为一个分类变量的分析。

面	1	2	3	4
次数	8	11	12	9

答案： 设置原假设与备择假设：

H_0：该四面体是正四面体。

H_1：该四面体不是正四面体。 ← 每一个面出现的比例应该相同。

若该四面体是正四面体，则出现的期望频数分别为 10，10，10，10，得到统计量为

$$\chi^2 = \frac{(8-10)^2}{10} + \frac{(11-10)^2}{10} + \frac{(12-10)^2}{10} + \frac{(9-10)^2}{10} = 1 \sim \chi^2(3)$$

在 $\alpha = 0.05$ 的显著性水平下，$\chi^2_{0.05}(3) = 7.814\,7$，由于 $\chi^2 < 7.814\,7$，因此不拒绝原假设，认为该四面体是正四面体。

题型总结：拟合优度检验与独立性检验的解题思路比较一致，都需要对比实际频数与理论频数的差距。实际频数是已知的，理论频数通过设置的原假设可以得到，从而可以确定 χ^2 值，根据 χ^2 值与临界值进行比较得到结论。

习题引导：属于该题型的有练习题 9.2。

题型 2 独立性检验 ✦✦✦✦✧

← 可确定行因素与列因素。

例 2 为了研究慢性支气管炎与吸烟量的关系，调查了 272 个人。

每日吸烟支数	0～10 支	10～20 支	20 支以上
患病	22	98	25
不患病	22	89	16
总计	44	187	41

慢性支气管炎是否与吸烟量相互独立？（$\chi^2_{0.05}(2) = 5.991$）

答案：设置原假设与备择假设：

H_0：慢性支气管炎与吸烟量不存在依赖关系。

H_1：慢性支气管炎与吸烟量存在依赖关系。

根据表中数据计算理论频数（期望频数）$e_{11} = \frac{44}{272} \times \frac{145}{272} \times 272 = 23$，同理可以得到理论频数如下。

吸烟支数	0～10 支	10～20 支	20 支以上
患病	23	100	22
不患病	21	87	19

得到 $\chi^2 = \sum_{i=1}^{6} \frac{(f_o - f_e)^2}{f_e} = 1.059\,8$，$\chi^2_{0.05}(2) = 5.991$，$\chi^2 < 5.991$，因此落入接受域，不拒绝原假设，认为慢性支气管炎与吸烟量不存在依赖关系（相互独立）。

题型总结：同题型 1。

习题引导：属于该题型的有练习题 9.1，9.3，9.4。

解习题

一、思考题

9.1 简述列联表的构造与列联表的分布。

答案：列联表是由两个或两个以上的变量进行交叉分类的频数分布表。研究两个变量时，每个变量有多个类别，通常将两个变量的类别的频数用交叉表的形式表示出来。一个变量放在行的位置，称为行变量，用 R 表示；另一个变量放在列的位置，称为列变量，用 C 表示。这个列联表由 R 行和 C 列组成，称为 R×C 列联表。

列联表的分布可以从两个方面来看：一个是观察值的分布；一个是期望值的分布。

（1）观察值的分布：条件频数、行边缘频数、列边缘频数。

（2）期望值的分布：根据比例求出的各个变量的期望值。一般情况下，任一个单元中频数的期望值为

$$f_e = \frac{RT}{n} \times \frac{CT}{n} \times n = \frac{RT \times CT}{n}$$

其中，RT 为给定单元所在行的合计，CT 为给定单元所在列的合计，n 为观察值的总个数，即样本容量。

9.2 略。

9.3 说明计算 χ^2 统计量的步骤。

答案：计算 χ^2 统计量的步骤如下：

（1）找出每一个单元格中的观测频数 n_{ij}，行边缘频数 n_{i*}，列边缘频数 n_{*j}。计算得到列联表中第 i 行和第 j 列单元格的期望频数为 $e_{ij} = n \times \left(\dfrac{n_{i*}}{n}\right) \times \left(\dfrac{n_{*j}}{n}\right) = \dfrac{n_{i*} n_{*j}}{n}$。

（2）计算 $n_{ij} - e_{ij}$。

（3）计算 $(n_{ij} - e_{ij})^2$。

（4）计算 $\chi^2 = \sum\limits_{i=1}^{R} \sum\limits_{j=1}^{C} \dfrac{(n_{ij} - e_{ij})^2}{e_{ij}}$。

9.4 简述 φ 系数、c 系数、V 系数各自的特点。

答案：列联表相关测量的指标主要有 φ 相关系数、列联相关系数以及 V 相关系数。

（1）φ 相关系数：是描述 2×2 列联表数据相关程度最常用的一种相关系数。它的计算公式为

$$\varphi = \sqrt{\chi^2 / n}$$

式中，φ 是表明两个分类变量之间相关程度的统计量；n 为列联表中的总频数，也即样本量。

其特点：φ 系数适合 2×2 列联表，计算出的 φ 系数在 0～1 范围内，且 φ 的绝对值越大，说明变量 X 与 Y 的相关程度越高。但是，当列联表 R×C 中的行数 R 或列数 C 大于 2 时，φ 系数将随着

R 或 C 的变大而增大，且 φ 值没有上限，这时用 φ 系数测定两个变量的相关程度就不够清晰，可以采用列联相关系数。

（2）c 系数：又称列联相关系数或列联系数，主要用于列联表大于 2×2 的情况。c 系数的计算公式为

$$c = \sqrt{\frac{\chi^2}{\chi^2 + n}}$$

当列联表中的两个变量相互独立时，系数 $c=0$，且 c 系数不可能大于 1。

c 系数的**特点**：其可能的最大值依赖于列联表的行数和列数，且随着 R 和 C 的增大而增大。因此，根据不同的行和列计算的列联系数不便于比较，除非两个列联表中行数和列数一致，这是列联系数的局限性。

（3）V 相关系数：V 相关系数的计算公式为

$$V = \sqrt{\frac{\chi^2}{n \times \min\{(R-1),(C-1)\}}}$$

式中 $\min\{(R-1),(C-1)\}$ 表示取 $(R-1),(C-1)$ 中较小的一个。

它的计算以 χ^2 值为基础。当两个变量相互独立时，$V=0$；当两个变量完全相关时，$V=1$。其特点为
① V 的取值范围是 $0 \leqslant V \leqslant 1$。
② $V=0$ 表明列联表中的两个变量相互独立。
③ $V=1$ 表明列联表中的两个变量完全相关。
④ 当列联表中有一维为 2，即 $\min\{(R-1),(C-1)\}=1$ 时，V 值就等于 φ 值。

9.5 构造下列维数的列联表，并给出 χ^2 检验的自由度：2 行 5 列；4 行 6 列；3 行 4 列。
答案：（1）列联表构造略。

（2）χ^2 检验的自由度 =（行数 -1）（列数 -1），所以：

当 $i=2$，$j=5$ 时，为 2 行 5 列的列联表，其 χ^2 检验的自由度为 4。

当 $i=4$，$j=6$ 时，为 4 行 6 列的列联表，其 χ^2 检验的自由度为 15。

当 $i=3$，$j=4$ 时，为 3 行 4 列的列联表，其 χ^2 检验的自由度为 6。

二、练习题

9.1 市场研究人员欲研究不同收入群体对某种特定商品是否有相同的购买习惯，他们调查了四个不同收入组的消费者共 527 人，购买习惯分为：经常购买，不购买，有时购买。调查结果如下表所示。

（可以确定行因素与列因素。）

项目	低收入组	偏低收入组	偏高收入组	高收入组
经常购买	25	40	47	46
不购买	69	51	74	57
有时购买	36	26	19	37

（1）提出假设。

（2）计算 χ^2 值。

（3）以 $\alpha = 0.1$ 的显著性水平进行检验。

（4）计算 φ 系数、c 系数和 V 系数。

答案：（1）提出假设：

H_0：购买习惯与收入状况之间不存在依赖关系。

H_1：购买习惯与收入状况之间存在依赖关系。

（2）计算 χ^2 值。

行	列	f_o	f_e	$f_o - f_e$	$(f_o - f_e)^2$	$(f_o - f_e)^2 / f_e$
1	1	25	39	−14	196	5.025 6
1	2	40	35.1	4.9	24.01	0.684 0
1	3	47	42	5	25	0.595 2
1	4	46	42	4	16	0.381 0
2	1	69	61.9	7.1	50.41	0.814 4
2	2	51	55.7	−4.7	22.09	0.396 6
2	3	74	66.7	7.3	53.29	0.799 0
2	4	57	66.7	−9.7	94.09	1.410 6
3	1	36	29.1	6.9	47.61	1.636 1
3	2	26	26.2	−0.2	0.04	0.001 5
3	3	19	31.3	−12.3	151.29	4.833 5
3	4	37	31.3	5.7	32.49	1.038 0

$$\chi^2 = \sum \frac{(f_o - f_e)^2}{f_e} = 17.616$$

（3）已知显著性水平为 0.1，查分布表得 $\chi^2_{0.1}(6) = 10.644\,6$，$\chi^2 > \chi^2_{0.1}(6)$，因此拒绝原假设，认为购买习惯与收入状况之间存在依赖关系。

（4）

$$\varphi = \sqrt{\frac{\chi^2}{n}} = \sqrt{\frac{17.616}{527}} = 0.183$$

$$c = \sqrt{\frac{\chi^2}{\chi^2 + n}} = \sqrt{\frac{17.616}{17.616 + 527}} = 0.18$$

$$V = \sqrt{\frac{\chi^2}{n \times \min\{(R-1),(C-1)\}}} = \sqrt{\frac{17.616}{527 \times 2}} = 0.129$$

9.2 从总体中随机抽取 $n=200$ 的样本，调查后按不同属性归类，得到如下结果。

$n_1=28$，$n_2=56$，$n_3=48$，$n_4=36$，$n_5=32$

依据经验数据，各类别在总体中的比例分别为

$$\pi_1=0.1, \pi_2=0.2, \pi_3=0.3, \pi_4=0.2, \pi_5=0.2$$

（可以根据比例确定期望频数。）

以 $\alpha = 0.1$ 的显著性水平进行检验，说明现在的情况与经验数据相比是否发生了变化（用 P 值）。

答案： 设置原假设与备择假设：

H_0：现在的情况与经验数据相比没有发生变化。

H_1：现在的情况与经验数据相比发生了变化。

根据题意，计算得到期望频数为

$$n_1' = 0.1 \times 200 = 20, n_2' = 40, n_3' = 60, n_4' = 40, n_5' = 40$$

得到 χ^2 统计量的值为 （根据题意为一个分类变量的分析，自由度应为5-1。）

$$\chi^2 = \frac{(28-20)^2}{20} + \frac{(56-40)^2}{40} + \frac{(48-60)^2}{60} + \frac{(36-40)^2}{40} + \frac{(32-40)^2}{40} = 14 \sim \chi^2(4)$$

根据 χ^2 分布可知 $P = P\{\chi^2 > 14\} = 0.007\,295 < 0.1$，因此拒绝原假设，认为现在的情况与经验数据相比发生了变化。（P值表示统计量值右侧面积。）

9.3 某报社关心其读者的阅读习惯是否与其文化程度有关，随机调查了 254 位读者，得到如下数据。（可以确定行因素与列因素。）

阅读习惯	大学以上	大学和大专	高中	高中以下
早上看	6	13	14	17
中午看	12	16	8	8
晚上看	38	40	11	6
有空看	21	22	9	13

以 0.05 的显著性水平检验读者的阅读习惯是否与其文化程度有关。

答案：（1）提出假设：

H_0：阅读习惯与文化程度之间不存在依赖关系。

H_1：阅读习惯与文化程度之间存在依赖关系。

（2）计算 χ^2 值（计算方法与 9.1 相同）。

$$\chi^2 = \sum \frac{(f_o - f_e)^2}{f_e} = 31.86$$

在显著性水平为 0.05 条件下，$\chi^2_{0.05}(9) = 16.919$，$\chi^2 > 16.919$，因此拒绝原假设，认为阅读习惯与文化程度之间存在依赖关系。

9.4 教学改革后学生有了更多的选课自由，但学院领导在安排课程上面临新的问题。例如，MBA 研究生班的学生选课的变化常常很大，去年的学生很多人选会计课，而今年的学生很多人选市场营销课。由于事先无法确定究竟有多少学生选各门课程，所以无法有效进行教学资源的准备。有人提出学生所选课程与其本科所学专业有关。对此，学院领导对学生本科所学专业和 MBA 三门课程的选修情况做了统计，得到如下结果。

本科专业	MBA 所选课程		
	会计	统计	市场营销
专业一	31	13	16
专业二	8	16	7
专业三	12	10	17
其他专业	10	5	7

（1）以 0.05 的显著性水平检验学生本科所学专业是否影响其读 MBA 期间所选的课程。

（2）计算 P 值。

答案：（1）提出假设：

H_0：所选课程与所学专业之间不存在依赖关系。

H_1：所选课程与所学专业之间存在依赖关系。

计算 χ^2 值（计算方法与练习题 9.1 相同）。

$$\chi^2 = \sum \frac{(f_o - f_e)^2}{f_e} = 14.702$$

在显著性水平为 0.05 条件下，$\chi^2_{0.05}(6) = 12.5916$，$\chi^2 > 12.5916$，因此拒绝原假设，认为所选课程与所学专业之间存在依赖关系。

（2）$P = P\{\chi^2 > 14.702\} = 0.0227 < 0.05$，因此拒绝原假设，认为所选课程与所学专业之间存在依赖关系。

第 10 章 方差分析

本章是统计分析方法中的重点内容，组间方差、组内方差、总方差、自由度的计算以及是否存在交互作用的方差分析是历年的常考内容。因此，要求同学们具备如下能力：掌握方差分析的基本思想和基本原理；掌握单因素方差分析的结构、步骤、关系强度的测量、多重比较；了解多因素方差分析的类型；掌握无交互作用的方差分析原理及步骤；掌握有交互作用的方差分析原理及步骤。

划重点

10.1 方差分析引论

1. 方差分析及其相关术语

→ 单因素方差分析：涉及一个分类型自变量。
双因素方差分析：涉及两个分类型自变量。

方差分析：通过对数据误差来源的分析检验各总体的均值是否相等来判断分类型自变量对数值型因变量是否有显著影响。

→ 如果各组均值相等，可判断不同组之间无差异；
如果各组均值不全相等，可判断不同组之间存在差异。

在方差分析中，需要注意如下概念。
因素：即因子，所要检验的对象。
水平：又称处理，即因素的不同表现。
观测值：每个因子水平下得到的样本数据。
总体：因素的每一个水平可以看作一个总体。
样本数据：从总体中抽取的数据。

2. 方差分析的基本思想和原理

（1）误差分解。 → 只含有随机误差。

组内误差：由抽样的随机性所造成的随机误差，即来自水平内部的数据误差，反映一个样本内部数据的离散程度。 → 包含随机误差与系统误差。

组间误差：来自不同水平之间的数据误差。这种误差可能是由抽样本身形成的随机误差，也可能是由水平本身的系统性因素造成的系统误差。

随机误差：因素的同一水平（总体）下，样本各观察值之间的差异，由样本本身形成的。
系统误差：因素的不同水平（不同总体）之间观察值的差异，由因素本身的系统性因素造成的。
方差分析中，数据的误差用平方和表示，即 $SST=SSE+SSA$。

总平方和（*SST*）：反映全部数据误差大小的平方和，反映全部观测值的离散状况。

组内平方和（*SSE*）：反映组内误差大小的平方和，也称误差平方和或残差平方和，反映每个样本内各观测值的离散状况。

组间平方和（*SSA*）：反映组间误差大小的平方和，也称因素平方和，反映样本均值之间的差异程度。

（2）误差分析。

均方（*MS*）：即方差，组间误差或组内误差经过平均后的数值。

$$检验统计量\ F = \frac{SSA/df_A}{SSE/df_e}$$

→ 组间均方
→ 组内均方

若组间误差中只包含随机误差，组间均方与组内均方的数值很接近，它们的比值就会接近 1。

若组间误差中既包含随机误差，又包含系统误差，组间均方会大于组内均方，它们之间的比值就会大于 1。

当这个比值大到某种程度时，就可以说不同水平之间存在着显著差异，即自变量对因变量有显著影响。

3. 方差分析中的基本假定

（1）每个总体都应服从正态分布。

对于因素的每一个水平，其观测值是来自正态分布总体的简单随机样本。

（2）各个总体的方差必须相同。

各组观察数据是从具有相同方差的正态总体中抽取的。

（3）观测值是独立的。

注：只有在满足基本假定的情况下进行方差分析才有意义。

4. 问题的一般提法

设因素有 k 个水平，每个水平的均值分别用 $\mu_1, \mu_2, \mu_3, \cdots, \mu_k$ 表示，要检验 k 个水平（总体）的均值是否相等，需要提出如下假设：

$H_0: \mu_1 = \mu_2 = \cdots = \mu_k$　　　自变量对因变量没有显著影响

$H_1: \mu_1, \mu_2, \cdots, \mu_k$ 不全相等　　自变量对因变量有显著影响

→ 注：不全相等不代表全不相等。

10.2　单因素方差分析

单因素方差分析：当方差分析中只涉及一个分类型自变量，研究的是一个分类型自变量对一个数值型因变量的影响。

1. 数据结构

单因素方差分析的数据结构如表所示。

观测值	因素（i）			
（j）	A_1	A_2	$\cdots$	A_k
1	x_{11}	x_{21}	$\cdots$	x_{k1}
2	x_{12}	x_{22}	$\cdots$	x_{k2}
$\vdots$	$\vdots$	$\vdots$	$\vdots$	$\vdots$
n	x_{1n}	x_{2n}	$\cdots$	x_{kn}

2. 分析步骤

方差分析主要包括：提出假设、构造检验的统计量、作出统计决策等步骤。

（1）提出假设。

检验因素的 k 个水平（总体）的均值是否相等，需要提出如下假设：

$H_0: \mu_1 = \mu_2 = \cdots = \mu_k$　　　自变量对因变量没有显著影响

$H_1: \mu_1, \mu_2, \cdots, \mu_k$ 不全相等　　自变量对因变量有显著影响

（2）构造检验的统计量。

①计算各样本的均值 $\bar{x}_i = \dfrac{\sum\limits_{j=1}^{n_i} x_{ij}}{n_i}\ (i=1,2,\cdots,k)$。

②计算全部观测值的总均值。

$$\bar{\bar{x}} = \frac{\sum\limits_{i=1}^{k}\sum\limits_{j=1}^{n_i} x_{ij}}{n} = \frac{\sum\limits_{i=1}^{k} n_i \bar{x}_i}{n}$$

式中，$n = n_1 + n_2 + \cdots + n_k$。

③计算各误差平方和。

a. 计算总平方和 $SST = \sum\limits_{i=1}^{k}\sum\limits_{j=1}^{n_i}(x_{ij} - \bar{\bar{x}})^2$。

b. 计算组间平方和 $SSA = \sum\limits_{i=1}^{k} n_i(\bar{x}_i - \bar{\bar{x}})^2$。

c. 计算组内平方和 $SSE = \sum\limits_{i=1}^{k}\sum\limits_{j=1}^{n_i}(x_{ij} - \bar{x}_i)^2$。

④计算统计量。

$$F = \frac{SSA/(k-1)}{SSE/(n-k)} \sim F(k-1, n-k)$$

（3）作出统计决策。

将统计量的值 F 与给定的显著性水平 α 下的临界值 F_α 进行比较，从而作出对原假设 H_0 的决策。
若 $F > F_\alpha$，则拒绝原假设 H_0，表明均值之间的差异是显著的，所检验的因素对观测值有显著影响；
若 $F < F_\alpha$，则不拒绝原假设 H_0，没有证据表明均值之间的差异是显著的，不能认为所检验的因素对观测值有显著影响。

拒绝原假设，只表明至少有两个总体的均值不相等，并不意味着所有的均值都不相等。

注：在进行决策时，也可以直接利用方差分析表中的 P 值与显著性水平进行比较。若 $P < \alpha$，则拒绝 H_0；若 $P > \alpha$，则不拒绝 H_0。

3. 方差分析表

单因素方差分析表（基本结构）如表所示。

误差来源	平方和 SS	自由度 df	均方 MS	F 值	P 值
组间（因素影响）	SSA	$k-1$	MSA	MSA/MSE（用该数值与临界值进行比较。）	（用该数值与显著性水平进行比较。）
组间（误差）	SSE	$n-k$	MSE		
总和	SST	$n-1$			

4. 关系强度的测量

变量间关系的强度用组间平方和 SSA 占总平方和 SST 的比例大小来反映，即 $R^2 = \dfrac{SSA}{SST}$，其平方根 R 就可以用来测量两个变量之间的关系强度。

5. 方差分析中的多重比较 →只有在方差分析中拒绝原假设时，才会用到多重比较的方法。

多重比较方法：通过对总体均值之间的配对比较来进一步检验到底哪些均值之间存在差异。

最小显著差异方法（LSD），具体步骤如下：

第 1 步：提出假设：$H_0: \mu_i = \mu_j$；$H_1: \mu_i \neq \mu_j$。

第 2 步：计算检验的统计量：$\bar{x}_i - \bar{x}_j$。

第 3 步：计算 $LSD = t_{\frac{\alpha}{2}}(n-k)\sqrt{MSE\left(\dfrac{1}{n_i} + \dfrac{1}{n_j}\right)}$。

第 4 步：根据显著性水平 α 作出决策：若 $|\bar{x}_i - \bar{x}_j| > LSD$，拒绝 H_0；若 $|\bar{x}_i - \bar{x}_j| < LSD$，不拒绝 H_0。

10.3 双因素方差分析

双因素方差分析：方差分析中涉及两个分类型自变量。→无交互作用或无重复双因素方差分析；有交互作用或可重复双因素方差分析。

1. 无交互作用的双因素方差分析

（1）数据结构。

无交互作用的双因素方差分析的数据结构如表所示。

$$\bar{x}_{i\cdot} = \dfrac{\sum_{j=1}^{r} x_{ij}}{r}, i = 1, 2, \cdots, k$$

		列因素（j）				平均值
		列 1	列 2	⋯	列 r	$\bar{x}_{i\cdot}$
行因素（i）	行 1	x_{11}	x_{12}	⋯	x_{1r}	$\bar{x}_{1\cdot}$
	行 2	x_{21}	x_{22}	⋯	x_{2r}	$\bar{x}_{2\cdot}$
	⋮	⋮	⋮	⋮	⋮	⋮
	行 k	x_{k1}	x_{k2}	⋯	x_{kr}	$\bar{x}_{k\cdot}$
平均值 $\bar{x}_{\cdot j}$		$\bar{x}_{\cdot 1}$	$\bar{x}_{\cdot 2}$	⋯	$\bar{x}_{\cdot r}$	$\bar{\bar{x}}$

（2）分析步骤。

$$\bar{x}_{\cdot j} = \dfrac{\sum_{i=1}^{k} x_{ij}}{k}, j = 1, 2, \cdots, r$$

$$\bar{\bar{x}} = \dfrac{\sum_{i=1}^{k}\sum_{j=1}^{r} x_{ij}}{kr}$$

①提出假设。

对行因素提出的假设为

$H_0: \mu_1 = \mu_2 = \cdots = \mu_i = \cdots = \mu_k$　　行因素（自变量）对因变量没有显著影响

$H_1: \mu_i(i=1,2,\cdots,k)$ 不全相等　　行因素（自变量）对因变量有显著影响

对列因素提出的假设为

$H_0: \mu_1 = \mu_2 = \cdots = \mu_j = \cdots = \mu_r$　　列因素（自变量）对因变量没有显著影响

$H_1: \mu_j(j=1,2,\cdots,r)$ 不全相等　　列因素（自变量）对因变量有显著影响

②计算平方和。

a. 总平方和：$SST = \sum_{i=1}^{k}\sum_{j=1}^{r}\left(x_{ij} - \bar{\bar{x}}\right)^2$。

b. 行因素所产生的误差平方和：$SSR = \sum_{i=1}^{k}\sum_{j=1}^{r}\left(\bar{x}_{i\cdot} - \bar{\bar{x}}\right)^2$。

c. 列因素所产生的误差平方和：$SSC = \sum_{i=1}^{k}\sum_{j=1}^{r}\left(\bar{x}_{\cdot j} - \bar{\bar{x}}\right)^2$。

关系：$SST = SSR + SSC + SSE$

d. 随机误差平方和：$SSE = \sum_{i=1}^{k}\sum_{j=1}^{r}\left(x_{ij} - \bar{x}_{i\cdot} - \bar{x}_{\cdot j} + \bar{\bar{x}}\right)^2$。

③计算均方。

a. 行因素的均方，记为 MSR，计算公式为 $MSR = \dfrac{SSR}{k-1}$。

b. 列因素的均方，记为 MSC，计算公式为 $MSC = \dfrac{SSC}{r-1}$。

c. 随机误差项的均方，记为 MSE，计算公式为 $MSE = \dfrac{SSE}{(k-1)(r-1)}$。

④计算检验统计量 F。

a. 检验行因素的统计量：$F_R = \dfrac{MSR}{MSE} \sim F(k-1,(k-1)(r-1))$。

b. 检验列因素的统计量：$F_C = \dfrac{MSC}{MSE} \sim F(r-1,(k-1)(r-1))$。

⑤作出统计决策。

将 F_α, F_R, F_C 进行比较，作出对原假设 H_0 的决策。

若 $F_R > F_\alpha$，则拒绝原假设 H_0，表明均值 $\mu_i(i=1,2,\cdots,k)$ 之间的差异是显著的，即所检验的行因素对观测值有显著影响；

若 $F_C > F_\alpha$，则拒绝原假设 H_0，表明均值 $\mu_j(j=1,2,\cdots,r)$ 之间的差异是显著的，即所检验的列因素对观测值有显著影响。

（3）无交互作用的双因素方差分析表。

无交互作用的双因素方差分析表的一般形式如表所示。

误差来源	误差平方和 SS	自由度 df	均方 MS	F 值	P 值
行因素	SSR	$k-1$	MSR	F_R	
列因素	SSC	$r-1$	MSC	F_C	
误差	SSE	$(k-1)(r-1)$	MSE		
总和	SST	$kr-1$			

> 用该数值与临界值进行比较。
> 用该数值与显著性水平进行比较。

（4）关系强度的测量。

联合效应与总平方和的比值定义为

$$R^2 = \frac{联合效应}{总效应} = \frac{SSR+SSC}{SST}$$

> 度量了行的影响效应。
> 度量了列的影响效应。

其平方根 R 反映了这两个自变量合起来与因变量之间的关系强度。

2. 有交互作用的双因素方差分析

如果两个因素搭配在一起会对因变量产生一种新的效应，就需要考虑交互作用对因变量的影响，这就是有交互作用的双因素方差分析。

（1）分析步骤。

①提出假设。

对行因素提出的假设为

$H_0: \mu_1 = \mu_2 = \cdots = \mu_i = \cdots = \mu_k$ 行因素（自变量）对因变量没有显著影响

$H_1: \mu_i(i=1,2,\cdots,k)$ 不全相等   行因素（自变量）对因变量有显著影响

对列因素提出的假设为

$H_0: \mu_1 = \mu_2 = \cdots = \mu_j = \cdots = \mu_r$ 列因素（自变量）对因变量没有显著影响

$H_1: \mu_j(j=1,2,\cdots,r)$ 不全相等   列因素（自变量）对因变量有显著影响

对交互作用提出的假设为

H_0：交互作用对因变量没有显著影响

H_1：交互作用对因变量有显著影响

②计算平方和。

a. 总平方和：$SST = \sum_{i=1}^{k}\sum_{j=1}^{r}\sum_{l=1}^{m}\left(x_{ijl} - \bar{\bar{x}}\right)^2$。

b. 行变量平方和：$SSR = rm\sum_{i=1}^{k}\left(\bar{x}_{i\cdot} - \bar{\bar{x}}\right)^2$。

c. 列变量平方和：$SSC = km\sum_{j=1}^{r}\left(\bar{x}_{\cdot j} - \bar{\bar{x}}\right)^2$。

d. 交互作用平方和：$SSRC = m\sum_{i=1}^{k}\sum_{j=1}^{r}\left(\bar{x}_{ij} - \bar{x}_{i\cdot} - \bar{x}_{\cdot j} + \bar{\bar{x}}\right)^2$。

e. 误差平方和：$SSE = SST - SSR - SSC - SSRC$。

> x_{ijl} 为对应于行因素的第 i 个水平和列因素的第 j 个水平的第 l 行的观测值。
> $\bar{x}_{i\cdot}$ 为行因素的第 i 个水平的样本均值。
> $\bar{x}_{\cdot j}$ 为列因素的第 j 个水平的样本均值。
> $\bar{x}_{ij}$ 为对应于行因素的第 i 个水平和列因素的第 j 个水平组合的样本均值。
> $\bar{\bar{x}}$ 为全部 n 个观测值的总均值。

③计算均方。

a. 行因素的均方，记为 MSR，计算公式为 $MSR = \dfrac{SSR}{k-1}$。

b. 列因素的均方，记为 MSC，计算公式为 $MSC = \dfrac{SSC}{r-1}$。

c. 交互作用的均方，记为 MSRC，计算公式为 $MSRC = \dfrac{SSRC}{(k-1)(r-1)}$。

d. 随机误差项的均方，记为 MSE，计算公式为 $MSE = \dfrac{SSE}{kr(m-1)}$。

④ 计算检验统计量 F。

a. 检验行因素的统计量：$F_R = \dfrac{MSR}{MSE} \sim F(k-1, kr(m-1))$。

b. 检验列因素的统计量：$F_C = \dfrac{MSC}{MSE} \sim F(r-1, kr(m-1))$。

c. 检验交互作用的统计量：$F_{RC} = \dfrac{MSRC}{MSE} \sim F((k-1)(r-1), kr(m-1))$。

⑤ 作出统计决策。 *注：三次对比的 F_α 自由度不相同。*

将 F_α，F_R，F_C，F_{RC} 进行比较，作出对原假设 H_0 的决策。

若 $F_R > F_\alpha(k-1, kr(m-1))$，则拒绝原假设 H_0，表明均值 $\mu_i(i=1,2,\cdots,k)$ 之间的差异是显著的，即所检验的行因素对观测值有显著影响。

若 $F_C > F_\alpha(r-1, kr(m-1))$，则拒绝原假设 H_0，表明均值 $\mu_j(j=1,2,\cdots,r)$ 之间的差异是显著的，即所检验的列因素对观测值有显著影响。

若 $F_{RC} > F_\alpha((k-1)(r-1), kr(m-1))$，则拒绝原假设 H_0，表明均值之间差异是显著的，即交互作用对观测值有显著影响。

（2）有交互作用的双因素方差分析表。

有交互作用的双因素方差分析表的结构如表所示。

误差来源	平方和 SS	自由度 df	均方 MS	F 值	P 值
行因素	SSR	$k-1$	$MSR = \dfrac{SSR}{k-1}$	$F_R = \dfrac{MSR}{MSE}$	
列因素	SSC	$r-1$	$MSC = \dfrac{SSC}{r-1}$	$F_C = \dfrac{MSC}{MSE}$	
交互作用	SSRC	$(k-1)(r-1)$	$MSRC = \dfrac{SSRC}{(k-1)(r-1)}$	$F_{RC} = \dfrac{MSRC}{MSE}$	
误差	SSE	$kr(m-1)$	$MSE = \dfrac{SSE}{kr(m-1)}$		
总和	SST	$n-1$			

用该数值与临界值进行比较。   *用该数值与显著性水平进行比较。*

斩题型

题型 1　方差分析基本原理 ☆☆☆☆☆

例 1　关于方差分析，以下说法正确的是（　　）。→ 检验均值是否相同。

A. 方差分析的目的是分析各组总体方差是否相同

B. 方差分析的组间平方和仅仅衡量了随机误差的差异大小

C. 各组数据呈严重偏态时，也可以做方差分析　→ 组间平方和衡量的是系统误差与随机误差。

D. 方差分析的目的是分析各组总体均值是否相同　→ 方差分析的前提：各总体必须服从正态分布。

答案： D

解析： 方差分析是一种用于检验多个总体均值是否相同的统计方法，在方差分析中通常假设各总体服从正态分布；各个总体的方差必须相同；观测值是独立的。组间平方和衡量了系统误差与随机误差。

例 2　方差分析是通过对多个总体均值差异的比较来（　　）。

A. 判断各总体是否存在方差

B. 检验各样本数据是否来自正态总体 ——→ 正态性检验。

C. 比较各总体的方差是否相等 ——→ 方差齐性检验。

D. 研究分类型自变量对数值型因变量的影响是否显著

答案： D

解析： 方差分析研究的是分类型自变量对数值型因变量的影响是否显著。

题型总结： 对于方差分析的基本理论问题，需要重点掌握方差分析的概念、目的、原理、基本假定以及如何设置原假设与备择假设。

题型 2　单因素方差分析 ☆☆☆☆☆

→ 可以确定 $k=3$, $n=6$, $F \sim F(3-1, 6-3)$。

例 3　设某因素有 3 个水平，每个水平下各重复 2 次试验。在单因素方差分析中，得到 $F=17$，已知 $F_{0.05}(2,3)=9.55$，$F_{0.01}(2,3)=30.82$，则（　　）。

A. 因素显著　⎫

B. 因素不显著　⎬ 没有给出显著性水平，不能判断

C. 在显著性水平 $\alpha=0.05$ 下，因素显著 ——→ $17>9.55$，拒绝原假设，显著。

D. 在显著性水平 $\alpha=0.01$ 下，因素显著 ——→ $17<30.82$，不拒绝原假设，不显著。

答案： C

解析： 单因素方差分析中，将统计量 F 的值与给定的显著性水平 α 的临界值 F_α 进行比较，如果 $F>F_\alpha$，则拒绝原假设，表明因素是显著的。

例 4　某食品公司为了考察三种包装中哪种受欢迎，在相同的促销方法下分别记录其在五天里销

售数量，现把所得数据汇总成方差分析表。

误差来源	平方和	自由度	均方	F 值
包装		2		
误差 e	174			
总和 T	747.33	14		

问：

（1）完成上述方差分析表。

（2）三种包装是否存在显著差异？（取 $\alpha=0.05$，$F_{0.05}(2,12)=3.89$）

答案：（1）填写上述方差分析表。

> *SSA=SST−SSE=747.33−174*
> *MS=SS/df*

误差来源	平方和	自由度	均方	F 值
包装	573.33	2	286.665	19.77
误差 e	174	12	14.5	
总和 T	747.33	14		

（2）提出假设：

> *$df_e=df_T−df_A=14−2$*
> *F=MSA/MSE*

$$H_0: \mu_1=\mu_2=\mu_3$$
$$H_1: \mu_1,\mu_2,\mu_3 \text{不全相等}$$

根据方差分析表可以得到 $F=19.77>F_{0.05}(2,12)=3.89$，拒绝原假设，认为三种包装存在显著差异。

题型总结： 对于单因素方差分析，首先建立原假设与备择假设，能够正确计算平方和与自由度，从而得到 F 值，根据 F 值与临界值进行比较确定方差分析的结论。此类题型会经常结合方差分析表进行考查，因此要熟练掌握方差分析表每一个数值的具体含义。

习题引导： 属于该题型的有练习题 10.1～10.4。

题型 3 双因素方差分析 ☆☆☆☆

例5 一种火箭使用四种燃料、三种推进器，进行射程试验。对于每种燃料与每种推进器的组合做一次试验，现将所得数据汇总成方差分析表。

误差来源	平方和	自由度	均方	F 值
燃料	157.59			
推进器				
误差			122	
总和	1 113.42			

（1）可以做哪种方差分析？

（2）完成上述方差分析表。

（3）每种燃料和每种推进器间的差异对于火箭射程有无显著影响？

（取 $\alpha=0.05$，$F_{0.05}(3,6)=4.757$，$F_{0.05}(2,6)=5.143$）

答案：（1）无交互作用的双因素方差分析。

> 题干中所给表格涉及两因素，但不涉及交互作用。

（2）填写完成上述方差分析表。（具体计算步骤参照题型 2 例 4）

误差来源	平方和	自由度	均方	F 值
燃料	157.59	3	52.53	0.43
推进器	223.83	2	111.915	0.92
误差	732	6	122	
总和	1 113.42	11		

（3）燃料：$F = 0.43 < F_{0.05}(3,6) = 4.757$，不拒绝原假设，没有证据证明每种燃料间的差异对于火箭射程有显著影响。

推进器：$F = 0.92 < 5.143$，不拒绝原假设，没有证据证明每种推进器的差异对于火箭射程有显著影响。

例 6 在双因子方差分析中，因素 A 有三个不同的水平，因素 B 有四个不同的水平，在任一组合水平下重复试验三次。请将下面的方差分析表补充完整，并在 0.05 的显著性水平下分别对 A、B 的效应以及交互效应是否显著进行检验。$(F_{0.05}(2,24) = 3.4; F_{0.05}(3,24) = 3.01; F_{0.05}(6,24) = 2.51)$

误差来源	平方和	自由度	均方	F 值
因素 A	56			
因素 B				
交互作用	24			
误差 e	38			
总和	254			

答案： 补充完整方差分析表。

→ $SST = SSC + SSR + SSRC + SSE$　→ $MS = SS/df$

误差来源	平方和	自由度	均方	F 值	
因素 A	56	2 → $k-1$	28	17.72	→ MSR/MSE
因素 B	136	3 → $r-1$	45.33	28.69	→ MSC/MSE
交互作用	24	6 → $(k-1)(r-1)$	4	2.53	→ MSRC/MSE
误差 e	38	24 → $kr(m-1)$	1.58		
总和	254	35			

因素 A：$F = 17.72 > F_{0.05}(2,24) = 3.4$，拒绝原假设，因素 A 显著。

因素 B：$F = 28.69 > F_{0.05}(3,24) = 3.01$，拒绝原假设，因素 B 显著。

交互作用：$F = 2.53 > F_{0.05}(6,24) = 2.51$，拒绝原假设，交互作用显著。

题型总结： 双因素方差分析经常以方差分析表的形式考查，首先要区分是否存在交互作用，再进行分析。分析过程和步骤与单因素方差分析类似。

习题引导： 属于该题型的有练习题 10.5～10.7。

一、思考题

10.1 什么是方差分析？它研究的是什么？

答案： 方差分析是通过对数据误差来源的分析来判断不同总体的均值是否相等，进而判断分类型自变量对数值型因变量是否有显著影响。

方差分析研究的是分类型自变量对数值型因变量是否有显著影响。

本题重点提示： 方差分析检验的是多个总体均值是否相等。

10.2 要检验多个总体均值是否相等时，为什么不作两两比较，而用方差分析方法？

答案： 检验多个总体均值是否相等时，如果作两两比较，则需要进行多次的 t 检验或 z 检验，十分烦琐。如果要检验 n 个总体的均值是否相等，共需进行 C_n^2 次不同的检验。如果 $\alpha = 0.05$，每次检验犯第Ⅰ类错误的概率都是 0.05，作多次检验会使犯第Ⅰ类错误的概率相应增加，而且随着个体显著性检验次数的增加，偶然因素导致差别的可能性也会增加（并非均值真的存在差别）。而方差分析方法则是同时考虑所有的样本，因此排除了错误累积的可能，从而犯第Ⅰ类错误的概率就会小很多；方差分析不仅可以提高检验的效率，同时，由于它将所有的样本信息结合在一起，因此也增加了分析的可靠性。

本题重点提示： 方差分析可以降低犯第Ⅰ类错误的概率。

10.3 方差分析包括哪些类型？它们有何区别？

答案： 根据所分析的分类型自变量的多少，方差分析可分为单因素方差分析和双因素方差分析。

当方差分析中只涉及一个分类型自变量时称为单因素方差分析。单因素方差分析研究的是一个分类型自变量对一个数值型因变量的影响。

当方差分析中涉及两个分类型自变量时，称为双因素方差分析。双因素方差分析有两种类型：一种是无交互作用的双因素方差分析，它假定因素 A 和因素 B 的效应之间是相互独立的，不存在相互关系；另一种是有交互作用的双因素方差分析，它假定因素 A 和因素 B 的结合会产生出一种新的效应。

区别：单因素方差分析研究的是一个分类型自变量对一个数值型因变量的影响，而双因素方差分析涉及两个分类型自变量。

本题重点提示： （1）根据自变量个数分类；（2）根据有无交互作用分类。

10.4 方差分析中有哪些基本假定？

答案： 方差分析中有三个基本假定。

①每个总体都应服从正态分布。即对于因素的每一个水平，假定其观测值是来自正态分布总体的简单随机样本。

②各个总体的方差 σ^2 必须相同。即假定各组观察数据是从具有相同方差的正态总体中抽取的。

③各个观测值之间相互独立。

10.5 简述方差分析的基本思想。

答案： 方差分析是通过对数据误差来源的分析来判断不同总体的均值是否相等，进而判断分类型自变量对数值型因变量是否有显著影响。其基本思想如下所述。

（1）误差分解。

在方差分析中，数据的误差是用平方和来表示的，总平方和可以分解为组间平方和与组内平方和。组内误差只包含随机误差，而组间误差既包括随机误差，也包括系统误差。

（2）误差分析。

如果组间误差中只包含随机误差，而没有系统误差，这时，组间误差与组内误差经过平均后的数值就应该很接近，它们的比值就会接近1；反之，如果在组间误差中除了包含随机误差外，还包含系统误差，这时组间误差平均后的数值就会大于组内误差平均后的数值，它们之间的比值就会大于1。当这个比值大到某种程度时，就认为因素的不同水平之间存在着显著差异，即分类型自变量对数值型因变量有影响。

本题重点提示： 核心在于辨别组间误差中是否含有系统误差。

10.6 解释因子和处理的含义。

答案： 因素即因子，也就是所要检验的对象。因子变量也称控制变量，根据控制变量的多少，可以把方差分析分为单因素方差分析（一个控制变量）和多因素方差分析（两个及两个以上控制变量）。

水平：因素的具体表现，又称处理。

10.7 解释组内误差和组间误差的含义。

答案： 组内误差：由抽样的随机性所造成的随机误差，即来自水平内部的数据误差，反映一个样本内部数据的离散程度，只含有随机误差。

组间误差：来自不同水平之间的数据误差，这种误差可能是由抽样本身形成的误差，也可能是由水平本身的系统性因素造成的系统误差，因此，组间误差是随机误差和系统误差的总和，反映不同样本之间数据的离散程度。

10.8 解释组内方差和组间方差的含义。

答案： 均方（MS），即方差，组间误差与组内误差经过平均后的数值（即平方和除以自由度）。组内方差（MSE）为组内平方和除以自由度，指因素的同一水平（同一个总体）下样本数据的方差；组间方差（MSA）为组间平方和除以自由度，指因素的不同水平（不同总体）下各样本之间的方差。

10.9 简述方差分析的基本步骤。

答案： 方差分析的基本步骤（以单因素方差分析为例）。

方差分析主要包括提出假设、构造检验的统计量、作出统计决策等步骤。

①提出假设。

检验因素的 k 个水平（总体）的均值是否相等，需要提出如下假设：

$H_0: \mu_1 = \mu_2 = \cdots = \mu_k$　　自变量对因变量没有显著影响

$H_1: \mu_1, \mu_2, \cdots, \mu_k$ 不全相等　　自变量对因变量有显著影响

②构造检验的统计量。

$$F = \frac{SSA/(k-1)}{SSE/(n-k)} \sim F(k-1, n-k)$$

③作出统计决策。

将统计量的值 F 与给定的显著性水平 α 的临界值 F_α 进行比较，从而作出对原假设 H_0 的决策。

若 $F > F_\alpha$，则拒绝原假设 H_0，表明均值之间的差异是显著的，所检验的因素对观测值有显著影响。

若 $F < F_\alpha$，则不拒绝原假设 H_0，没有证据表明均值之间的差异是显著的，不能认为所检验的因素对观测值有显著影响。

本题重点提示： 通过 F 值来进行判断是否含有系统误差，F 值越大，系统误差越大，组间差异越大。

10.10　方差分析中多重比较的作用是什么？

答案： 在方差分析中得到拒绝原假设的结论，即进行方差分析的几个总体之间的 μ 不全相等，想进一步分析研究几个总体中，究竟是哪两个总体的均值不同。多重比较方法是通过对总体均值之间的配对比较来进一步检验到底哪些均值之间存在差异。

本题重点提示： 可以判断具体哪两个均值不相等。

10.11　什么是交互作用？

答案： 交互作用是指几个因素搭配在一起会对因变量产生一种新的影响的作用。

10.12　解释无交互作用和有交互作用的双因素方差分析。

答案： 在双因素方差分析中，如果两个因素对试验结果的影响是相互独立的，分别判断行因素和列因素对试验数据的影响，这时的双因素方差分析称为无交互作用的双因素方差分析或无重复双因素方差分析。

如果除了行因素和列因素对试验数据的单独影响外，两个因素的搭配还会对结果产生一种新的影响，这时的双因素方差分析称为有交互作用的双因素方差分析或可重复双因素方差分析。

10.13　解释 R^2 的含义和作用。

答案： 变量间关系的强度用组间平方和 SSA 占总平方和 SST 的比例大小来反映，即

$$R^2 = \frac{SSA}{SST}$$

只要组间平方和 SSA 不等于 0，就表明两个变量之间有关系（只是是否显著的问题）。当组间平方和比组内平方和 SSE 大，而且大到一定程度时，就意味着两个变量之间的关系显著，大得越多，表明它们之间的关系就越强，此时的 R^2 越大；反之，就意味着两个变量之间的关系不显著，小得越多，表明它们之间的关系就越弱，此时的 R^2 越小。因此我们采用组间平方和占总平方和的比例

大小来表示变量之间是否存在关系。

本题重点提示： R^2 表示分类型自变量与数值型因变量之间关系强度的大小。

二、练习题

10.1 从 3 个总体中各抽取容量不同的样本数据，结果如下。

样本 1	样本 2	样本 3
158	153	169
148	142	158
161	156	180
154	149	
169		

检验 3 个总体的均值之间是否有显著差异（α =0.01）。

答案： 提出假设：

$$H_0 : \mu_1 = \mu_2 = \mu_3$$
$$H_1 : \mu_1, \mu_2, \mu_3 \text{不全相等}$$

应用 Excel 输出的方差分析表如下。

方差分析

差异源	SS	df	MS	F	P-value	F crit
组间	618.916 7	2	309.458 3	4.657 4	0.040 877	8.021 517
组内	598	9	66.444 44			
总计	1 216.917	11				

（F crit 为临界值）

根据表中数据可以得到 $F = 4.657\ 4 < F_{0.01}(2,9) = 8.021\ 517$，因此不拒绝原假设，没有充分的证据证明三个总体均值之间存在显著差异。

利用 P 值进行判断：P-value=0.040 877>0.01，因此不拒绝原假设，没有充分的证据证明三个总体均值之间存在显著差异。

注：利用临界值进行决策与利用 P 值进行决策选择一种方法即可。

10.2 某家电制造公司准备购进一批 5 号电池，现有 A，B，C 3 个电池生产企业愿意供货，为比较它们生产的电池质量，从每个企业各随机抽取 5 只电池，经试验得其寿命数据（单位：小时）如下。

试验号	电池生产企业		
	A	B	C
1	50	32	45
2	50	28	42
3	43	30	38
4	40	34	48
5	39	26	40

试分析 3 个企业生产的电池的平均寿命之间有无显著差异（α =0.05）。如果有差异，用 LSD 方法检验哪些企业之间有差异。

答案： 提出假设：

$$H_0: \mu_A = \mu_B = \mu_C$$
$$H_1: \mu_A, \mu_B, \mu_C \text{不全相等}$$

应用 Excel 输出的方差分析表如下。

SUMMARY

组	观测数	求和	平均	方差
列 1	5	222	44.4	28.3
列 2	5	150	30	10
列 3	5	213	42.6	15.8

方差分析

差异源	SS	df	MS	F	P-value	F crit
组间	615.6	2	307.8	17.068 39	0.000 31	3.885 294
组内	216.4	12	18.033 33			
总计	832	14				

根据表中数据可以得到 $F = 17.068\ 39 > F_{0.05}(2,12) = 3.885\ 294$，因此拒绝原假设，认为 3 个企业生产的电池的平均寿命之间有显著差异。

利用 P 值进行判断：P-value=0.000 31<0.05，因此拒绝原假设，认为 3 个企业生产的电池的平均寿命之间有显著差异。

用 LSD 方法检验哪些企业之间存在差异：

检验 1：$H_0: \mu_A = \mu_B$；$H_1: \mu_A \neq \mu_B$

检验 2：$H_0: \mu_A = \mu_C$；$H_1: \mu_A \neq \mu_C$

检验 3：$H_0: \mu_B = \mu_C$；$H_1: \mu_B \neq \mu_C$

分别计算检验统计量

$$|\bar{x}_A - \bar{x}_B| = |44.4 - 30| = 14.4$$
$$|\bar{x}_A - \bar{x}_C| = |44.4 - 42.6| = 1.8$$
$$|\bar{x}_B - \bar{x}_C| = |30 - 42.6| = 12.6$$

$$LSD = t_{0.025}(15-3) \cdot \sqrt{MSE\left(\frac{1}{n_i} + \frac{1}{n_j}\right)}$$

$$= 2.179 \times \sqrt{18.033\ 33 \times \left(\frac{1}{5} + \frac{1}{5}\right)} = 5.85$$

针对检验 1，$|\bar{x}_A - \bar{x}_B| = 14.4 > LSD$，因此拒绝原假设，企业 A 与企业 B 生产的电池的平均寿命之间有显著差异。

针对检验 2，$|\bar{x}_A - \bar{x}_C| = 1.8 < LSD$，因此不拒绝原假设，没有证据证明企业 A 与企业 C 生产的电

池的平均寿命之间有显著差异。

针对检验 3，$|\bar{x}_B - \bar{x}_C| = 12.6 > LSD$，因此拒绝原假设，企业 B 与企业 C 生产的电池的平均寿命之间有显著差异。

10.3 一家产品制造公司的管理者想比较 A，B，C 3 种培训方式对产品组装时间是否有显著影响，将 26 名新员工随机分配给这 3 种培训方式。培训结束后，参加培训的员工组装一件产品所花的时间（单位：分钟）如下。

培训方式		
A	B	C
8.8	8.2	8.6
9.3	6.7	8.5
8.7	7.4	9.1
9.0	8.0	8.2
8.6	8.2	8.3
8.3	7.8	7.9
9.5	8.8	9.9
9.4	8.4	9.4
9.2	7.9	

取显著性水平 α =0.05，确定不同培训方式对产品组装的时间是否有显著影响。

答案：提出假设：

$$H_0 : \mu_A = \mu_B = \mu_C$$
$$H_1 : \mu_A, \mu_B, \mu_C 不全相等$$

应用 Excel 输出的方差分析表如下。

方差分析

差异源	SS	df	MS	F	P-value	F crit
组间	5.349 156	2	2.674 578	8.274 518	0.001 962	3.422 132
组内	7.434 306	23	0.323 231			
总计	12.783 46	25				

根据表中数据可以得到 $F = 8.274\ 518 > F_{0.05}(2,23) = 3.422\ 132$，因此拒绝原假设，认为不同培训方式对产品组装的时间有显著影响。

利用 P 值进行判断：P-value=0.001 962<0.05，因此拒绝原假设，认为不同培训方式对产品组装的时间有显著影响。

10.4 某企业准备采用 3 种方法组装一种新的产品，为确定哪种方法每小时组装的产品数量最多，随机抽取了 30 名工人，并指定每个人使用其中的一种方法。通过对每名工人组装的产品数进行方差分析得到下面的结果。

方差分析

差异源	SS	df	MS	F	P-value	F crit
组间			210		0.245 946	3.354 131
组内	3 836			—	—	—
总计		29	—	—	—	—

（1）完成上面的方差分析表。

（2）若显著性水平 $\alpha=0.05$，检验采用 3 种方法组装的产品数量之间是否有显著差异。

答案：（1）完成方差分析表。

方差分析

差异源	SS	df	MS	F	P-value	F crit
组间	420	2	210	1.478	0.245 946	3.354 131
组内	3 836	27	142.07			
总计	4 256	29				

注：自由度为 $k-1=3-1$。$F=MSA/MSE=210/142.07$。
$SSA=MSA\times df_A=210\times 2$。自由度为 $n-k=30-3$。$MSE=SSE/df_e=3\ 836/27$。

（2）提出假设：

$$H_0: \mu_A = \mu_B = \mu_C$$
$$H_1: \mu_A, \mu_B, \mu_C\text{不全相等}$$

由方差分析表可得，$F=1.478<F_{0.05}(2,27)=3.354\ 131$，因此不拒绝原假设，没有证据证明三种方法组装的产品数量之间有显著差异。

利用 P 值进行判断：P-value=0.245 946>0.05，因此不拒绝原假设，没有证据证明三种方法组装的产品数量之间有显著差异。

10.5 有 5 种不同品种的种子和 4 种不同的施肥方案，在 20 块同样面积的土地上，将 5 种种子和 4 种施肥方案搭配起来进行试验，取得的收获量数据如下。（双因素方差分析。）

品种	施肥方案			
	1	2	3	4
1	12.0	9.5	10.4	9.7
2	13.7	11.5	12.4	9.6
3	14.3	12.3	11.4	11.1
4	14.2	14.0	12.5	12.0
5	13.0	14.0	13.1	11.4

注：品种1和方案1只对应一个值，无须判断是否有交互。

检验种子的不同品种对收获量的影响是否显著，不同的施肥方案对收获量的影响是否显著（$\alpha=0.05$）。

答案： 行因素（品种）提出假设：

$$H_0: \mu_1=\mu_2=\mu_3=\mu_4=\mu_5, \quad H_1: \mu_1, \mu_2, \mu_3, \mu_4, \mu_5\text{不全相等}$$

列因素（施肥方案）提出假设：

$$H_0: \mu_1 = \mu_2 = \mu_3 = \mu_4, \quad H_1: \mu_1, \mu_2, \mu_3, \mu_4 \text{不全相等}$$

应用 Excel 输出的方差分析表如下。

方差分析

差异源	SS	df	MS	F	P-value	F crit
品种	19.067	4	4.766 75	7.239 716	0.003 315	3.259 167
施肥方案	18.181 5	3	6.060 5	9.204 658	0.001 949	3.490 295
误差	7.901	12	0.658 417			
总计	45.149 5	19				

→ 注意区分自由度。

由方差分析表可知，$F_R = 7.239\ 716 > F_{0.05}(4,12) = 3.259\ 167$，拒绝原假设，认为种子的不同品种对收获量的影响显著。$F_C = 9.204\ 658 > F_{0.05}(3,12) = 3.490\ 295$，拒绝原假设，认为不同的施肥方案对收获量的影响显著。

利用 P 值进行判断：P-value=0.003 315<0.05，拒绝原假设，认为种子的不同品种对收获量的影响显著。P-value=0.001 949<0.05，拒绝原假设，认为不同的施肥方案对收获量的影响显著。

10.6 为研究食品的包装方法和销售地区对其销售量是否有影响，在 3 个不同地区用 3 种不同包装方法进行销售。获得的销售量数据如下。

→ (A_1, B_1) 对应一个观测值，无须判断是否有交互。

销售地区（A）	包装方法（B）		
	B_1	B_2	B_3
A_1	45	75	30
A_2	50	50	40
A_3	35	65	50

检验不同的地区和不同的包装方法对该食品的销售量是否有显著影响（$\alpha = 0.05$）。

答案： 行因素（销售地区）提出假设：

$$H_0: \mu_1 = \mu_2 = \mu_3, \quad H_1: \mu_1, \mu_2, \mu_3 \text{不全相等}$$

列因素（包装方法）提出假设：

$$H_0: \mu_1 = \mu_2 = \mu_3, \quad H_1: \mu_1, \mu_2, \mu_3 \text{不全相等}$$

应用 Excel 输出的方差分析表如下。

方差分析

差异源	SS	df	MS	F	P-value	F crit
销售地区	22.222 22	2	11.111 11	0.072 727	0.931 056	6.944 272
包装方法	955.555 6	2	477.777 8	3.127 273	0.152 155	6.944 272
误差	611.111 1	4	152.777 8			
总计	1 588.889	8				

由方差分析表可知，$F_R = 0.072\,727 < F_{0.05}(2,4) = 6.944\,272$，因此不拒绝原假设，没有证据证明不同的地区对该食品的销售量影响显著。$F_C = 3.127\,273 < F_{0.05}(2,4) = 6.944\,272$，因此不拒绝原假设，没有证据证明不同的包装方法对该食品的销售量影响显著。

利用 P 值进行判断：P-value=0.931 056>0.05，因此不拒绝原假设，没有证据证明不同的地区对该食品的销售量影响显著。P-value=0.152 155>0.05，因此不拒绝原假设，没有证据证明不同的包装方法对该食品的销售量影响显著。

10.7 一家超市连锁店进行一项研究，以确定超市所在的位置和竞争者的数量对其销售额是否有显著影响。下面是获得的月销售额数据（单位：万元）。

超市位置	竞争者数量			
	0	1	2	3个及以上
位于市内居民小区	41	38	59	47
	30	31	48	40
	45	39	51	39
位于写字楼	25	29	44	43
	31	35	48	42
	22	30	50	53
位于郊区	18	22	29	24
	29	17	28	27
	33	25	26	32

取显著性水平 $\alpha = 0.01$，检验：

（1）竞争者的数量对销售额是否有显著影响。

（2）超市的位置对销售额是否有显著影响。

（3）竞争者的数量和超市的位置对销售额是否有交互影响。

答案： 应用 Excel 输出的方差分析表如下。

方差分析

差异源	SS	df	MS	F	P-value	F crit
超市位置	1 736.222	2	868.111 1	34.305 16	9.18E-08	5.613 591
竞争者数量	1 078.333	3	359.444 4	14.204 17	1.57E-05	4.718 051
交互	503.333 3	6	83.888 89	3.315 038	0.016 05	3.666 717
内部	607.333 3	24	25.305 56			
总计	3 925.222	35				

（1）根据方差分析表可得，$F_C = 14.204\,17 > F_{0.01}(3,24) = 4.718\,051$，因此拒绝原假设，认为竞争者的数量对销售额有显著影响。（P-value=1.57E-05<0.01）

（2）根据方差分析表可得，$F_R = 34.305\,16 > F_{0.01}(2,24) = 5.613\,591$，因此拒绝原假设，认为超市的位置对销售额有显著影响。（P-value=9.18E-08<0.01）

（3）根据方差分析表可得，$F_{RC} = 3.315\,038 < F_{0.01}(6,24) = 3.666\,717$，因此不拒绝原假设，没有证据证明竞争者的数量和超市的位置对销售额存在交互影响。（P-value=0.016\,05>0.01）

第 11 章 一元线性回归

> 本章主要是对计量经济基础知识的考查，主要研究两数值型变量之间的线性关系。考点主要分布于普通最小二乘原理与线性回归的显著性检验与预测。因此要求同学们具备如下能力：掌握相关系数的分析方法及显著性检验；掌握一元线性回归的基本原理和参数的最小二乘估计；掌握回归直线的拟合优度、显著性检验；能够对回归结果进行分析评价；能够利用回归进行估计和预测；掌握残差图及残差标准化。

11.1 变量间关系的度量

1. 变量间的关系（见图）

在本章中也可称为不相关。

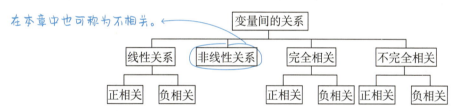

①函数关系：是一一对应的确定关系，记为 $y = f(x)$。
②相关关系：变量之间存在的不确定的数量关系。

2. 相关关系的描述与测度

相关分析就是对两个变量之间线性关系的描述与度量，要解决的问题包括：
①变量之间是否存在关系？
②如果存在关系，它们之间是什么样的关系？
③变量之间的关系强度如何？
④样本所反映的变量之间的关系能否代表总体变量之间的关系？

> 在进行相关分析时，对总体主要有以下两个假定：
> ①两个变量之间是线性关系；
> ②两个变量都是随机变量。

（1）散点图。
散点图是由坐标及散点形成的二维数据图。它是描述变量之间关系的一种直观方法，从中可以大体看出变量之间的关系形态及关系强度。
（2）相关系数。

相关系数是根据样本数据计算的度量两个变量之间线性关系强度的一个统计量。

简单相关系数：对两个变量之间线性关系强度的度量。

总体相关系数：记为 ρ。 → 根据总体全部数据计算得到。

样本相关系数：又称为线性相关系数或 Pearson 相关系数，记为 r。
→ 根据样本数据计算得到。

$$r = \frac{n\sum xy - \sum x \sum y}{\sqrt{n\sum x^2 - (\sum x)^2} \cdot \sqrt{n\sum y^2 - (\sum y)^2}}$$

（3）相关系数的性质。

性质 1：r 的取值范围是 $[-1,1]$。$|r|=1$，为完全相关；$r=1$，为完全正线性相关；$r=-1$，为完全负线性相关；$r=0$，不存在线性相关关系；$-1 \leq r<0$，为负线性相关；$0<r \leq 1$，为正线性相关（$|r|$ 越趋于 1 表示关系越强；$|r|$ 越趋于 0 表示关系越弱）。

性质 2：r 具有对称性。x 与 y 之间的相关系数 r_{xy} 和 y 与 x 之间的相关系数 r_{yx} 相等，即 $r_{xy} = r_{yx}$。

性质 3：r 的数值大小与 x 和 y 的原点及尺度无关，即改变 x 和 y 的数据原点及计量尺度，并不改变 r 的数值大小。

性质 4：r 仅仅是 x 与 y 之间线性关系的一个度量，它不能用于描述非线性关系。这意味着，$r=0$ 只表示两个变量之间不存在线性相关关系，并不说明变量之间没有任何关系，它们之间可能存在非线性相关关系。
→ 变量之间的非线性相关程度较大时，可能会导致 $r=0$。

性质 5：r 虽然是两个变量之间线性关系的一个度量，却不意味着 x 与 y 一定有因果关系。

（4）相关系数的经验解释。

当 $|r| \geq 0.8$ 时，视为高度相关；

当 $0.5 \leq |r|<0.8$ 时，视为中度相关；

当 $0.3 \leq |r|<0.5$ 时，视为低度相关；

当 $|r|<0.3$ 时，视为不相关。

→ 经验解释必须建立在对相关系数的显著性进行检验的基础之上才有意义。

3. 相关关系的显著性检验

判断能否根据样本相关系数说明总体的相关程度，需要进行显著性检验。检验的步骤为：

①提出假设。$H_0: \rho=0$；$H_1: \rho \neq 0$。

②计算检验的统计量。$t = |r|\sqrt{\dfrac{n-2}{1-r^2}} \sim t(n-2)$。

③进行决策。根据给定的显著性水平 α 和自由度 $df = n-2$ 查 t 分布表，得出 $t_{\alpha/2}(n-2)$ 的临界值。若 $|t|>t_{\alpha/2}$，则拒绝原假设 H_0，表明总体的两个变量之间存在显著的线性关系。

11.2 一元线性回归

1. 一元线性回归模型

（1）回归分析主要解决的问题。

①从一组样本数据出发，确定变量之间的数学关系式。
②对这些关系式的可信程度进行各种统计检验，并从影响某一特定变量的诸多变量中找出哪些变量的影响是显著的，哪些变量的影响是不显著的。
③利用所求的关系式，根据一个或几个变量的取值来预测或估计另一个特定变量的取值，并给出这种预测或估计的可靠程度。

（2）回归模型。

回归模型：描述因变量 y 如何依赖于自变量 x 和误差项 ε 的方程。一元线性回归模型可表示为

$$y = \beta_0 + \beta_1 x + \varepsilon$$

（3）回归模型的假定。

一元线性回归模型又称理论回归模型，具有以下主要假定。
①因变量 y 与自变量 x 之间具有线性关系。
②在重复抽样中，自变量 x 的取值是固定的，即假定 x 是非随机的。
③误差项 ε 是一个期望值为 0 的随机变量，即 $E(\varepsilon)=0$。对于一个给定的 x 值，y 的期望值为 $E(y) = \beta_0 + \beta_1 x$。
④对于所有的 x 值，ε 的方差 σ^2 都相同。
⑤误差项 ε 是一个服从正态分布的随机变量，且相互独立，即 $\varepsilon \sim N(0, \sigma^2)$。

（4）回归方程。

描述因变量 y 的期望值如何依赖于自变量 x 的方程称为回归方程。一元线性回归方程的形式为

$$E(y) = \beta_0 + \beta_1 x$$

（5）估计的回归方程。

估计的回归方程：用样本统计量 $\hat{\beta}_0$ 和 $\hat{\beta}_1$ 代替回归方程中的未知参数 β_0 和 β_1，它是根据样本数据求出的回归方程的估计。对于一元线性回归，估计的回归方程形式为 $\hat{y} = \hat{\beta}_0 + \hat{\beta}_1 x$。

2. 参数的最小二乘估计

（1）最小二乘法。

对于第 i 个 x 值，估计的回归方程可表示为

$$\hat{y}_i = \hat{\beta}_0 + \hat{\beta}_1 x_i$$

最小二乘法也称最小平方法，它是通过使因变量的观测值 y_i 与估计值 $\hat{y}_i$ 之间的离差平方和达到最小来估计 β_0 和 β_1 的方法。

（2）最小二乘法拟合的直线的优良性质。

①根据最小二乘法得到的回归直线能使离差平方和达到最小，虽然并不能保证它就是拟合数据的最佳直线。
②根据最小二乘法得到的回归直线可知 β_0 和 β_1 的估计量的抽样分布。
③在某些条件下，β_0 和 β_1 的最小二乘估计量同其他估计量相比，其抽样分布具有较小的标准差。

（3）普通最小二乘原理的数学推导。

根据最小二乘法，使

$$Q = \sum_{i=1}^{n} e_i^2 = \sum_{i=1}^{n}(y_i - \hat{y}_i)^2 = \sum_{i=1}^{n}[y_i - (\hat{\beta}_0 + \hat{\beta}_1 x_i)]^2$$

最小。根据普通最小二乘原理，当 Q 对 $\hat{\beta}_0, \hat{\beta}_1$ 的一阶偏导数为 0 时，Q 达到最小，即

$$\begin{cases} \dfrac{\partial Q}{\partial \hat{\beta}_0} = -2\sum_{i=1}^{n}(y_i - \hat{\beta}_0 - \hat{\beta}_1 x_i) = 0 \\ \dfrac{\partial Q}{\partial \hat{\beta}_1} = -2\sum_{i=1}^{n} x_i(y_i - \hat{\beta}_0 - \hat{\beta}_1 x_i) = 0 \end{cases}$$

解得

$$\begin{cases} \hat{\beta}_1 = \dfrac{n\sum_{i=1}^{n} x_i y_i - \sum_{i=1}^{n} x_i \sum_{i=1}^{n} y_i}{n\sum_{i=1}^{n} x_i^2 - (\sum_{i=1}^{n} x_i)^2} \\ \hat{\beta}_0 = \bar{y} - \hat{\beta}_1 \bar{x} \end{cases}$$

3. 回归直线的拟合优度

拟合优度：回归直线与各观测点的接近程度称为回归直线对数据的拟合优度。

（1）判定系数。

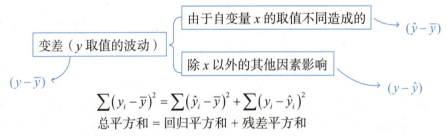

$$\sum(y_i - \bar{y})^2 = \sum(\hat{y}_i - \bar{y})^2 + \sum(y_i - \hat{y}_i)^2$$

总平方和 = 回归平方和 + 残差平方和

总平方和（SST）：n 次观测值的总变差可以用离差平方和来表示。

回归平方和（SSR）：反映了 y 的总变差中由于 x 与 y 之间的线性关系引起的 y 的变化部分，它是可以由回归直线来解释的 y_i 的变差部分。

残差平方和（SSE）：反映除 x 对 y 的线性影响之外的其他因素引起的 y 的变化部分，是不能由回归直线来解释的 y_i 的变差部分。

R^2 取值范围 [0,1]，取值越大，直线拟合效果越好，各观测点越靠近直线。
当所有观测点都落在直线上，$SSE=0$，则 $R^2=1$，拟合是完全的。
若 y 的变化与 x 无关，此时 $\hat{y} = \bar{y}$，则 $R^2=0$，可以认为拟合的直线有误。

判定系数：回归平方和占总平方和的比例，记为 R^2，计算公式为

$$R^2 = \frac{SSR}{SST} = \frac{\sum(\hat{y}_i - \bar{y})^2}{\sum(y_i - \bar{y})^2} = 1 - \frac{\sum(y_i - \hat{y}_i)^2}{\sum(y_i - \bar{y})^2}$$

(2)估计标准误差。

估计标准误差：度量实际观测点在直线周围散布状况的一个统计量，是均方残差(MSE)的平方根，用s_e表示，其计算公式为 *是对误差项ε的标准差σ的估计。反映了用估计的回归方程预测因变量y时预测误差的大小。*

$$s_e = \sqrt{\frac{\sum(y_i - \hat{y}_i)^2}{n-2}} = \sqrt{\frac{SSE}{n-2}} = \sqrt{MSE}$$

各观测点越靠近直线，s_e越小，回归直线对各观测点的代表性越好，根据估计的回归方程进行预测越准确。若$s_e = 0$，则表示用自变量来预测因变量是没有误差的。

4. 显著性检验

显著性检验
- 线性关系的检验：检验自变量与因变量之间的线性关系是否显著
- 回归系数的检验：检验自变量对因变量的影响是否显著

（1）线性关系的检验。

检验步骤：

①提出假设。H_0：$\beta_1 = 0$，两个变量之间的线性关系不显著。

②计算检验统计量F。

$$F = \frac{SSR/1}{SSE/(n-2)} = \frac{MSR}{MSE}$$

③作出决策。

确定显著性水平α，并根据分子自由度$df_1 = 1$和分母自由度$df_2 = n-2$查F分布表，找到相应的临界值F_α。若$F > F_\alpha$，则拒绝原假设H_0，表明两个变量之间的线性关系是显著的；若$F < F_\alpha$，则不拒绝原假设H_0，没有证据表明两个变量之间的线性关系显著。

（2）回归系数的检验。

检验步骤：

①提出假设。H_0：$\beta_1 = 0$；H_1：$\beta_1 \neq 0$。

②计算检验统计量t。

$$t = \frac{\hat{\beta}_1}{s_{\hat{\beta}_1}}, \quad s_{\hat{\beta}_1} = \frac{s_e}{\sqrt{\sum x_i^2 - \frac{1}{n}(\sum x_i)^2}}$$

③作出决策。

确定显著性水平α，并根据自由度$df = n-2$查t分布表，找到相应的临界值$t_{\alpha/2}$。若$|t| > t_{\alpha/2}$，则拒绝原假设H_0，回归系数等于0的可能性小于α，表明自变量x对因变量y的影响是显著的，即两个变量之间的线性关系是显著的；若$|t| < t_{\alpha/2}$，则不拒绝原假设H_0，没有证据表明x对y的影响显著，即二者之间尚不存在显著的线性关系。

5. 回归分析结果的评价 → 评价已建立的模型是否合适。

① 所估计的回归系数 $\hat{\beta}_1$ 的符号是否与理论或事先预期相一致。
② 如果理论上认为 y 与 x 之间的关系不仅是正的，而且是统计上显著的，那么所建立的回归方程统计上也应该是显著的。→ 线性关系或回归系数显著。
③ 回归模型在多大程度上解释了因变量 y 取值的差异？→ 用 R^2 表示。
④ 考察关于误差项 ε 的正态性假定是否成立。→ 画出残差的直方图或正态概率图。

11.3 利用回归方程进行预测

预测：通过自变量 x 的取值来预测因变量 y 的取值。

1. 点估计

点估计：利用估计的回归方程，对于 x 的一个特定值 x_0，求出 y 的一个估计值。

点估计分为两种：平均值 $E(y_0)$ 点估计 和 个别值 $\hat{y}_0$ 点估计。

→ 在点估计中，对同一个 x_0，两个值的结果一样。

2. 区间估计

区间估计：对 x 的一个特定值 x_0，求出 y 的一个估计值的区间。

区间估计有两种类型：置信区间估计和预测区间估计。

① 置信区间估计：对 x 的一个给定值 x_0，求出 y 的平均值 $E(y_0)$ 的区间估计。

对于给定的 x_0，$E(y_0)$ 在 $1-\alpha$ 置信水平下的置信区间为

$$\hat{y}_0 \pm t_{\alpha/2} s_e \sqrt{\frac{1}{n} + \frac{(x_0 - \bar{x})^2}{\sum_{i=1}^{n}(x_i - \bar{x})^2}}$$

→ 当 $x_0 = \bar{x}$ 时，$\hat{y}_0$ 标准差的估计量最小。x_0 偏离 $\bar{x}$ 越远，置信区间就越宽。

② 预测区间估计：对 x 的一个给定值 x_0，求出 y 的一个个别值 y_0 的区间估计。

对于给定的 x_0，y 的一个个别值 y_0 在 $1-\alpha$ 置信水平下的预测区间为

$$\hat{y}_0 \pm t_{\alpha/2} s_e \sqrt{1 + \frac{1}{n} + \frac{(x_0 - \bar{x})^2}{\sum_{i=1}^{n}(x_i - \bar{x})^2}}$$

→ 对同一个 x_0 而言，预测区间比置信区间要宽一些。

11.4 残差分析

残差分析是确定有关误差项 ε 的假定是否成立的方法。

残差：因变量的观测值 y_i 与根据估计的回归方程求出的预测值 $\hat{y}_i$ 之差，用 e 表示。

→ ① 关于 x 的残差图。
② 关于 $\hat{y}$ 的残差图。
③ 标准化残差图。

$$e_i = y_i - \hat{y}_i$$

残差图：表示残差的图形，用于判断对误差项 ε 的假定是否成立。

标准化残差：残差除以它的标准差后得到的数值，也称为 Pearson 残差或半学生化残差，用于判断残差是否服从正态分布。标准化残差用 z_e 表示。

$$z_{e_i} = \frac{e_i}{s_e} = \frac{y_i - \hat{y}_i}{s_e}$$

斩题型

题型 1 相关分析与回归分析 ★★★★

例 1 下面关于相关系数的陈述中，错误的是（　　）。

A. 数值越大说明两个变量之间的关系越强　→相关系数除了大小的比较还有正负号的区分。

B. 仅仅是两个变量之间线性关系的一个度量，不能用于描述非线性关系

C. 只是两个变量之间线性关系的一个度量，不一定意味着两个变量之间一定有因果关系

D. 绝对值不会大于 1

答案： A　→取值范围是 –1 到 1。

解析： 相关系数用来度量两个变量之间的线性关系强度，取值在 –1 至 1 之间，其绝对值越大表示两变量之间的线性关系越强，相关关系不等于因果关系。

例 2 某种产品的单位成本（元）对废品率（%）的回归方程为 $y_c=640+75x$，这意味着（　　）。

A. 废品率每增加 1%，单位成本平均增加 725 元

B. 废品率每增加 1%，单位成本平均增加 75%

C. 废品率每增加 1%，单位成本平均增加 75 元

D. 如果废品率增加 1%，则平均单位成本为 640 元

→x 变化一个单位，引起 y 的平均水平的变动。

答案： C

解析： 回归方程的斜率项为 75，表示废品率每增加 1%，单位成本平均增加 75 元。

题型总结： 相关分析与回归分析的基础内容主要是相关系数与回归系数的解读，相关分析与回归分析的作用，以及它们之间的联系与区别。

习题引导： 属于该题型的有练习题 11.2（2），11.4（4）。

题型 2 最小二乘法 ★★★★★

例 3 某企业第二季度产品的产量 x 与单位成本 y 的统计资料如表所示。

月份	产量 x（千件）	单位成本 y（元）
4	3	73
5	4	69
6	5	68

建立以产量为自变量的直线回归方程，并解释回归系数的含义。

答案： 产量为 x，单位成本为 y，设估计的直线回归方程为 $\hat{y} = \hat{\beta}_0 + \hat{\beta}_1 x$。$\sum x = 12$，$\sum y = 210$，$\sum xy = 835$，$\sum x^2 = 50$，$\bar{x} = 4$，$\bar{y} = 70$，则根据最小二乘法估计回归参数为

$$\hat{\beta}_1 = \frac{n\sum xy - \sum x \sum y}{n\sum x^2 - (\sum x)^2} = \frac{3 \times 835 - 12 \times 210}{3 \times 50 - 12^2} = -2.5$$

$$\hat{\beta}_0 = \bar{y} - \hat{\beta}_1 \bar{x} = 70 + 2.5 \times 4 = 80$$

故估计的直线回归方程为

$$\hat{y} = 80 - 2.5x$$

由回归方程可以看出，产量每增加 1 000 件，单位成本平均减少 2.5 元。

题型总结：对于最小二乘估计，常考点为最小二乘法的原理、使用前提、推导过程、估计结果。

习题引导：属于该题型的有练习题 11.2。

题型 3 综合分析题 ★★★★★

例 4 为了研究初中成绩与高中成绩的关系，随机抽查 50 名高一学生，登记其初三成绩与高一成绩，并利用 SPSS 统计软件进行一元线性回归分析，结果输出如表所示（$\alpha = 0.05$）。

判定系数

r（相关系数）	判定系数	修正后判定系数	估计标准误差
0.795	0.632	0.625	7.220 91

（判定系数 → R^2；估计标准误差 → s_e）

方差分析

	离差平方和	自由度	均方	F 值	P 值
回归平方和	4 307.206	1	4 307.206	82.606	0.000
残差平方和	2 502.794	48	52.142		
总计	6 810.000	49			

（自由度 → 回归分析中的自由度为 k 和 $n-k-1$，此时 k 为自变量的个数。其他内容与方差分析无区别。）

回归系数

	回归系数		t 值	P 值
	B	标准误差		
常数项	26.444	5.396	4.901	0.000
初三成绩	0.651	0.072	9.089	0.000

（B → 估计结果；标准误差 → 参数的估计标准误差；t 值 → t 统计量值。）

根据以上结果回答以下问题：

（1）说明学生初三成绩与高一成绩之间的相关关系的形态。

（2）写出估计的回归方程并解释回归系数的实际含义。

（3）对上述拟合的回归方程进行评价。（一般从线性关系是否显著、拟合效果优劣等角度进行分析。）

答案：（1）由方差分析表可知，$P = 0.000 < \alpha = 0.05$，表明线性关系显著，即初三成绩是影响高一成绩的显著性因素。由判定系数表可知，相关系数为 0.795，表明初三成绩与高一成绩成正的线性相关关系，且为中度线性相关关系。（$0.5 \leq |r| < 0.8$ 时，可视为中度相关。）

（2）由回归系数表可得估计的回归方程为 $\hat{y} = 26.444 + 0.651x$。

回归系数 $\hat{\beta}_1 = 0.651$ 表示：当初三成绩每增加 1 分时，高一成绩平均增加 0.651 分。

（3）由（1），可以判断 x 与 y 之间的线性关系显著。另外由判定系数表可知，R^2=63.2%，表明在高一成绩的变差中被高一成绩与初三成绩之间的线性关系所解释的比例为 63.2%，回归方程的拟合程度较好。

估计标准误差 s_e=7.220 91 表示，当用初三成绩来预测高一成绩时，平均的预测误差为 7.220 91 分，表明预测误差并不大。

题型总结： 一元线性回归综合题的考查内容主要针对回归分析表中各数据之间的关系运算、回归系数的解读、拟合优度分析、线性关系检验、回归系数检验、点估计、区间估计、模型评价等。

习题引导： 属于该题型的有练习题 11.3～11.6。

一、思考题

11.1 解释相关关系的含义，并说明相关关系的特点。

答案： 变量之间存在的不确定的数量关系称为相关关系。

其特点为一个变量的取值不能由另一个变量唯一确定。当变量 x 取某个值时，变量 y 的取值可能有几个。

11.2 相关分析主要解决哪些问题？

答案： 相关分析就是对两个变量之间线性关系的描述与度量，要解决的问题包括：

①变量之间是否存在关系？

②如果存在关系，它们之间是什么样的关系？

③变量之间的关系强度如何？

④样本所反映的变量之间的关系能否代表总体变量之间的关系？

11.3 相关分析中有哪些基本假定？

答案： 在进行相关分析时，对总体主要有以下两个假定。

①两个变量之间是线性关系。

②两个变量都是随机变量。

11.4 简述相关系数的性质。

答案： 性质1：r 的取值范围是 $[-1,1]$。$|r|$=1，为完全相关；r =1，为完全正线性相关；r =-1，为完全负线性相关；r = 0，不存在线性相关关系；$-1 \leqslant r<0$，为负线性相关；$0<r \leqslant 1$，为正线性相关（$|r|$ 越趋于 1 表示关系越强；$|r|$ 越趋于 0 表示关系越弱）。

性质2：r 具有对称性。x 与 y 之间的相关系数 r_{xy} 和 y 与 x 之间的相关系数 r_{yx} 相等，即 $r_{xy} = r_{yx}$。

性质3：r 的数值大小与 x 和 y 的原点及尺度无关，即改变 x 和 y 的数据原点及计量尺度，并不改变 r 的数值大小。

性质4：r仅仅是x与y之间线性关系的一个度量，它不能用于描述非线性关系。这意味着，$r=0$只表示两个变量之间不存在线性相关关系，并不说明变量之间没有任何关系，它们之间可能存在非线性相关关系（变量之间的非线性相关程度较大时，可能会导致$r=0$）。

性质5：r虽然是两个变量之间线性关系的一个度量，却不意味着x与y一定有因果关系。

11.5　为什么要对相关系数进行显著性检验？

答案： 在对实际现象进行分析时，往往是利用样本数据计算相关系数作为总体相关系数的估计值，但由于样本相关系数具有一定的随机性，它能否说明总体的相关程度往往同样本容量及样本相关系数有一定关系。因此，为判断样本相关系数对总体相关程度的代表性，需要对相关系数进行显著性检验。若在统计上是显著的，说明它可以作为总体相关程度的代表值，否则不能作为总体相关程度的代表值。

本题重点提示： 可以确定样本的相关系数是否可以代表总体相关系数。

11.6　简述相关系数显著性检验的步骤。

答案： 检验的步骤为：

① 提出假设。$H_0: \rho = 0$；$H_1: \rho \neq 0$。

② 计算检验的统计量。$t = |r|\sqrt{\dfrac{n-2}{1-r^2}} \sim t(n-2)$。

③ 进行决策。根据给定的显著性水平α和自由度$df = n-2$查t分布表，得出$t_{\alpha/2}(n-2)$的临界值。若$|t| > t_{\alpha/2}(n-2)$，则拒绝原假设H_0，表明总体的两个变量之间存在显著的线性关系。

本题重点提示： 本章中涉及到的检验问题，检验步骤和原理与前面章节类似。

11.7　解释回归模型、回归方程、估计的回归方程的含义。

答案： 回归模型：描述因变量y如何依赖于自变量x和误差项ε的方程。一元线性回归模型为
$$y = \beta_0 + \beta_1 x + \varepsilon$$
回归方程：描述因变量y的期望值如何依赖于自变量x的方程。一元线性回归方程为
$$E(y) = \beta_0 + \beta_1 x$$
估计的回归方程：一元线性回归方程中的参数β_0, β_1是未知的，需要利用样本数据去估计它们。当用样本统计量$\hat{\beta}_0, \hat{\beta}_1$去估计回归方程中的未知参数$\beta_0, \beta_1$时，就得到了估计的回归方程，其一般形式为$\hat{y} = \hat{\beta}_0 + \hat{\beta}_1 x$。

本题重点提示： 特别注意回归模型与回归方程的区别：（1）回归模型是描述因变量y如何依赖于自变量x和误差项ε的方程；（2）回归方程是描述因变量y的期望值如何依赖于自变量x的方程。

11.8　一元线性回归模型中有哪些基本假定？

答案： 若回归中只涉及一个自变量的回归，当因变量y与自变量x之间为线性关系时，称为一元

线性回归。一元线性回归模型又称理论回归模型，具有以下主要假定：

①因变量 y 与自变量 x 之间具有线性关系。

②在重复抽样中，自变量 x 的取值是固定的，即假定 x 是非随机的。

③误差项 ε 是一个期望值为 0 的随机变量，即 $E(\varepsilon)=0$。对于一个给定的 x 值，y 的期望值为 $E(y)=\beta_0+\beta_1 x$。这实际上等于假定模型的图示为一条直线。

④对于所有的 x 值，ε 的方差 σ^2 都相同。这意味着对于一个特定的 x 值，y 的方差也都等于 σ^2。

⑤误差项 ε 是一个服从正态分布的随机变量，且相互独立，即 $\varepsilon \sim N(0,\sigma^2)$。独立性意味着对于一个特定的 x 值，它所对应的 ε 与其他 x 值所对应的 ε 不相关。因此对于一个特定的 x 值，它所对应的 y 值与其他 x 值所对应的 y 值也不相关。

本题重点提示： ③④⑤条假定为对随机误差项 ε 的假定。

11.9 简述参数最小二乘估计的基本原理。

答案： 最小二乘法也称最小平方法，通过使因变量的观测值 y_i 与估计值 $\hat{y}_i$ 之间的离差平方和达到最小的原则来估计参数 β_0 和 β_1，以此拟合出优良的趋势模型，从而测定长期趋势。

设一元线性回归模型为 $y_i = \beta_0 + \beta_1 x_i + \varepsilon_i$，则根据普通最小二乘原理有

$$\min Q = \min \sum (y_i - \hat{y}_i)^2 = \min \sum (y_i - \hat{\beta}_0 - \hat{\beta}_1 x_i)^2$$

则由

$$\begin{cases} \dfrac{\partial Q}{\partial \hat{\beta}_1} = -2\sum x_i(y_i - \hat{\beta}_0 - \hat{\beta}_1 x_i) = 0 \\ \dfrac{\partial Q}{\partial \hat{\beta}_0} = -2\sum (y_i - \hat{\beta}_0 - \hat{\beta}_1 x_i) = 0 \end{cases}$$

解得

$$\begin{cases} \hat{\beta}_1 = \dfrac{n\sum x_i y_i - \sum x_i \sum y_i}{n\sum x_i^2 - (\sum x_i)^2} \\ \hat{\beta}_0 = \bar{y} - \hat{\beta}_1 \bar{x} \end{cases}$$

11.10 解释总平方和、回归平方和、残差平方和的含义，并说明它们之间的关系。

答案： ①总平方和。

对一个具体的观测值来说，变差的大小可以用实际观测值 y 与其均值 $\bar{y}$ 之差 $(y - \bar{y})$ 来表示，而 n 次观测值的总变差可由这些离差的平方和来表示，称为总平方和（SST）。

②回归平方和。

可以把 $\hat{y}_i - \bar{y}$ 看作由自变量 x 的变化引起的 y 的变化，而其平方和反映了 y 的总变差中由于 x 与 y 之间的线性关系引起的 y 的变化部分，它是可以由回归直线来解释的 y_i 的变差部分，称为回归平方和（SSR）。

③残差平方和。

$\sum(y_i-\hat{y}_i)^2$ 除了 x 对 y 的线性影响之外的其他因素引起的 y 的变化部分，是不能由回归直线来解释的 y_i 的变差部分，称为残差平方和 (SSE)。

④关系：总平方和 (SST)= 回归平方和 (SSR)+ 残差平方和 (SSE)。

11.11 简述判定系数的含义和作用。

答案： 回归平方和占总平方和的比例称为判定系数，记为 R^2，其计算公式为

$$R^2 = \frac{SSR}{SST} = \frac{\sum(\hat{y}_i-\overline{y})^2}{\sum(y_i-\overline{y})^2} = 1 - \frac{\sum(y_i-\hat{y}_i)^2}{\sum(y_i-\overline{y})^2}$$

判定系数 R^2 主要用来测量回归直线对观测数据的拟合程度。R^2 的取值范围是 [0,1]。R^2 越接近于 1，表明回归平方和占总平方和的比例越大，回归直线与各观测点越接近，用 x 的变化来解释 y 值变差的部分就越多，回归直线的拟合程度就越好；反之，R^2 越接近于 0，回归直线的拟合程度就越差。

本题重点提示： R^2 表达了自变量对因变量的影响程度。

11.12 在回归分析中，F 检验和 t 检验各有什么作用？

答案： t 检验是对每个回归系数的显著性进行单独的检验，它主要用于检验每个自变量对因变量的影响是否都显著。F 检验用来检验总体回归关系的显著性，主要是检验因变量同多个自变量的线性关系是否显著。

在一元线性回归里 t 检验和 F 检验等价，然而在多元线性回归的 k 个自变量中，只要有一个自变量与因变量的线性关系显著，F 检验就能通过，但这不一定意味着每个自变量与因变量的关系都显著，因此需要进行 t 检验。如果某个自变量没有通过检验，就意味着这个自变量对因变量的影响不显著，也许就没有必要将这个自变量放进回归模型中了。

本题重点提示： ①F 检验针对整体线性关系，t 检验针对单个回归系数。②在一元线性回归中 F 检验与 t 检验等价。

11.13 简要说明残差分析在回归分析中的作用。

答案： 残差是指因变量的观测值 y_i 与根据估计的回归方程求出的预测值 $\hat{y}_i$ 之差，用 e 表示，反映了用估计的回归方程去预测 y_i 而引起的误差。第 i 个观测值的残差可以写为

$$e_i = y_i - \hat{y}_i$$

残差分析可以判断对误差项 ε 的假定是否成立。①通过残差图可以判断是否满足同方差假定；②利用标准化残差判断是否满足正态性假定。

本题重点提示： 可以判断对误差项 ε 的假定是否成立，只有误差项满足基本假定，用最小二乘法估计的结果才有意义。

二、练习题

11.1 从某一行业中随机抽取 12 家企业,所得产量与生产费用的数据如下表所示。

企业编号	产量(台)	生产费用(万元)	企业编号	产量(台)	生产费用(万元)
1	40	130	7	84	165
2	42	150	8	100	170
3	50	155	9	116	167
4	55	140	10	125	180
5	65	150	11	130	175
6	78	154	12	140	185

(1)绘制产量与生产费用的散点图,判断二者之间的关系形态。
(2)计算产量与生产费用之间的线性相关系数。
(3)对相关系数的显著性进行检验(α=0.05),并说明二者之间的关系强度。

答案:(1)从下面的散点图可以看出,产量和生产费用之间呈现正线性相关关系。

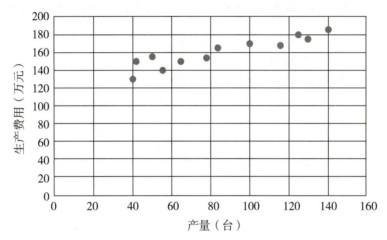

(2)令产量为 x,生产费用为 y,则 $\sum x = 1\,025, \sum y = 1\,921, \sum xy = 170\,094, \sum x^2 = 101\,835, \sum y^2 = 310\,505$,则有

$$r = \frac{n\sum xy - \sum x \sum y}{\sqrt{n\sum x^2 - (\sum x)^2}\sqrt{n\sum y^2 - (\sum y)^2}}$$

$$= \frac{12 \times 170\,094 - 1\,025 \times 1\,921}{\sqrt{12 \times 101\,835 - 1\,025^2}\sqrt{12 \times 310\,505 - 1\,921^2}} = 0.920\,2$$

(3)提出假设:H_0: $\rho = 0$;H_1: $\rho \neq 0$。
计算检验统计量:

$$t = |r|\sqrt{\frac{n-2}{1-r^2}} = 0.920\,2 \times \sqrt{\frac{12-2}{1-0.920\,2^2}} = 7.434$$

当 α=0.05 时,查表得 $t_{0.025}(10) = 2.228$,$|t| > t_{0.025}(10)$,落入拒绝域,拒绝原假设,表明产量与生产费用之间线性关系是显著的。

11.2 随机抽取 10 家航空公司，对其最近一年的航班正点率和顾客投诉次数进行调查，所得数据如下表所示。

航空公司编号	航班正点率（%）	顾客投诉次数
1	81.8	21
2	76.6	58
3	76.6	85
4	75.7	68
5	73.8	74
6	72.2	93
7	71.2	72
8	70.8	122
9	91.4	18
10	68.5	125

（1）绘制散点图，说明二者之间的关系形态。

（2）用航班正点率作自变量，顾客投诉次数作因变量，建立估计的回归方程，并解释回归系数的意义。

（3）检验回归系数的显著性（α=0.05）。 ——→ 回归系数的检验用 t 检验。

（4）如果航班正点率为 80%，估计顾客投诉次数。 ——→ 点估计。

（5）求航班正点率为 80% 时，顾客投诉次数的 95% 的置信区间和预测区间。
——→ 对均值求区间。 ——→ 对个别值求区间。

答案：（1）从下面的散点图可以看出，航班正点率与顾客投诉次数之间呈现负线性相关关系。

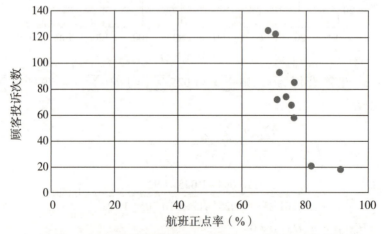

（2）记航班正点率为 x，顾客投诉次数为 y，则一元线性回归模型为 $y = \beta_0 + \beta_1 x + \varepsilon$，$\sum x = 758.6$，$\sum y = 736$，$\sum xy = 53\,966.7$，$\sum x^2 = 57\,944.42$，则

$$\hat{\beta}_1 = \frac{n\sum xy - \sum x \sum y}{n\sum x^2 - \left(\sum x\right)^2} = \frac{10 \times 53\,966.7 - 758.6 \times 736}{10 \times 57\,944.42 - 758.6^2} = -4.7$$

$$\hat{\beta}_0 = \bar{y} - \hat{\beta}_1 \bar{x} = \frac{736}{10} - (-4.7) \times \frac{758.6}{10} = 430.142$$

得到估计的回归方程为 $\hat{y} = 430.142 - 4.7x$。回归系数 $\hat{\beta}_1 = -4.7$ 表示航班正点率每提高 1%，顾客投诉次数将平均减少 4.7 次。← 回归方程所表达的是 x 的变化引起的 y 的平均水平的变动。

（3）提出假设：$H_0: \beta_1 = 0$；$H_1: \beta_1 \neq 0$。

计算检验统计量 $t = \dfrac{\hat{\beta}_1}{s_{\hat{\beta}_1}} \sim t(n-2)$：← 估计标准误差，也是 σ 的估计值。

$$s_{\hat{\beta}_1} = \frac{s_e}{\sqrt{\sum x^2 - \frac{1}{n}(\sum x)^2}} = \frac{\sqrt{\dfrac{SSE}{n-2}}}{\sqrt{\sum x^2 - \frac{1}{n}(\sum x)^2}} = \sqrt{\frac{2\,853.816/8}{397.024}} = \sqrt{\frac{356.727}{397.024}} = 0.947\,9$$

$$t = \frac{\hat{\beta}_1}{s_{\hat{\beta}_1}} = \frac{-4.7}{0.947\,9} = -4.96$$

当 $\alpha = 0.05$ 时，查表得 $t_{0.025}(8) = 2.306$，$|t| > 2.306$，落入拒绝域，拒绝原假设，认为回归系数显著。

（4）若 $x = 80$，则 $\hat{y} = 430.142 - 4.7 \times 80 = 54.142$（次）。

（5）当 $x_0 = 80$ 时，顾客投诉次数的 95% 的置信区间为

$$\hat{y}_0 \pm t_{0.025}(8) \cdot s_e \cdot \sqrt{\frac{1}{n} + \frac{(x_0 - \bar{x})^2}{\sum (x - \bar{x})^2}}$$

$$= 54.142 \pm 2.306 \times \sqrt{\frac{2\,853.816}{8}} \times \sqrt{\frac{1}{10} + \frac{(80 - 75.86)^2}{397.024}}$$

$$= 54.142 \pm 16.480$$

即（37.662，70.622）。

顾客投诉次数的 95% 的预测区间为

$$\hat{y}_0 \pm t_{0.025}(8) \cdot s_e \cdot \sqrt{1 + \frac{1}{n} + \frac{(x_0 - \bar{x})^2}{\sum (x - \bar{x})^2}}$$

$$= 54.142 \pm 2.306 \times \sqrt{\frac{2\,853.816}{8}} \times \sqrt{1 + \frac{1}{10} + \frac{(80 - 75.86)^2}{397.024}}$$

$$= 54.142 \pm 46.567$$

即（7.575，100.709）。

11.3 下表是 20 个城市写字楼出租率和每平方米月租金的数据。

地区编号	出租率（%）	每平方米月租金（元）
1	70.6	99
2	69.8	74
3	73.4	83
4	67.1	70

续表

地区编号	出租率（%）	每平方米月租金（元）
5	70.1	84
6	68.7	65
7	63.4	67
8	73.5	105
9	71.4	95
10	80.7	107
11	71.2	86
12	62.0	66
13	78.7	106
14	69.5	70
15	68.7	81
16	69.5	75
17	67.7	82
18	68.4	94
19	72.0	92
20	67.9	76

设月租金为自变量，出租率为因变量，用 Excel 进行回归，并对结果进行解释和分析。

答案： Excel 分析结果如下表所示。

回归统计	
Multiple R	0.795 079 524
R Square	0.632 151 45 → R^2
Adjusted R Square	0.611 715 419
标准误差	2.685 818 77 → s_e
观测值	20

方差分析

	df	SS	MS	F	Significance F
回归	1	223.140 3	223.140 3	30.933 18	2.798 89E−05
残差	18	129.845 2	7.213 622		
总计	19	352.985 5			

→ F 值　　→ P 值

	Coefficients	标准误差	t Stat	P-value	Lower 95%	Upper 95%
Intercept	49.317 676 86	3.805 015 93	12.961 227	1.45E-10	41.323 635 04	57.311 719
X Variable 1	0.249 222 697	0.044 810 04	5.561 760 7	2.8E-05	0.155 080 304	0.343 365 1

（表头标注：回归系数；回归系数估计标准误差；t 值；t 检验 P 值；回归系数的区间估计。）

根据回归结果表可得，出租率与月租金之间的线性回归方程为

$$\hat{y} = 49.317\ 7 + 0.249\ 2x$$

回归系数 $\hat{\beta}_1 = 0.249\ 2$，表示月租金每增加 1 元，出租率平均增加 0.249 2%。

$R^2 = 63.22\%$，表明在出租率的变差中，出租率与月租金之间的线性关系所解释的比例为 63.22%，回归方程的拟合程度一般。

估计标准误差 $s_e = 2.685\ 8$，表示当用月租金来预测出租率时，平均的预测误差为 2.685 8，表明预测误差不大。

由方差分析表可知，Significance F=2.798 89E-05<α=0.05，表明回归方程的线性关系显著。

回归系数检验的 P-value=2.8E-05<α=0.05，表明回归系数是显著的，即月租金对出租率影响显著。

11.4 某汽车生产商欲了解广告费用 (x) 对销售量 (y) 的影响，收集了过去 12 年的有关数据。通过计算得到有关结果如表所示。

方差分析表

变差来源	df	SS	MS	F	Significance F
回归					2.17E-09
残差		40 158.07		—	—
总计	11	1 642 866.67	—	—	—

参数估计表

	Coefficients	标准误差	t Stat	P-value
Intercept	363.689 1	62.455 29	5.823 191	0.000 168
X Variable 1	1.420 211	0.071 091	19.977 49	2.17E-09

（1）完成上面的方差分析表。
（2）汽车销售量的变差中有多少是由广告费用的变动引起的？ $r^2 = R^2, r = \pm\sqrt{R^2}$。
（3）销售量与广告费用之间的相关系数是多少？
（4）写出估计的回归方程并解释回归系数的实际意义。
（5）检验线性关系的显著性（α=0.05）。 F 检验

答案：（1）完成方差分析表。

变差来源	df	SS	MS	F	Significance F
回归	1	1 602 708.6	1 602 708.6	399.100	2.17E−09
残差	10	40 158.07	4 015.807	—	—
总计	11	1 642 866.67	—	—	—

（自由度为 k，k 表示自变量个数。）

（2）根据方差分析表可以得到判定系数

$$R^2 = \frac{SSR}{SST} = \frac{1\ 602\ 708.6}{1\ 642\ 866.67} = 0.975\ 6$$

表明汽车销售量的变差中有 97.56% 是由广告费用的变动引起的。

（3）根据回归结果可以确定 x 与 y 之间是正线性相关，相关系数可由判定系数正的平方根求得

$$r = \sqrt{R^2} = \sqrt{0.975\ 6} = 0.987\ 7$$

（相关程度高。）

（4）根据回归结果表得到估计的回归方程为

$$\hat{y} = 363.689\ 1 + 1.420\ 211x$$

回归系数 $\hat{\beta}_1 = 1.420\ 211$，表示广告费用每增加 1 个单位，销售量平均增加 1.420 211 个单位。

（5）由于 Significance F=2.17E−09< α =0.05，表明广告费用与销售量之间的线性关系显著。

11.5 根据下表所示的数据建立回归方程，计算残差、判定系数 R^2、估计标准误差 s_e，并分析回归方程的拟合程度。

x	15	8	19	12	5
y	47	36	56	44	21

答案：根据 Excel 输出的回归结果如下表所示。

回归统计	
Multiple R	0.968 167 09
R Square	0.937 347 52
Adjusted R Square	0.916 463 36
标准误差	3.809 240 72
观测值	5

方差分析

	df	SS	MS	F	Significance F
回归	1	651.269 1	651.269 1	44.883 18	0.006 785 216
残差	3	43.530 94	14.510 31		
总计	4	694.8			

	Coefficients	标准误差	t Stat	P-value	Lower 95%	Upper 95%
Intercept	13.625 407 2	4.399 428	3.097 086	0.053 417	−0.375 535 224	27.626 35
X Variable 1	2.302 931 6	0.343 747	6.699 491	0.006 785	1.208 974 424	3.396 889

根据上述回归结果可以得到：

①回归方程为 $\hat{y} = 13.625\ 407\ 2 + 2.302\ 931\ 6x$。

②针对第 1 个观测值残差为

$$e_1 = y_1 - \hat{y}_1 = 47 - (13.625\,407\,2 + 2.302\,931\,6 \times 15) = -1.169\,38$$

同理可以得到残差序列。

x	y	e
15	47	−1.169 38
8	36	3.951 14
19	56	−1.381 11
12	44	−2.739 414
5	21	−4.140 07

③ $R^2 = \dfrac{SSR}{SST} = \dfrac{651.269\,1}{694.8} = 0.937\,3$。

④ $s_e = 3.809\,240\,72$。→ 可直接在回归统计表中找到。

⑤ 根据判定系数 $R^2 = 0.937\,3$ 的结果可知，在 y 的变差中，可以由 x 所解释的比例达 93.73%。由估计的标准误差 $s_e = 3.809\,240\,72$ 可知，用 x 来预测 y 时的平均预测误差为 3.809 240 72。综合来看拟合效果很好。

11.6 随机抽取 7 家超市，得到其广告费支出和销售额数据如下表所示。

超市	广告费支出（万元）	销售额（万元）
A	1	19
B	2	32
C	4	44
D	6	40
E	10	52
F	14	53
G	20	54

（1）用广告费支出作自变量 x，销售额作因变量 y，建立估计的回归方程。
（2）检验广告费支出与销售额之间的线性关系是否显著（$\alpha = 0.05$）。
（3）绘制关于 x 的残差图，关于误差项 ε 的假定是否成立？
（4）你是选用这个模型，还是另找一个更好的模型？

答案： 根据 Excel 输出的回归结果如下表所示。

回归统计	
Multiple R	0.830 868
R Square	0.690 342
Adjusted R Square	0.628 41
标准误差	7.877 531
观测值	7

方差分析

	df	SS	MS	F	Significance F
回归	1	691.722 6	691.722 6	11.146 84	0.020 582 051
残差	5	310.277 4	62.055 49		
总计	6	1 002			

	Coefficients	标准误差	t Stat	P-value	Lower 95%	Upper 95%
Intercept	29.399 11	4.807 253	6.115 573	0.001 695	17.041 671 51	41.756 55
X Variable 1	1.547 478	0.463 499	3.338 688	0.020 582	0.356 016 331	2.738 939

（1）根据回归结果得到的回归方程为 $\hat{y}=29.39911+1.547478x$ 。

（2）由方差分析表可知 Significance F=0.020 582 051< α =0.05，表明广告费支出与销售额之间的线性关系显著。

（3）关于 x 的残差图如下所示。

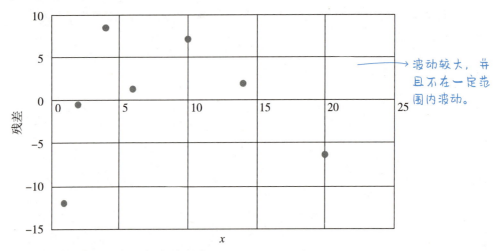

从残差图可以看出，关于误差项 ε 的假定并不成立。

（4）虽然线性关系通过了显著性检验，但从残差图来看，不满足假设，也就是说关于 x 与 y 之间存在线性关系的假设不一定成立。因此可考虑拟合非线性模型。

第 12 章 多元线性回归

> 本章的重点内容主要集中在多元线性回归的显著性检验与预测。要求同学们具备如下能力：掌握回归模型、回归方程、估计的回归方程的概念、特点与区别；熟练掌握回归方程的拟合优度；熟练掌握回归方程的显著性检验；熟练掌握多重共线性问题及其处理方法；掌握如何利用回归方程进行估计和预测；理解变量的选择与逐步回归。

划重点

12.1 多元线性回归模型

多元回归模型：设因变量为 y，k 个自变量分别为 x_1, x_2, $\cdots$, x_k，描述因变量 y 如何依赖于自变量 x_1, x_2, $\cdots$, x_k 和误差项 ε 的方程称为多元回归模型。其一般形式为

$$y = \beta_0 + \beta_1 x_1 + \beta_2 x_2 + \cdots + \beta_k x_k + \varepsilon$$

(1) β_0, β_1, β_2, $\cdots$, β_k 是模型的参数。
(2) ε 为误差项，表示不能由 x_1, x_2, $\cdots$, x_k 与 y 之间的线性关系所解释的变异性。
(3) 对 ε 的假定同一元线性回归类似，$E(\varepsilon)=0$；ε 的方差 σ^2 都相同；$\varepsilon \sim N(0,\sigma^2)$，且相互独立。

多元回归方程：描述因变量 y 的平均值或期望值与自变量 x_1, x_2, $\cdots$, x_k 之间的关系，多元回归方程的形式为

$$E(y) = \beta_0 + \beta_1 x_1 + \beta_2 x_2 + \cdots + \beta_k x_k$$

（y 的平均值。）

估计的多元回归方程：当用样本统计量 $\hat{\beta}_0, \hat{\beta}_1, \hat{\beta}_2, \cdots, \hat{\beta}_k$ 去估计回归方程中的未知参数 $\beta_0, \beta_1, \beta_2, \cdots, \beta_k$ 时，就得到了估计的多元回归方程，其一般形式为

$$\hat{y} = \hat{\beta}_0 + \hat{\beta}_1 x_1 + \hat{\beta}_2 x_2 + \cdots + \hat{\beta}_k x_k$$

$\hat{\beta}_1$ 解读：在其他条件不变的情况下，x_1 每变动一个单位因变量 y 的平均变动量；其余偏回归系数的含义类似。

$\hat{\beta}_i$ 是 $\beta_i (i=0,1,\cdots,k)$ 的估计值。
$\hat{\beta}_1, \hat{\beta}_2, \cdots, \hat{\beta}_k$ 称为偏回归系数。
$\hat{y}$ 是因变量 y 的估计值。
回归估计采用最小二乘法。

12.2 回归方程的拟合优度

1. 多重判定系数

多重判定系数：是多元回归中的回归平方和占总平方和的比例，它是度量多元回归方程拟合程度的一个统计量，反映了在因变量 y 的变差中被估计的多元回归方程所解释的比例，记为

取值范围是 [0,1]，R^2 越接近于 1，拟合效果越好，越接近于 0，拟合效果越差。

$$R^2 = \frac{SSR}{SST} = 1 - \frac{SSE}{SST}$$

R^2 的平方根称为**多重相关系数**，也称为复相关系数，它度量了因变量同 k 个自变量的相关程度。

调整的多重判定系数：为了避免增加自变量而高估 R^2，用样本量 n 和自变量的个数 k 去调整 R^2，记为 R_a^2。

(1) R_a^2 的解释与 R^2 类似。 → 一味地增加自变量会损失自由度。

(2) R_a^2 的值永远小于 R^2，且 R_a^2 的值不会由于模型中自变量个数的增加而越来越接近 1。

(3) R^2 的值在 0 到 1 之间，而 R_a^2 的值可能出现负值。

$$R_a^2 = 1 - (1-R^2)\left(\frac{n-1}{n-k-1}\right)$$

2. 估计标准误差

估计标准误差：对误差项 ε 的方差 σ^2 的一个估计值，在衡量多元回归方程的拟合优度方面起着重要作用，计算公式为 → 反映了用估计的回归方程预测因变量 y 时预测误差的大小。

$$s_e = \sqrt{\frac{\sum(y_i - \hat{y}_i)^2}{n-k-1}} = \sqrt{\frac{SSE}{n-k-1}} = \sqrt{MSE}$$

式中，k 为自变量的个数。

12.3 显著性检验

1. 线性关系检验

线性关系检验：检验因变量 y 与 k 个自变量之间的线性关系是否显著，也称为总体显著性检验。

检验具体步骤：

① 提出假设。

$$H_0: \beta_1 = \beta_2 = \cdots = \beta_k = 0$$
$$H_1: \beta_1, \beta_2, \cdots, \beta_k \text{ 至少有一个不等于 } 0$$

→ 只要有一个不为零，就认为线性关系显著。

② 计算检验的统计量 F。

$$F = \frac{SSR/k}{SSE/(n-k-1)} \sim F(k, n-k-1)$$

→ k 为自变量个数。

③ 作出统计决策。

给定显著性水平 α，查 F 分布表得 F_α。

若 $F > F_\alpha$，则拒绝原假设 H_0，表明因变量和 k 个自变量之间的线性关系是显著的。⎤ 单侧

若 $F < F_\alpha$，则不拒绝原假设 H_0，没有证据表明因变量和 k 个自变量之间的线性关系显著。⎦ 检验。

注：在多元线性回归模型中方程的总体线性关系是显著的，并不能说明每个解释变量对被解释变量的影响都是显著的。因此，必须对每个解释变量进行显著性检验。

2. 回归系数检验和推断 → 检验参数是否显著。

（1）回归系数检验的具体步骤。

① 提出假设。

对任意参数 $\beta_i (i = 1, 2, \cdots, k)$，有

→ 对每一个参数都要进行检验。

$$H_0: \beta_i = 0$$
$$H_1: \beta_i \neq 0$$

②计算检验的统计量 t。

$$t_i = \frac{\hat{\beta}_i}{s_{\hat{\beta}_i}} \sim t(n-k-1)$$

其中，$s_{\hat{\beta}_i}$ 是回归系数 $\hat{\beta}_i$ 的抽样分布的标准差，即 $s_{\hat{\beta}_i} = \sqrt{C_{ii} \frac{e'e}{n-k-1}}$。

③作出统计决策。

给定显著性水平 α，查 t 分布表，找到相应的临界值 $t_{\alpha/2}$。

若 $|t| > t_{\alpha/2}$，则拒绝原假设 H_0。⎫
若 $|t| < t_{\alpha/2}$，则不拒绝原假设 H_0。⎭ 双侧检验。

注：线性关系检验中检验的是模型的整体，回归系数检验中检验的是单个参数。

（2）参数置信区间的估计。→可以确定参数的范围。

在变量的显著性检验中已经知道：

$$t_i = \frac{\hat{\beta}_i}{s_{\hat{\beta}_i}} \sim t(n-k-1)$$

容易推出，在 $(1-\alpha)$ 的置信水平下 β_i 的置信区间是

$$(\hat{\beta}_i - t_{\alpha/2}(n-k-1) \times s_{\hat{\beta}_i},\ \hat{\beta}_i + t_{\alpha/2}(n-k-1) \times s_{\hat{\beta}_i})$$

12.4 多重共线性

> **多重共线性**
> 回归模型中两个或两个以上的自变量彼此相关。

产生问题：
①变量之间高度相关时，可能会使回归的结果混乱，甚至会把分析引入歧途。
②可能对参数估计值的正负号产生影响，特别是 β_i 的正负号有可能同预期的正负号相反。

如何判别：
①计算模型中各对自变量之间的相关系数，并对各相关系数进行显著性检验。
②当模型的线性关系检验（F 检验）显著时，几乎所有回归系数 β_i 的 t 检验却不显著。
③回归系数的正负号与预期的相反。
④容忍度（$1-R_i^2$）与方差扩大因子 $\left(\text{VIF} = \dfrac{1}{1-R_i^2}\right)$。通常认为容忍度小于 0.1，VIF 大于 10 时，存在严重的多重共线性。

如何处理：
①将一个或多个相关的自变量从模型中剔除，使保留的自变量尽可能不相关。
②如果要在模型中保留所有的自变量，则应该：
避免根据 t 统计量对单个参数 β 进行检验。
对因变量 y 值的推断（估计或预测）限定在自变量样本值的范围内。

12.5 变量选择与逐步回归

向前选择：从模型中没有自变量开始，不停地向模型中增加自变量，直至增加自变量不能导致 SSR 显著增加为止。

向后剔除：将自变量不断剔除出模型的过程，直至剔除一个自变量不会使 SSE 显著减小为止。

逐步回归：是将向前选择和向后剔除两种方法结合起来筛选自变量。

斩题型

题型 1　多元线性回归模型基本理论 ★★★

例 1　在下面的假定中，不属于多元线性回归模型中对误差项 ε 的基本假定的是（　　）。

A. 误差项 ε 是一个期望值为 0 的随机变量　→ 零均值假定。

B. 对于自变量 $x_1, x_2, \cdots, x_k$ 的所有值，ε 的方差都相同　→ 同方差假定。

C. 误差项 ε 是一个服从标准正态分布的随机变量

D. 误差项 ε 是一个服从正态分布的随机变量，且相互独立

} 误差项 ε 服从 $N(0,\sigma^2)$。

答案：C

解析：C 选项，随机误差项 ε 服从 $N(0,\sigma^2)$，并非服从标准正态分布。

例 2　在多元线性回归方程 $\hat{y}=\hat{\beta}_0+\hat{\beta}_1 x_1+\hat{\beta}_2 x_2+\cdots+\hat{\beta}_k x_k$ 中，回归系数 $\hat{\beta}_i$ 表示的含义是什么？

答案：在其他条件不变的情况下，自变量 x_i 变动 1 个单位时，因变量 y 的平均变动量为 $\hat{\beta}_i$。

→ 多元线性回归中，偏回归系数解读一定要表明在其他条件不变的情况下。

→ x_i 的变动对 y 的平均水平的影响。

题型总结：对于多元线性回归基本理论，主要从模型的基本假定、模型的估计方法以及估计后参数的解读等方面进行考查。

题型 2　综合分析题 ★★★★★

例 3　货车的行驶时间与行驶距离的远近及运送货物的次数有关，下表给出的资料是从某货运公司收集的数据。

Y：小时	7.3	4.8	9.5	5.2	7.2	6.2	7.4	6.6	7.6	6.3
X_1：100 公里	1	0.6	1.5	0.7	0.5	0.8	0.75	0.75	0.9	0.9
X_2：次数	4	2	4	2	4	2	3	4	4	2

根据 Excel 进行分析输出结果如下。

回归统计	
Multiple R	0.912 713　→ 复相关系数 r
R Square	0.833 045　→ R^2
Adjusted R Square	A　→ R_a^2
标准误差	0.615 987　→ $s_e=\sqrt{MSE}$
观测值	10　→ 样本量 n

方差分析

	df	SS	MS	F	Significance F
回归分析	2	13.252 92	6.626 459	C	0.001 901 496
残差	B	2.656 083	0.379 44		
总计	9	15.909			

（自由度、平方和、均方、F=MSR/MSE、P 值 (Sig.)）

	Coefficients	标准误差	t Stat	P-value	Lower 95%	Upper 95%
Intercept	2.214 02	0.801 716	2.761 6	0.028 031	0.318 262 227	4.109 777
X Variable 1	2.687 86	0.791 76	D	0.011 524	0.815 645 908	4.560 073
X Variable 2	E	0.218 692	3.448 917	0.010 707	0.237 126 235	1.271 376

（回归系数、回归系数估计标准误差、t 值、t 检验 P 值、回归系数的区间估计）

根据 Excel 输出结果，回答后面的几个问题。

（1）将上述表中的数据 A，B，C，D，E 求出。

（2）用线性回归模型来拟合原始数据是否合适？为什么？〔从拟合优度以及线性关系检验两个方面进行作答。拟合效果好，并且线性关系显著即可认为模型合理，否则认为模型不合理。〕

（3）写出 Y 与 X_1 及 X_2 的线性回归方程，并解释各个回归系数的意义。

（4）各个回归系数是不是显著不等于 0？为什么？（取显著性水平为 0.05）

（5）找出各个回归系数的 95% 区间估计。〔t 的临界值已知时，可以通过 t 值进行判断；t 的临界值未知时，可以通过 P 值与显著性水平对比进行判断。〕

答案：（1）A 为调整后的判定系数，因此

$$A = R_a^2 = 1 - (1 - R^2)\left(\frac{n-1}{n-k-1}\right) = 1 - (1 - 0.833\ 045)\left(\frac{9}{7}\right) = 0.785\ 344$$

B 为残差平方和对应的自由度，$B = n - k - 1 = 7$。

C 为方差分析的 F 值，$C = F = MSR/MSE = 6.626\ 459/0.379\ 44 = 17.463\ 79$。

D 为 β_1 的检验统计量值，$D = t_1 = \dfrac{\hat{\beta}_1}{s_{\hat{\beta}_1}} = \dfrac{2.687\ 86}{0.791\ 76} = 3.394\ 791$。

E 为 β_2 的估计值 $\hat{\beta}_2$，$E = \hat{\beta}_2 = s_{\hat{\beta}_2} \times t_2 = 0.218\ 692 \times 3.448\ 917 = 0.754\ 25$。

（2）合适。由调整的多重判定系数 $R_a^2 = 0.785\ 344$，可以得到在行驶时间的变差当中，能够由行驶距离及运送货物次数的多元回归方程所解释的比例为 78.534 4%，拟合程度较好。另外在方差分析中 Significance F=0.001 901 496<0.05，认为方程的线性关系显著。

（3）估计的回归方程为

$$\hat{Y} = 2.214\ 02 + 2.687\ 86 X_1 + 0.754\ 25 X_2$$

$\hat{\beta}_1 = 2.687\ 86$，表明在运送货物次数不变的情况下，行驶距离每增加 100 公里，行驶时间平均增加 2.687 86 小时。

$\hat{\beta}_2 = 0.754\ 25$，表明在行驶距离不变的情况下，运送货物次数每增加一次，行驶时间平均增加 0.754 25 小时。

（4）对于 β_1，P-value=0.011 524<0.05，拒绝原假设，可以认为回归系数显著不为 0。

对于 β_2，P-value=0.010 707<0.05，拒绝原假设，可以认为回归系数显著不为 0。

（5）β_1 的 95% 区间估计为（0.815 646，4.560 073）。

β_2 的 95% 区间估计为（0.237 126，1.271 376）。

题型总结： 综合题的考查主要针对回归分析表中各数据之间的关系运算、回归系数的解读、拟合优度分析、线性关系检验、回归系数检验、区间估计，偶尔还会结合多重共线性进行考查，出题形式比较固定。

习题引导： 属于该题型的有练习题 12.1～12.5。

一、思考题

12.1 解释多元回归模型、多元回归方程、估计的多元回归方程的含义。

答案：（1）多元回归模型：设因变量为 y，k 个自变量分别为 x_1，x_2，…，x_k，描述因变量 y 如何依赖于自变量 x_1，x_2，…，x_k 和误差项 ε 的方程称为多元回归模型。其一般形式为

$$y = \beta_0 + \beta_1 x_1 + \beta_2 x_2 + \cdots + \beta_k x_k + \varepsilon$$

式中，β_0，β_1，β_2，…，β_k 是模型的参数，ε 为误差项。

（2）多元回归方程：描述因变量 y 的平均值或期望值与自变量 x_1，x_2，…，x_k 之间的关系，多元线性回归方程的形式为

$$E(y) = \beta_0 + \beta_1 x_1 + \beta_2 x_2 + \cdots + \beta_k x_k$$

（3）估计的多元回归方程：回归方程中的参数 β_0，β_1，β_2，…，β_k 是未知的，需要利用样本数据去估计它们。当用统计量 $\hat{\beta}_0$，$\hat{\beta}_1$，$\hat{\beta}_2$，…，$\hat{\beta}_k$ 去估计回归方程中的未知参数 β_0，β_1，β_2，…，β_k 时，就得到了估计的多元回归方程，其一般形式为

$$\hat{y} = \hat{\beta}_0 + \hat{\beta}_1 x_1 + \hat{\beta}_2 x_2 + \cdots + \hat{\beta}_k x_k$$

式中，$\hat{\beta}_0$，$\hat{\beta}_1$，$\hat{\beta}_2$，…，$\hat{\beta}_k$ 是参数 β_0，β_1，β_2，…，β_k 的估计值，$\hat{y}$ 是因变量 y 的估计值。其中，$\hat{\beta}_1$，$\hat{\beta}_2$，…，$\hat{\beta}_k$ 称为偏回归系数。

本题重点提示： ①注意多元回归模型与方程的区别：是否带有随机误差项 ε。②注意回归方程所描述的是自变量的变动引起因变量平均值的变动。

12.2 多元线性回归模型中有哪些基本假定？

答案： 多元线性回归模型的基本假定有：

①自变量 x_1，x_2，…，x_k 是非随机的、固定的，且相互之间互不相关（无多重共线性）。

②误差项 ε 是一个期望值为 0 的随机变量，即 $E(\varepsilon) = 0$。

③对于自变量 x_1，x_2，…，x_k 的所有值，ε 的方差 σ^2 都相同，且不序列相关，即

$$D(\varepsilon_i) = \sigma^2, \quad \text{Cov}(\varepsilon_i, \varepsilon_j) = 0, i \neq j$$

④随机误差项 ε 与解释变量不相关。

⑤误差项 ε 是一个服从正态分布的随机变量，且相互独立，即 $\varepsilon \sim N(0,\sigma^2)$。

本题重点提示： 假定分为对 x 的假定和对 ε 的假定。

12.3 解释多重判定系数和调整的多重判定系数的含义和作用。

答案：（1）多重判定系数是多元回归中的回归平方和占总平方和的比例，其计算公式为

$$R^2 = \frac{SSR}{SST} = 1 - \frac{SSE}{SST}$$

（2）调整的多重判定系数计算公式为

$$R_a^2 = 1 - (1-R^2) \times \left(\frac{n-1}{n-k-1}\right)$$

调整的多重判定系数同时考虑了样本量 n 和模型中自变量的个数 k 的影响，这就使得 R_a^2 的值永远小于 R^2，R^2 的取值范围为 [0,1]，而 R_a^2 的取值可以为负数，且 R_a^2 的值不会由于模型中自变量个数的增加而越来越接近 1。

R^2 与 R_a^2 均是度量多元回归方程拟合程度的统计量，反映了在因变量 y 的变差中被估计的回归方程所解释的比例，在多元线性回归中采用 R_a^2 更准确一些。

本题重点提示： ① R^2 与 R_a^2 计算公式的不同。② R^2 与 R_a^2 取值范围的不同。③多元回归中，采用 R_a^2 更合适。

12.4 解释多重共线性的含义。

答案： 当回归模型中两个或两个以上的自变量彼此相关时，称回归模型中存在多重共线性。

本题重点提示： 对于多重共线性需掌握其定义、影响、判别方法以及如何处理。同学们可以把这几方面作为一个整体来记忆。即思考题 12.4～12.7。

12.5 多重共线性对回归分析有哪些影响？

答案： ①变量之间高度相关时，可能会使回归的结果混乱，甚至会把分析引入歧途。
②可能对参数估计值的正负号产生影响，特别是 β_i 的正负号有可能同预期的正负号相反。
③会使系数检验及回归预测失效。

12.6 多重共线性的判别方法主要有哪些？

答案： 检测多重共线性的最简单的一种办法是计算模型中各对自变量之间的相关系数，并对各相关系数进行显著性检验；如果有一个或多个相关系数显著，就表示模型中所用的自变量之间相关，因而存在着多重共线性问题。如果出现下列情况，暗示存在多重共线性。
①模型中各对自变量之间显著相关。
②当模型的线性关系检验（F 检验）显著时，几乎所有回归系数 β_i 的 t 检验却不显著。
③回归系数的正负号与预期的相反。
④容忍度与方差扩大因子（VIF）。
某个自变量的容忍度等于 1 减去该自变量为因变量而其他 $k-1$ 个自变量为预测变量时所得到的线

性回归模型的判定系数，即 $1-R_i^2$。容忍度越小，多重共线性越严重。通常认为容忍度小于 0.1 时，存在严重的多重共线性。

方差扩大因子等于容忍度的倒数，即 $\text{VIF}=\dfrac{1}{1-R_i^2}$。显然，VIF 越大，多重共线性越严重。一般认为 VIF 大于 10 时，存在严重的多重共线性。

12.7 多重共线性的处理方法有哪些？

答案： 多重共线性的处理方法有：

①将一个或多个相关的自变量从模型中剔除，使保留的自变量尽可能不相关。

②如果要在模型中保留所有的自变量，则应：避免根据 t 统计量对单个参数 β 进行检验；对因变量 y 值的推断（估计或预测）限定在自变量样本值的范围内。

12.8 在多元线性回归中，选择自变量的方法有哪些？

答案： 变量选择的方法主要有向前选择、向后剔除、逐步回归。

向前选择是指从模型中没有自变量开始，不停地向模型中增加自变量，直至增加自变量不能导致 SSR 显著增加为止。

向后剔除是将变量不断剔除出模型的过程，直至剔除一个自变量不会使 SSE 显著减小为止。

逐步回归是将向前选择和向后剔除两种方法结合起来筛选自变量。

本题重点提示： 三种方法的原则均为当 SSR 不再增加，或 SSE 不再减小时为止。

二、练习题

12.1 根据下面的数据用 Excel 进行回归，并对回归结果进行讨论，计算 $x_1=200, x_2=7$ 时 y 的预测值。

对于回归结果的分析或讨论一般从以下几点出发：
(1) 写出估计的回归方程，并对参数进行解释。
(2) 解释拟合优度。
(3) 检验线性关系是否显著。
(4) 检验回归系数是否显著。
(5) 如果 F 检验显著，t 检验都不显著，可从多重共线性进行分析。

y	x_1	x_2
12	174	3
18	281	9
31	189	4
28	202	8
52	149	9
47	188	12
38	215	5
22	150	11
36	167	8
17	135	5

答案： 根据 Excel 得到的分析结果如下。

回归统计	
Multiple R	0.459 234
R Square	0.210 896
Adjusted R Square	−0.014 56
标准误差	13.341 22
观测值	10

方差分析

	df	SS	MS	F	Significance F
回归分析	2	332.983 7	166.491 9	0.935 41	0.436 485 475
残差	7	1 245.916	177.988		
总计	9	1 578.9			

	Coefficients	标准误差	t Stat	P-value	Lower 95%	Upper 95%
Intercept	25.028 7	22.278 63	1.123 44	0.298 298	−27.651 881 63	77.709 28
X Variable 1	−0.049 71	0.105 992	−0.469 04	0.653 301	−0.300 346 602	0.200 918
X Variable 2	1.928 169	1.472 16	1.309 755	0.231 624	−1.552 937 105	5.409 276

（1）根据回归结果可以得到回归方程为 $\hat{y} = 25.028\ 7 - 0.049\ 71x_1 + 1.928\ 169x_2$。$\hat{\beta}_1 = -0.049\ 71$ 表示在 x_2 不变的情况下，x_1 每增加 1 个单位，y 平均减少 0.049 71 个单位；$\hat{\beta}_2 = 1.928\ 169$ 表示在 x_1 不变的情况下，x_2 每增加 1 个单位，y 平均增加 1.928 169 个单位。

回归调整的多重判定系数 $R_a^2 = -0.014\ 56$，已经为负值，表示在因变量的变差中能够被 y 与 x_1 和 x_2 之间的线性关系所解释的比例几乎为零，拟合效果很差。

根据方差分析表可知 Significance F=0.436 485 475>0.05，表明 y 与 x_1 和 x_2 之间的线性关系不显著。根据回归系数 t 检验可知，0.653 301>0.05，0.231 624>0.05，均不拒绝原假设，认为回归系数不显著。综上所述，回归拟合的效果很差，模型存在问题，需要进行调整。

（2）当 $x_1 = 200, x_2 = 7$ 时，代入估计的回归方程即可。
$$\hat{y} = 25.028\ 7 - 0.049\ 71 \times 200 + 1.928\ 169 \times 7 = 28.583\ 9$$

12.2 一家电器销售公司的管理人员认为，月销售收入是广告费用的函数，想通过广告费用对月销售收入作出估计。下面是近 8 个月的月销售收入与广告费用数据（单位：万元）。

月销售收入 y	电视广告费用 x_1	报纸广告费用 x_2
96	5.0	1.5
90	2.0	2.0
95	4.0	1.5
92	2.5	2.5
95	3.0	3.3
94	3.5	2.3
94	2.5	4.2
94	3.0	2.5

（1）用电视广告费用作自变量，月销售收入作因变量，建立估计的回归方程。

（2）用电视广告费用和报纸广告费用作自变量，月销售收入作因变量，建立估计的回归方程。

（3）上述（1）和（2）所建立的估计的回归方程中，电视广告费用的系数是否相同？对其回归系数分别进行解释。

（4）在根据问题（2）所建立的估计的回归方程中，月销售收入的总变差中被估计的回归方程所解释的比例是多少？ → R_a^2

（5）针对根据问题（2）所建立的估计的回归方程，检验回归系数是否显著（α=0.05）。 → t 检验

答案：（1）根据 Excel 得到的分析结果如下。

回归统计	
Multiple R	0.807 807
R Square	0.652 553
Adjusted R Square	0.594 645
标准误差	1.215 175
观测值	8

方差分析

	df	SS	MS	F	Significance F
回归分析	1	16.640 1	16.640 1	11.268 81	0.015 288 079
残差	6	8.859 903	1.476 651		
总计	7	25.5			

	Coefficients	标准误差	t Stat	P-value	Lower 95%	Upper 95%
Intercept	88.637 681	1.582 367	56.015 88	2.17E-09	84.765 768 27	92.509 59
X Variable 1	1.603 864 7	0.477 781	3.356 905	0.015 288	0.434 777 257	2.772 952

得到估计的回归方程为 $\hat{y} = 88.637\ 681 + 1.603\ 864\ 7x_1$。 → 回归系数估计值。

（2）根据 Excel 得到的分析结果如下。

回归统计	
Multiple R	0.958 663
R Square	0.919 036
Adjusted R Square	0.886 65
标准误差	0.642 587
观测值	8

方差分析

	df	SS	MS	F	Significance F
回归分析	2	23.435 41	11.717 7	28.377 77	0.001 865 242
残差	5	2.064 592	0.412 918		
总计	7	25.5			

	Coefficients	标准误差	t Stat	P-value	Lower 95%	Upper 95%
Intercept	83.230 09	1.573 869	52.882 48	4.57E-08	79.184 332 75	87.275 85
X Variable 1	2.290 184	0.304 065	7.531 899	0.000 653	1.508 560 796	3.071 806
X Variable 2	1.300 989	0.320 702	4.056 697	0.009 761	0.476 599 398	2.125 379

得到估计的回归方程为 $\hat{y} = 83.230\ 09 + 2.290\ 184 x_1 + 1.300\ 989 x_2$。

（3）电视广告费用的系数不相同。在（1）建立的回归方程中，回归系数 $\hat{\beta}_1 = 1.603\ 864\ 7$，表示电视广告费用每增加 1 万元，月销售额平均增加 1.603 864 7 万元；在（2）建立的回归方程中，回归系数 $\hat{\beta}_1 = 2.290\ 184$，表示在报纸广告费用不变的情况下，电视广告费用每增加 1 万元，月销售额平均增加 2.290 184 万元。

（4）由分析结果可得 $R_a^2 = 0.886\ 65$，表明在销售收入的总变差中被估计的回归方程所解释的比例为 88.665%。

（5）β_1 所对应的 P-value=0.000 653<0.05，β_2 所对应的 P-value=0.009 761<0.05，均拒绝原假设，认为两个回归系数均显著。

12.3 某农场通过试验取得早稻收获量与春季降雨量和春季温度的数据如下。

收获量 y(kg/hm²)	降雨量 x_1(mm)	温度 x_2(℃)
2 250	25	6
3 450	33	8
4 500	45	10
6 750	105	13
7 200	110	14
7 500	115	16
8 250	120	17

（1）确定早稻收获量对春季降雨量和春季温度的二元线性回归方程。
（2）解释回归系数的实际意义。
（3）根据你的判断，模型中是否存在多重共线性？

答案：（1）根据 Excel 得到的分析结果如下。

回归统计	
Multiple R	0.995 651
R Square	0.991 321
Adjusted R Square	0.986 982
标准误差	261.431
观测值	7

方差分析

	df	SS	MS	F	Significance F
回归分析	2	31 226 615	15 613 308	228.444 5	7.532 3E-05
残差	4	273 384.7	68 346.19		
总计	6	31 500 000			

	Coefficients	标准误差	t Stat	P-value	Lower 95%	Upper 95%
Intercept	−0.591	505.004 2	−0.001 17	0.999 122	−1 402.708	1 401.526
X Variable 1	22.386 46	9.600 544	2.331 791	0.080 095	−4.268 921	49.041 84
X Variable 2	327.671 7	98.797 92	3.316 585	0.029 472	53.364 699	601.978 7

得到回归方程为 $\hat{y} = -0.591 + 22.386\,46 x_1 + 327.671\,7 x_2$。

（2）回归系数 $\hat{\beta}_1 = 22.386\,46$，表示在温度不变的情况下，降雨量每增加 1 mm，早稻收获量平均增加 22.386 46 kg/hm²；回归系数 $\hat{\beta}_2 = 327.671\,7$，表示在降雨量不变的情况下，温度每增加 1 ℃，早稻收获量平均增加 327.671 7 kg/hm²。

（3）对三者进行相关分析。

	y	x_1	x_2
y	1		
x_1	0.983 593	1	
x_2	0.989 709	0.965 067	1

从降雨量和温度与收获量的关系看，两个变量与收获量之间都存在较强的关系，而且温度与降雨量之间也存在较强的关系，因此，模型中可能存在多重共线性。

注：本题中单纯通过回归结果无法判断是否存在多重共线性，因此需要进行相关分析。

12.4 一家房地产评估公司想对某城市的房地产销售价格 (y) 与地产估价 (x_1)、房产估价 (x_2) 和使用面积 (x_3) 建立一个模型，以便对销售价格作出合理预测。为此，它收集了 20 栋住宅的房地产评估数据。

房地产编号	销售价格 y（元/平方米）	地产估价 x_1（万元）	房产估价 x_2（万元）	使用面积 x_3（平方米）
1	6 890	596	4 497	18 730
2	4 850	900	2 780	9 280
3	5 550	950	3 144	11 260
4	6 200	1 000	3 959	12 650
5	11 650	1 800	7 283	22 140
6	4 500	850	2 732	9 120
7	3 800	800	2 986	8 990
8	8 300	2 300	4 775	18 030
9	5 900	810	3 912	12 040
10	4 750	900	2 935	17 250
11	4 050	730	4 012	10 800

续表

房地产编号	销售价格 y（元/平方米）	地产估价 x_1（万元）	房产估价 x_2（万元）	使用面积 x_3（平方米）
12	4 000	800	3 168	15 290
13	9 700	2 000	5 851	24 550
14	4 550	800	2 345	11 510
15	4 090	800	2 089	11 730
16	8 000	1 050	5 625	19 600
17	5 600	400	2 086	13 440
18	3 700	450	2 261	9 880
19	5 000	340	3 595	10 760
20	2 240	150	578	9 620

用 Excel 进行回归，并回答下面的问题：

（1）写出估计的多元回归方程。

（2）销售价格的总变差中被估计的回归方程所解释的比例是多少？

（3）检验回归方程的线性关系是否显著（α =0.05）。

（4）检验各回归系数是否显著（α =0.05）。

答案： 根据 Excel 得到的分析结果如下。

回归统计	
Multiple R	0.947 362
R Square	0.897 496
Adjusted R Square	0.878 276
标准误差	791.682 3
观测值	20

方差分析

	df	SS	MS	F	Significance F
回归分析	3	87 803 505	29 267 835	46.696 97	3.879 13E-08
残差	16	10 028 175	626 760.9		
总计	19	97 831 680			

	Coefficients	标准误差	t Stat	P-value	Lower 95%	Upper 95%
Intercept	148.700 5	574.421 3	0.258 87	0.799 036	−1 069.018 355	1 366.419
X Variable 1	0.814 738	0.511 989	1.591 321	0.131 099	−0.270 628 965	1.900 105
X Variable 2	0.820 98	0.211 177	3.887 646	0.001 307	0.373 305 355	1.268 654
X Variable 3	0.135 041	0.065 863	2.050 322	0.057 088	−0.004 582 973	0.274 665

（1）得到估计的多元回归方程

$$\hat{y} = 148.700\ 5 + 0.814\ 738 x_1 + 0.820\ 98 x_2 + 0.135\ 041 x_3$$

（2）调整的多重判定系数 $R_a^2 = 0.878\ 276$，表明在销售价格的总变差中被估计的回归方程所解释的比例为 87.827 6%。

（3）由方差分析表可得 F 值的相伴概率 Significance F= 3.879 13E-08<0.05，因此认为线性关系显著。

（4）β_1 所对应的 P-value=0.131 099>0.05，β_3 所对应的 P-value=0.057 088>0.05，均不拒绝原假设，认为地产估价与使用面积对销售价格影响不显著。β_2 所对应的 P-value=0.001 307<0.05，拒绝原假设，认为房产估价对销售价格影响显著。

12.5 下面是随机抽取的 15 家大型商场销售的同类产品的有关数据（单位：元）。

企业编号	销售价格 y	购进价格 x_1	销售费用 x_2
1	1 238	966	223
2	1 266	894	257
3	1 200	440	387
4	1 193	664	310
5	1 106	791	339
6	1 303	852	283
7	1 313	804	302
8	1 144	905	214
9	1 286	771	304
10	1 084	511	326
11	1 120	505	339
12	1 156	851	235
13	1 083	659	276
14	1 263	490	390
15	1 246	696	316

（1）计算 y 与 x_1、y 与 x_2 之间的相关系数，是否有证据表明销售价格与购进价格、销售价格与销售费用之间存在线性关系？ ← 需要进行相关系数检验。

（2）根据上述结果，你认为用购进价格和销售费用来预测销售价格是否有效？

（3）用 Excel 进行回归，并检验模型的线性关系是否显著（α=0.05）。

（4）解释判定系数 R^2，所得的结论与（2）是否一致？

（5）计算 x_1 与 x_2 之间的相关系数，所得结果意味着什么？

（6）模型中是否存在多重共线性？你对模型有何建议？

答案：（1）根据 Excel 得到的分析结果如下。

	y	x_1	x_2
y	1		
x_1	0.308 952	1	
x_2	0.001 214	−0.852 86	1

可以得到 r_{yx_1} = 0.308 952, r_{yx_2} = 0.001 214，进行相关系数检验。

提出假设：

$$H_0: \rho = 0$$
$$H_1: \rho \neq 0$$

$$t_1 = \left|r_{yx_1}\right| \times \sqrt{\frac{n-2}{1-r_{yx_1}^2}} = 0.308\,952 \times \sqrt{\frac{15-2}{1-0.308\,952^2}} = 1.171\,2$$

$$t_2 = \left|r_{yx_2}\right| \times \sqrt{\frac{n-2}{1-r_{yx_2}^2}} = 0.001\,214 \times \sqrt{\frac{15-2}{1-0.001\,214^2}} = 0.004\,4$$

取显著性水平为 0.05，则查 t 分布表得 $t_{0.025}(13) = 2.160\,4, |t_1| < 2.160\,4, |t_2| < 2.160\,4$，不拒绝原假设，则没有证据表明销售价格与购进价格、销售价格与销售费用之间存在线性关系。

→ 相关系数未通过检验，表明样本相关系数不能代表总体相关系数。

（2）由于线性关系没有通过检验，因此用购进价格和销售费用来预测销售价格无效。

（3）根据 Excel 得到的分析结果如下。

回归统计	
Multiple R	0.593 684
R Square	0.352 46
Adjusted R Square	0.244 537
标准误差	69.751 21
观测值	15

方差分析

	df	SS	MS	F	Significance F
回归分析	2	31 778.15	15 889.08	3.265 842	0.073 722 186
残差	12	58 382.78	4 865.232		
总计	14	90 160.93			

	Coefficients	标准误差	t Stat	P-value	Lower 95%	Upper 95%
Intercept	375.601 8	339.410 6	1.106 63	0.290 145	−363.910 3	1 115.114
X Variable 1	0.537 841	0.210 447	2.555 711	0.025 2	0.079 316 9	0.996 365
X Variable 2	1.457 194	0.667 707	2.182 386	0.049 681	0.002 385 9	2.912 001

由方差分析表可得 F 值的相伴概率 Significance F=0.073 722 186>0.05，因此认为线性关系不显著。

（4）判定系数 $R^2 = 0.352\,46$，$R_a^2 = 0.244\,537$，表明在因变量的变差中由估计的回归方程所解释的比例仅为 24.453 7%，回归方程的拟合效果较差，与（2）结论一致。

（5）根据（1）的结论可以看出 $r_{12} = -0.852\,86$，具有高度的负线性相关性。

（6）因为两个自变量之间呈现高度线性相关，因此模型中存在严重的多重共线性，应考虑剔除一个变量，并且由（1）、（2）可以确定 y 与 x_1，x_2 之间的相关系数并没有通过检验，因此可以考虑采用非线性回归模型。

第 13 章　时间序列分析和预测

> 本章主要是对时间序列数据成分识别与不同类型数据的预测，内容相对基础，主要注重概念及方法的理解。在复习过程中要求同学们具备如下能力：了解时间序列及其分解原理；熟练掌握分析序列的分析和预测方法；熟练掌握趋势型序列的分析和预测方法；熟练掌握复合型序列的综合分析。

 划重点

13.1 时间序列及其分解

时间序列：同一现象在不同时间的相继观察值排列而成的序列。 →记为 Y_t。

时间序列可以分为平稳序列和非平稳序列两大类。

平稳序列：基本上不存在趋势的序列。 → 特点：(1) 在某个固定范围内波动。(2) 无规律的随机波动。

非平稳序列：包含趋势、季节性或周期性的序列。

→ 注：(1) 含有一种成分或几种成分混合。(2) 根据含有成分的不同可以将数据分为有趋势的序列、有趋势和季节性的序列、几种成分混合而成的复合型序列。

趋势（T）：时间序列在长期内呈现出来的某种持续上升或持续下降的变动，也称长期趋势。趋势可以是线性的，也可以是非线性的。

季节性（S）：也称季节变动，是时间序列在一年内重复出现的周期性波动。含有季节成分的序列可能含有趋势，也可能不含有趋势。

周期性（C）：也称循环波动，是时间序列中呈现出来的围绕长期趋势的一种波浪形或振荡式变动，通常由经济环境的变化引起。

→ 注：季节性时间短，一般以一年及以内为周期；周期性时间长，一般以一年以上为周期。

不规则波动（I）：也称随机性，是时间序列中除去趋势、周期性和季节性之后的偶然性波动。

传统时间序列分析的一项主要内容就是把这些成分从时间序列中分离出来，并将它们之间的关系用一定的数学关系式予以表达，而后分别进行分析。比较常用的为乘法模型，其表达形式为

$$Y_t = T_t \times S_t \times C_t \times I_t$$

13.2 时间序列的描述性分析

1. 图形描述

在对时间序列进行分析时，可以先作出图形，然后通过图形观察数据随时间变化的模式及趋势。

→ 比如确定呈现趋势、季节性还是随机变动等情况。

2. 增长率分析

（1）概念。

增长率：也称增长速度，是时间序列中<u>报告期观察值与基期观察值之比减1后的结果</u>，用百分比(%)表示。

①由于<u>对比的基期不同</u>，增长率可以分为环比增长率和定基增长率。

②由于<u>计算方法的不同</u>，有一般增长率、平均增长率和年度化增长率。

增长率的分类如表所示。

增长率	定义	公式	表明
环比增长率	报告期观察值与前一时期观察值之比减1	$G_i = \dfrac{Y_i - Y_{i-1}}{Y_{i-1}} = \dfrac{Y_i}{Y_{i-1}} - 1,\ i=1,2,\cdots,n$	现象逐期增长变化程度
定基增长率	报告期观察值与某一固定时期观察值之比减1	$G_i = \dfrac{Y_i - Y_0}{Y_0} = \dfrac{Y_i}{Y_0} - 1,\ i=1,2,\cdots,n$	现象在整个观察期内总的增长变化程度
平均增长率（平均增长速度）	时间序列中逐期环比值的几何平均数减1	$\bar{G} = \sqrt[n]{\left(\dfrac{Y_1}{Y_0}\right)\left(\dfrac{Y_2}{Y_1}\right)\cdots\left(\dfrac{Y_n}{Y_{n-1}}\right)} - 1 = \sqrt[n]{\dfrac{Y_n}{Y_0}} - 1$	现象在整个观察期内平均增长变化的程度

表中，Y_i 表示报告期观察值，Y_{i-1} 表示报告期前一时期观察值，Y_0 表示基期观察值，$\bar{G}$ 表示平均增长率，n 表示环比值的个数。

（2）增长率分析中应注意的问题。

①当时间序列中的观察值出现 0 或负数时，不宜计算增长率。〔出现负值无法解释其实际意义；0不能做分母；此时适宜直接用绝对数进行分析。〕

②在有些情况下，<u>不能单纯就增长率论增长率</u>，要注意增长率与绝对水平的结合分析。

增长 1% 的绝对值：表示增长率每增长一个百分点而增加的绝对数量，用于克服增长率分析中的局限性，<u>增长 1% 的绝对值 = 前期水平 /100</u>。〔由于对比的基点不同，可能会造成增长率数值上的较大差异。此时采用增长1%的绝对值进行分析。〕

13.3 预测方法的选择

时间序列分析的一个主要目的就是根据已有的历史数据对未来进行预测。对时间序列进行分析时，通常包括以下几个步骤。

①确定时间序列所包含的成分，也就是确定时间序列的类型。

②找出适合此类时间序列的预测方法。

③对可能的预测方法进行评估，以确定最佳预测方案。

④利用最佳预测方案进行预测。

1. 选择预测方法

（1）确定时间序列的成分。

确定趋势成分是否存在的方法：

①绘制时间序列的线图。

②利用回归分析拟合一条趋势线，对回归系数进行显著性检验。〔当呈现有规律的交叉时，只含有季节成分。〕

<u>确定季节成分</u>：绘制年度折叠时间序列图，根据折线呈现交叉还是上升来判断。〔确定季节成分至少需要两年的数据。〕〔既含有季节成分，又含有趋势成分。〕

（2）下图给出了时间序列的类型和可供选择的预测方法。

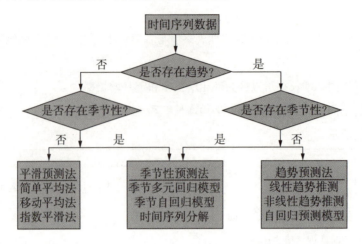

2. 预测方法的评估

评估的准则是使得预测误差达到最小。

（1）平均误差。 →缺点：预测误差的数值可正可负，求和的结果就会相互抵消，导致误差被低估。

平均误差：设时间序列的第 i 个观察值为 Y_i，预测值为 F_i，所有预测误差 $Y_i - F_i$ 的平均数就是平均误差，用 ME 表示，其计算公式为

$$ME = \frac{\sum_{i=1}^{n}(Y_i - F_i)}{n}$$

（2）平均绝对误差。

平均绝对误差：将预测误差取绝对值后计算的平均误差，用 MAD 表示，其计算公式为

$$MAD = \frac{\sum_{i=1}^{n}|Y_i - F_i|}{n}$$

→两种方法均可以避免误差相互抵消，平均绝对误差在数学上不方便处理，因此常用均方误差。

（3）均方误差（常用）。

均方误差：通过平方消去误差的正负号后计算的平均误差，用 MSE 表示，其计算公式为

$$MSE = \frac{\sum_{i=1}^{n}(Y_i - F_i)^2}{n}$$

（4）平均百分比误差和平均绝对百分比误差。

平均百分比误差：用 MPE 表示，其计算公式为 $MPE = \dfrac{\sum_{i=1}^{n}\left(\dfrac{Y_i - F_i}{Y_i} \times 100\right)}{n}$。

平均绝对百分比误差：用 $MAPE$ 表示，其计算公式为 $MAPE = \dfrac{\sum_{i=1}^{n}\left(\dfrac{|Y_i - F_i|}{Y_i} \times 100\right)}{n}$。

它们消除了时间序列数据的水平和计量单位的影响，是反映误差大小的相对值。

13.4 平稳序列的预测

1. 简单平均法

简单平均法：根据过去已有的 t 期观察值来预测下一期的数值。设时间序列已有的 t 期观察值为 Y_1，Y_2，$\cdots$，Y_t，则第 $t+1$ 期的预测值 F_{t+1} 为

$$F_{t+1} = \frac{1}{t}(Y_1 + Y_2 + \cdots + Y_t) = \frac{1}{t}\sum_{i=1}^{t} Y_i \longrightarrow 预测误差为 e_{t+1}=Y_{t+1}-F_{t+1}。$$

特点：

（1）适合对较为平稳的时间序列进行预测。

（2）将远期的数值和近期的数值看作对未来同等重要，但预测的结果不够准确。

2. 移动平均法

移动平均法：通过对时间序列逐期递移求得平均数作为预测值（也可作为趋势值）的一种方法，其方法有简单移动平均法和加权移动平均法两种。→ 这里只需掌握简单移动平均法。

简单移动平均法：将最近 k 期数据的平均值作为下一期的预测值。设移动间隔为 k ($1<k<t$)，则 t 期的移动平均值为

$$\overline{Y}_t = \frac{(Y_{t-k+1} + Y_{t-k+2} + \cdots + Y_{t-1} + Y_t)}{k} = F_{t+1}$$

特点：

（1）主要适合对较为平稳的时间序列进行预测。

（2）选择移动间隔 k 时，应遵循均方误差达到最小的原则。

3. 指数平滑法 → 观察值离预测时期越久远，权数越小。

指数平滑法：通过对过去的观察值加权平均进行预测的一种方法，该方法使 $t+1$ 期的预测值等于 t 期的实际观察值与 t 期的预测值的加权平均值，是加权平均的一种特殊形式。指数平滑法有一次指数平滑法、二次指数平滑法、三次指数平滑法等。→ 这里只需掌握一次指数平滑法。

一次指数平滑法：也称单一指数平滑法，只有一个平滑系数，它以一段时期内的预测值与观察值的线性组合作为第 $t+1$ 期的预测值，其预测模型为 → α 为平滑系数 ($0<\alpha<1$)。

$$F_{t+1} = \alpha Y_t + (1-\alpha)F_t = \alpha Y_t + F_t - \alpha F_t = F_t + \alpha(Y_t - F_t)$$

$t+1$ 期预测值。　t 期的实际观察值。　t 期的预测值。

一次指数平滑法中 α 的确定（不同的 α 会对预测结果产生不同的影响）：

①当时间序列有较大的随机波动时，宜选较大的 α，以便能很快跟上近期的变化。

②当时间序列比较平稳时，宜选较小的 α。

③选择 α 时，还应考虑预测误差，用均方误差来衡量预测误差的大小；确定 α 时，可选择几个进行预测，然后找出预测误差最小的作为最后的 α 值。

13.5 趋势型序列的预测

1. 线性趋势预测

线性趋势：现象随着时间的推移而呈现出稳定增长或下降的线性变化规律，可以用下列线性趋势方程来描述：

$$\hat{Y}_t = b_0 + b_1 t$$

→ b_0 和 b_1 的估计采用最小二乘法，系数解释同一元线性回归的系数解释。

2. 非线性趋势预测

（1）指数曲线。

指数曲线：用于描述时间序列以几何级数递增或递减的现象，即时间序列的观察值 Y_t 按指数规律变化，或时间序列的逐期观察值按一定的比率增长或衰减。

指数曲线的趋势方程为

$$\hat{Y}_t = b_0 b_1^t$$

→ 确定曲线的系数：
(1) 通过两边取对数进行线性化，$\lg \hat{Y}_t = \lg b_0 + t \lg b_1$。
(2) 根据最小二乘法，求得 $\lg b_0$，$\lg b_1$ 的估计，再计算出 b_0 和 b_1。

若 $b_1 > 1$，则增长率随着时间 t 的增加而增加。

若 $b_1 < 1$，则增长率随着时间 t 的增加而降低。

若 $b_0 > 0$，$b_1 < 1$，则预测值 $\hat{Y}_t$ 逐渐降低到以 0 为极限。

（2）多阶曲线。

时间序列在变化过程中可能有几个拐点，这时就需要拟合多项式函数，当有 $k-1$ 个拐点时，需要拟合 k 阶曲线。k 阶曲线函数的一般形式为

$$\hat{Y}_t = b_0 + b_1 t + b_2 t^2 + \cdots + b_k t^k$$

→ 系数 b_0，b_1，b_2，$\cdots$，b_k 可以根据最小二乘法求得。

13.6 复合型序列的分解预测

1. 复合型序列及其分解

复合型序列是指含有趋势、季节、周期和随机成分的序列。由于周期成分的分析需要有多年的数据，实际中很难得到多年的数据，因此采用的分解模型为

$$\hat{Y}_t = T_t \times S_t \times I_t$$

2. 复合型序列的分解预测方法

对于复合型序列的预测方法通常是将时间序列各个因素依次分解出来，然后进行预测。

（1）分解预测步骤：

季节指数刻画了序列在一个年度内各月或季度的典型季节特征。在乘法模型中，季节指数是以其平均数等于 100% 为条件而构成的，反映某一月份或季度的数值占全年平均数值的大小。
如无季节变动，则各期的季节指数应等于 100%；如某一月份或季度有明显的季节变化，则各期的季节指数应大于或小于 100%。因此，季节变动的程度是根据各季节指数与其平均数（100%）的偏差程度来测定的，大于 100% 为旺季，小于 100% 为淡季。

①确定并分离季节成分。计算季节指数，以确定时间序列中的季节成分；然后将季节成分从时间

序列中分离出去，即用每一个观察值除以相应的季节指数，以消除季节性。

$$\frac{Y}{S} = \frac{T \times S \times I}{S} = T \times I \longrightarrow \text{所得序列为消除季节因素后的序列。}$$

②建立预测模型并进行预测。对消除了季节成分的序列建立适当的预测模型，并根据这一模型进行预测。

③计算出最后的预测值。用预测值乘以相应的季节指数，得到最终的预测值。

（2）季节指数计算步骤（移动平均趋势剔除法）：

①计算移动平均值（季度数据采用 4 项移动平均，月份数据采用 12 项移动平均），并将其结果进行中心化处理，即将移动平均的结果再进行一次 2 项的移动平均，即得出中心化移动平均值（CMA）。

②计算移动平均的比值，也称为季节比率，即将序列的各观察值除以相应的中心化移动平均值，然后计算出各比值的季度（或月份）平均值。

③季节指数调整。由于各季节指数的平均数应等于 1 或 100%，若根据第 2 步计算的季节比率的平均值不等于 1，则需要进行调整。具体方法是将第 2 步计算的每个季节比率的平均值除以它们的总平均值。

斩题型

题型 1 增长率分析 ★★

例 1 1990 年某市年末人口为 120 万人，2000 年年末达到 153 万人，则人口的平均发展速度为_____。

答案： 102.46%

→ 需采用几何平均数。

解析： 若用 b 表示平均发展速度，n 表示环比发展速度的时期数，则 $b = \sqrt[n]{y_n/y_0} = \sqrt[n]{b_1 \times b_2 \times \cdots \times b_n}$，故人口的平均发展速度的计算公式为

$$b = \sqrt[n]{y_n/y_0} = \sqrt[10]{153/120} = 102.46\%$$

例 2 某县财政收入 2013 年比 2012 年增长 12%，2014 年比 2013 年增长 16%，则 2014 年比 2012 年总的增长_____。

→ 环比增长的过程。

答案： 29.92%

解析： 设 Y_0，Y_1，Y_2 分别为 2012，2013，2014 年的财政收入，则

$$\frac{Y_2}{Y_0} = \frac{Y_1}{Y_0} \times \frac{Y_2}{Y_1}$$

→ 定基发展速度等于环比发展速度之积。

因此，2014 年相对于 2012 年的增长为 $(1+12\%) \times (1+16\%) - 1 = 29.92\%$。 → 增长速度 = 发展速度 −1。

题型总结： 对于增长率分析问题，要准确区分定基与环比、发展速度与增长速度。

题型 2　时间序列的成分

例 3　在时间序列中,以 12 个月为一个周期的变动称为(　　)。

A. 循环变动　　　　　　　　B. 季节变动

C. 趋势变动　　　　　　　　D. 不规则变动

答案：B

解析：季节变动周期为一年及以内,且有规律。循环波动的特点是周期长,无规律性。

例 4　如果时间序列的逐期增长量以大致相同的增量变化,则适合的预测模型是什么?

答案：适合线性趋势模型。以大致相同的增量变化应采用线性趋势模型,以大致相同的增速变化应采用指数趋势模型。

题型总结：对于此类题型,应该重点掌握时间序列成分的概念、特点及适用的预测模型。

题型 3　时间序列的预测

例 5　某商店连续 6 个月销售额数据如表所示。

月份	1	2	3	4	5	6
销售额（万元）	1 950	2 016	2 125	2 200	2 294	2 316

要求：采用 3 项移动平均法计算趋势值。

答案：各月份销售额 3 项移动平均预测结果如下。

月份	销售额（万元）	3 项移动平均值
1	1 950	
2	2 016	
3	2 125	
4	2 200	2 030
5	2 294	2 114
6	2 316	2 206
7		2 270

→ 2 030=(1 950+2 016+2 125)/3

表中的预测值 2 030 是 1 月、2 月、3 月这 3 个月的平均值,用它作为 4 月的趋势值。以此类推即可得到各月的趋势值。

例 6　某啤酒厂 2010 年至 2017 年各年的啤酒产量如下。

年份	时间 t	产量 y（万升）
2010	1	149
2011	2	156
2012	3	161
2013	4	164
2014	5	171
2015	6	179
2016	7	184
2017	8	194

要求：

（1）用最小二乘法拟合以上数据的趋势模型，并计算估计的标准误差。

（2）预测该厂 2018 年的啤酒产量。

答案：（1）设啤酒产量与年份的回归方程为 $\hat{y} = \hat{\beta}_0 + \hat{\beta}_1 t$，用最小二乘法得到参数估计值的表达式：

$$\begin{cases} \hat{\beta}_1 = \dfrac{n\sum ty - \sum t \sum y}{n\sum t^2 - \left(\sum t\right)^2} \\ \hat{\beta}_0 = \bar{y} - \hat{\beta}_1 \bar{t} \end{cases}$$

→ 2010 年至 2017 年仅代表年份顺序，不代表具体数值。

根据样本数据得到 $\sum t = 36$，$\sum y = 1\,358$，$\sum ty = 6\,369$，$\sum t^2 = 204$，$\bar{t} = 4.5$，$\bar{y} = 169.75$，因此

$$\hat{\beta}_1 = \frac{8 \times 6\,369 - 48\,888}{1\,632 - 1\,296} = \frac{2\,064}{336} = 6.143$$

$$\hat{\beta}_0 = 169.75 - 6.143 \times 4.5 = 142.106\,5$$

拟合后的趋势模型为 $\hat{y} = 142.106\,5 + 6.143t$。

→ 采用趋势方程进行预测：142.106 5+6.143×1=148.249 5

根据趋势方程计算的预测值及误差平方数据如下。

年份	时间 t	产量 y	预测值 $\hat{y}$	$(y-\hat{y})^2$
2010	1	149	148.249 5	0.563 250
2011	2	156	154.392 5	2.584 056
2012	3	161	160.535 5	0.215 760
2013	4	164	166.678 5	7.174 362
2014	5	171	172.821 5	3.317 862
2015	6	179	178.964 5	0.001 260
2016	7	184	185.107 5	1.226 556
2017	8	194	191.250 5	7.559 750

估计的标准误差为

$$s_e = \sqrt{MSE} = \sqrt{\frac{\sum(y-\hat{y})^2}{8-2}} = 1.942\,63$$

（2）2018 年对应的 t 值为 9，此时 $\hat{y} = 142.106\,5 + 6.143 \times 9 = 197.39$（万升），即该厂 2018 年的啤酒产量预计为 197.39 万升。

题型总结： 时间序列的预测常考的方法：移动平均法、指数平滑法、线性趋势预测以及复合型时间序列的预测。移动平均法相对简单，找准时间间隔 k 即可；指数平滑法除了要掌握具体的计算，还应掌握平滑指数的选取原则；线性趋势预测的重点在于如何求趋势方程（最小二乘法）；复合型时间序列重点掌握季节指数的计算。

习题引导： 属于该题型的有练习题 13.1（1），13.2，13.4。

解习题

一、思考题

13.1 简述时间序列的构成要素。

答案： 时间序列的构成要素包括以下几个部分。

① 趋势（T）。

趋势，又称长期趋势，它是时间序列在长时期内呈现出来的某种持续上升或持续下降的变动。时间序列中的趋势可以是线性的，也可以是非线性的。

② 季节性（S）。

季节性，又称季节变动，它是时间序列在一年内重复出现的周期性波动。季节性中的"季节"一词是广义的，它不仅仅是指一年中的四季，其实是指任何一种周期性的变化，诸如气候条件、生产条件、节假日或人们的风俗习惯等各种因素作用的结果。

③ 周期性（C）。

周期性，又称循环波动，它是时间序列中呈现出来的围绕长期趋势的一种波浪形或振荡式变动。周期性通常是由商业和经济活动引起的，它不同于趋势变动，不是朝着单一方向的持续运动，而是涨落相间的交替波动；它也不同于季节变动，季节变动有比较固定的规律，且变动周期大多为一年及以内，循环波动则无固定规律，变动周期多在一年以上，且周期长短不一。

④ 不规则波动（I）。

不规则波动，又称随机性，它是时间序列中除去趋势、周期性和季节性之后的偶然性波动，即某些偶然性因素对时间序列产生影响，致使时间序列呈现出某种随机波动。

按四种成分对时间序列的影响方式不同，时间序列可分解为多种模型，如加法模型、乘法模型等，其中较为常用的是乘法模型。

本题重点提示： ①时间序列的四种成分；②每种成分呈现出来的特征。

13.2 利用增长率分析时间序列时应注意哪些问题？

答案： 在利用增长率分析实际问题时，应注意以下几点。

①当时间序列中的观察值出现 0 或负数时，不宜计算增长率。这是因为对这样的序列计算增长率，要么不符合数学公理，要么无法解释其实际意义。在这种情况下，适宜直接用绝对数进行分析。

②在有些情况下，不能单纯就增长率论增长率，要注意增长率与绝对水平的结合分析。增长率是一个相对值，它与对比的基期值的大小有很大关系。大的增长率背后，其隐含的绝对值可能很小，小的增长率背后，其隐含的绝对值可能很大。这就是说，由于对比的基点不同，可能会造成增长率数值上的较大差异。在这种情况下，则需要将增长率与绝对水平结合起来进行分析，通常要计算增长 1% 的绝对值来克服增长率分析的局限性。

本题重点提示： 理解何种情况下不适宜用增长率分析、其原因以及在此情况下如何分析。

13.3 简述平稳序列和非平稳序列的含义。

答案： 平稳序列是基本上不存在趋势的序列，这类序列中各观察值基本上在某个固定的水平上波动，虽然在不同的时间段波动的程度不同，但并不存在某种规律，其波动可以看成是随机的。

非平稳序列是包括趋势、季节性或周期性的序列，它可能只含有其中的一种成分，也可能是几种成分的组合，因此，非平稳序列又可以分成有趋势的序列、有趋势和季节性的序列、几种成分混合而成的复合型序列。

本题重点提示： 根据时间序列数据特征理解含义。

13.4 简述时间序列的预测程序。

答案： 时间序列分析的一个主要目的就是根据已有的历史数据对未来进行预测。对时间序列进行分析时通常包括以下几个步骤。

①确定时间序列所包含的成分，也就是确定时间序列的类型。
②找出适合此类时间序列的预测方法，如简单平均法、移动平均法、指数平滑法等。
③对可能的预测方法进行评估，以确定最佳预测方案。评估的方法就是找出预测值与实际值之间的差距，即预测误差，最优的预测方法就是使预测误差达到最小的方法。
④利用最佳预测方案对未来各期的时间序列数值进行预测。

本题重点提示： 识别成分→确定方法→方法比较评估→预测。

13.5 简述指数平滑法的基本含义。

答案： 指数平滑法：通过对过去的观察值加权平均进行预测的一种方法，该方法使 $t+1$ 期的预测值等于 t 期的实际观察值与 t 期的预测值的加权平均值，是加权平均的一种特殊形式。观察值的时间越远，其权数也跟着呈现指数下降，因而称为指数平滑法。指数平滑法有一次指数平滑法、二次指数平滑法、三次指数平滑法等。

一次指数平滑法：也称单一指数平滑法，只有一个平滑系数，而且观察值离预测时期越久远，权数越小。它以一段时期内的预测值与观察值的线性组合作为第 $t+1$ 期的预测值，其预测模型为

$$F_{t+1} = \alpha Y_t + (1-\alpha) F_t$$

式中，Y_t 为 t 期的实际观察值，F_t 为 t 期的预测值，α（$0<\alpha<1$）为平滑系数。

一次指数平滑法中 α 的确定：
①当时间序列有较大的随机波动时，宜选较大的 α，以便能很快跟上近期的变化。
②当时间序列比较平稳时，宜选较小的 α。
③选择 α 时，还应考虑预测误差，用均方误差来衡量预测误差的大小，确定 α 时，可选几个进行预测，然后找出预测误差最小的作为最后的 α 值。

本题重点提示： ①理解一次指数平滑法；②平滑系数的确定原则。

13.6　简述复合型时间序列的预测步骤。

答案： 复合型序列是指含有趋势、季节、周期和随机成分的序列。对于这类序列的预测方法通常是将时间序列各个因素依次分解出来，然后进行预测。

由于周期成分的分析需要有多年的数据，实际中很难得到多年的数据，因此采用的分解模型为

$$\hat{Y}_t = T_t \times S_t \times I_t$$

这一模型表示该时间序列中含有趋势成分、季节成分和随机成分。对这类序列的预测主要有季节多元回归模型、季节自回归模型和时间序列分解。

复合型序列的分解预测步骤如下。

①确定并分离季节成分。计算季节指数，以确定时间序列中的季节成分；然后将季节成分从时间序列中分离出去，即用每一个观察值除以相应的季节指数，以消除季节性。

②建立预测模型并进行预测。对消除季节成分的序列建立适当的预测模型，并根据这一模型进行预测。

③计算出最后的预测值。用预测值乘以相应的季节指数，得到最终的预测值。

本题重点提示： 根据复合型序列包含的成分进行分解预测，先将季节成分分离出来，再进行预测。

二、练习题

13.1　下面是一家旅馆过去18个月的营业额数据：

月份	营业额（万元）	月份	营业额（万元）
1	295	10	473
2	283	11	470
3	322	12	481
4	355	13	449
5	286	14	544
6	379	15	601
7	381	16	587
8	431	17	644
9	424	18	660

（1）用3期移动平均法预测第19个月的营业额。

（2）采用指数平滑法，分别用平滑系数 $\alpha=0.3$，$\alpha=0.4$ 和 $\alpha=0.5$ 预测各月的营业额，分析预测误差，说明用哪个平滑系数预测更合适。——→用均方误差判断。

（3）建立一个趋势方程预测各月的营业额，计算出估计标准误差。

答案：（1）用3期移动平均法预测第19个月，需要计算16，17，18三个月的平均值，则

$$F_{19} = \frac{y_{16}+y_{17}+y_{18}}{3} = \frac{587+644+660}{3} = 630(万元)$$

（2）

月份	营业额（万元）	预测 α =0.3	误差平方	预测 α =0.4	误差平方	预测 α =0.5	误差平方
1	295						
2	283	295.00	144.00	295.00	144.00	295.00	144.00
3	322	291.40	936.36	290.20	1 011.24	289.00	1 089.00
4	355	300.58	2 961.54	302.92	2 712.33	305.50	2 450.25
5	286	316.91	955.18	323.75	1 425.21	330.25	1 958.06
6	379	307.63	5 093.08	308.65	4 948.95	308.13	5 023.27
7	381	329.04	2 699.43	336.79	1 954.46	343.56	1 401.57
8	431	344.63	7 459.65	354.47	5 856.16	362.28	4 722.27
9	424	370.54	2 857.81	385.08	1 514.40	396.64	748.54
10	473	386.58	7 468.58	400.65	5 234.41	410.32	3 928.74
11	470	412.51	3 305.63	429.59	1 632.93	441.66	803.15
12	481	429.75	2 626.18	445.75	1 242.26	455.83	633.52
13	449	445.13	15.00	459.85	117.78	468.42	376.94
14	544	446.29	9 547.37	455.51	7 830.21	458.71	7 274.81
15	601	475.60	15 724.52	490.91	12 120.48	501.35	9 929.37
16	587	513.22	5 443.23	534.94	2 709.81	551.18	1 283.30
17	644	535.36	11 803.68	555.77	7 785.15	569.09	5 611.74
18	660	567.95	8 473.45	591.06	4 752.74	606.54	2 857.52
合计	—	—	87 514.68	—	62 992.53	—	50 236.04
MSE	—	—	5 147.92	—	3 705.44	—	2 955.06

$$MSE = \frac{\sum_{i=1}^{n}(Y_i - F_i)^2}{n}$$

根据三种 α 值计算的均方误差可知，采用 α =0.5 的平滑系数预测更合适。

（3）根据数据规律可以初步认为序列呈现线性趋势，适合线性趋势方程，根据最小二乘法，利用 Excel 得到的回归结果如下。

回归统计	
Multiple R	0.967 257
R Square	0.935 586
Adjusted R Square	0.931 56
标准误差	31.662 76 →估计的标准误差。
观测值	18

方差分析

	df	SS	MS	F	Significance F
回归分析	1	232 982.5	232 982.5	232.394 4	5.994 25E–11
残差	16	16 040.49	1 002.53		
总计	17	249 022.9			

	Coefficients	标准误差	t Stat	P-value	Lower 95%	Upper 95%
Intercept	239.732	15.570 55	15.396 5	5.16E-11	206.723 9	272.740 1
X Variable 1	21.928 79	1.438 474	15.244 49	5.99E-11	18.879 36	24.978 22

根据回归结果得到的趋势方程为

$$\hat{Y}_t = 239.732 + 21.928\ 79t$$

根据趋势方程预测的各月营业额数据如下。

$$\sum_{i=1}^{n}(Y_i - F_i)^2$$

月份	营业额（万元）	预测值	误差平方
1	295	261.660 79	1 111.502 9
2	283	283.589 58	0.347 604 6
3	322	305.518 37	271.644 13
4	355	327.447 16	759.158 99
5	286	349.375 95	4 016.511
6	379	371.304 74	59.217 026
7	381	393.233 53	149.659 26
8	431	415.162 32	250.832 11
9	424	437.091 11	171.377 16
10	473	459.019 9	195.443 2
11	470	480.948 69	119.873 81
12	481	502.877 48	478.624 13
13	449	524.806 27	5 746.590 6
14	544	546.735 06	7.480 553 2
15	601	568.663 85	1 045.626 6
16	587	590.592 64	12.907 062
17	644	612.521 43	990.900 37
18	660	634.450 22	652.791 26
合计	—	—	16 040.488

估计的标准误差 $s_e = \sqrt{MSE} = \sqrt{\dfrac{SSE}{n-2}} = \sqrt{\dfrac{16\ 040.488}{16}} = 31.662\ 76$。（也可以通过 Excel 结果得到，表格中已标出。）

13.2 我国 1964—1999 年的纱产量数据（单位：万吨）如下：

年份	纱产量	年份	纱产量	年份	纱产量
1964	97.0	1976	196.0	1988	465.7
1965	130.0	1977	223.0	1989	476.7
1966	156.5	1978	238.2	1990	462.6
1967	135.2	1979	263.5	1991	460.8
1968	137.7	1980	292.6	1992	501.8
1969	180.5	1981	317.0	1993	501.5
1970	205.2	1982	335.4	1994	489.5
1971	190.0	1983	327.0	1995	542.3
1972	188.6	1984	321.9	1996	512.2
1973	196.7	1985	353.5	1997	559.8
1974	180.3	1986	397.8	1998	542.0
1975	210.8	1987	436.8	1999	567.0

（1）绘制时间序列图描述其趋势。

（2）选择一个适合的趋势线拟合数据，并根据趋势线预测2000年的纱产量。

答案：（1）绘制趋势图。

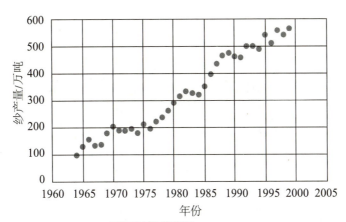

（2）根据趋势图可以确定纱产量呈现线性趋势，适合线性趋势方程，根据最小二乘法，利用 Excel 得到回归结果如下。

回归统计	
Multiple R	0.982 794
R Square	0.965 884
Adjusted R Square	0.964 88
标准误差	28.024 16
观测值	36

方差分析

	df	SS	MS	F	Significance F
回归分析	1	755 977.7	755 977.7	962.595 4	1.586 5E−26
残差	34	26 702.02	785.353 5		
总计	35	782 679.7			

	Coefficients	标准误差	t Stat	P-value	Lower 95%	Upper 95%
Intercept	69.520 16	9.539 459	7.287 642	1.94E−08	50.133 645 3	88.906 67
X Variable 1	13.949 51	0.449 611	31.025 72	1.59E−26	13.035 791 1	14.863 23

由此可以得到趋势方程为

$$\hat{Y}_t = 69.520\ 16 + 13.949\ 51t$$

2000 年时，$t=37$，因此 $\hat{Y}_{37} = 69.520\ 16 + 13.949\ 51 \times 37 = 585.652$(万吨)。

13.3 对下面的数据分别拟合线性趋势线 $\hat{Y}_t = b_0 + b_1 t$，二阶曲线 $\hat{Y}_t = b_0 + b_1 t + b_2 t^2$ 和三阶曲线 $\hat{Y}_t = b_0 + b_1 t + b_2 t^2 + b_3 t^3$，并对结果进行比较。

时间 t	观测值 Y	时间 t	观测值 Y
1	372	19	360
2	370	20	357
3	374	21	356
4	375	22	352
5	377	23	348
6	377	24	353
7	374	25	356
8	372	26	356
9	373	27	356
10	372	28	359
11	369	29	360
12	367	30	357
13	367	31	357
14	365	32	355
15	363	33	356
16	359	34	363
17	358	35	365
18	359		

答案：①拟合趋势方程 $\hat{Y}_t = b_0 + b_1 t$，利用 Excel 得到的回归结果如下。

回归统计	
Multiple R	0.781 884
R Square	0.611 342
Adjusted R Square	0.599 564
标准误差	5.089 711
观测值	35

方差分析

	df	SS	MS	F	Significance F
回归分析	1	1 344.673	1 344.673	51.907 52	2.927 81E−08
残差	33	854.870 3	25.905 16		
总计	34	2 199.543			

	Coefficients	标准误差	t Stat	P-value	Lower 95%	Upper 95%
Intercept	374.161 3	1.758 182	212.811 5	2.32E−53	370.584 3	377.738 4
X Variable 1	−0.613 73	0.085 184	−7.204 69	2.93E−08	−0.787 034	−0.440 42

$$\hat{Y}_t = 374.161\,3 - 0.613\,73t,\ s_e = 5.089\,711$$

②拟合趋势方程 $\hat{Y}_t = b_0 + b_1 t + b_2 t^2$，利用 Excel 得到的回归结果如下。

回归统计	
Multiple R	0.872 607
R Square	0.761 443
Adjusted R Square	0.746 533
标准误差	4.049 369
观测值	35

方差分析

	df	SS	MS	F	Significance F
回归分析	2	1 674.826	837.413 2	51.069 9	1.100 21E−10
残差	32	524.716 5	16.397 39		
总计	34	2 199.543			

	Coefficients	标准误差	t Stat	P-value	Lower 95%	Upper 95%
Intercept	381.644 2	2.176 599	175.339 7	2.61E−49	377.210 6	386.077 7
X Variable 1	−1.827 15	0.278 786	−6.553 97	2.21E−07	−2.395 02	−1.259 29
X Variable 2	0.033 706	0.007 512	4.487 152	8.76E−05	0.018 405	0.049 007

$$\hat{Y}_t = 381.644\ 2 - 1.827\ 15t + 0.033\ 706t^2, s_e = 4.049\ 369$$

③拟合趋势方程 $\hat{Y}_t = b_0 + b_1 t + b_2 t^2 + b_3 t^3$,利用 Excel 得到的回归结果如下。

回归统计	
Multiple R	0.945 758
R Square	0.894 458
Adjusted R Square	0.884 245
标准误差	2.736 511
观测值	35

方差分析

	df	SS	MS	F	Significance F
回归分析	3	1 967.4	655.799 8	87.574 32	3.149 93E−15
残差	31	232.143 3	7.488 495		
总计	34	2 199.543			

	Coefficients	标准误差	t Stat	P-value	Lower 95%	Upper 95%
Intercept	372.561 7	2.067 605	180.189 9	2.16E−48	368.344 8	376.778 6
X Variable 1	1.002 958	0.490 409	2.045 147	0.049 408	0.002 763	2.003 154
X Variable 2	−0.160 09	0.031 417	−5.095 57	1.63E−05	−0.224 16	−0.096 01
X Variable 3	0.003 589	0.000 574	6.250 576	6.03E−07	0.002 418	0.004 76

$$\hat{Y}_t = 372.561\ 7 + 1.002\ 958t - 0.160\ 09t^2 + 0.003\ 589t^3, s_e = 2.736\ 511$$

根据结果可得，三阶曲线的 s_e 最小，因此三阶曲线误差最小，拟合效果最好。

13.4 一家贸易公司主要经营产品的外销业务，为了合理地组织货源，需要了解外销订单的变化状况（单位：万元）。下表是 2011—2015 年各月份的外销订单金额。

月份	2011 年	2012 年	2013 年	2014 年	2015 年
1	54.3	49.1	56.7	64.4	61.1
2	46.6	50.4	52.0	54.5	69.4
3	62.6	59.3	61.7	68.0	76.5
4	58.2	58.5	61.4	71.9	71.6
5	57.4	60.0	62.4	69.4	74.6
6	56.6	55.6	63.6	67.7	69.9
7	56.1	58.0	63.2	68.0	71.4
8	52.9	55.8	63.9	66.3	72.7
9	54.6	55.8	63.2	67.8	69.9
10	51.3	59.8	63.4	71.5	74.2
11	54.8	59.4	64.4	70.5	72.7
12	52.1	55.5	63.8	69.4	72.5

（1）根据各年的月份数据绘制趋势图，说明该时间序列的特点。

（2）如果要计算各月份的预测值，你认为应该采取什么方法？

（3）选择你认为合适的方法预测 2016 年 1 月份的外销订单金额。

答案：（1）绘制趋势图。

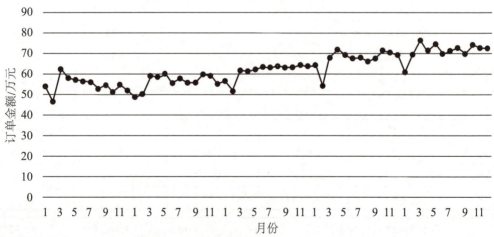

从图形可以看出，订单金额存在一定的线性趋势。

（2）由于存在线性趋势，因此拟合线性趋势方程计算各月份的预测值比较合适。

（3）拟合趋势方程 $\hat{Y}_t = b_0 + b_1 t$，利用 Excel 得到的回归结果如下。

回归统计	
Multiple R	0.870 296
R Square	0.757 415
Adjusted R Square	0.753 233
标准误差	3.691 976
观测值	60

方差分析

	df	SS	MS	F	Significance F
回归分析	1	2 468.402	2 468.402	181.091 5	1.727 62E–19
残差	58	790.579 9	13.630 69		
总计	59	3 258.982			

	Coefficients	标准误差	t Stat	P-value	Lower 95%	Upper 95%
Intercept	51.042 15	0.965 306	52.876 66	9E–51	49.109 88	52.974 42
X Variable 1	0.370 367	0.027 522	13.457 02	1.73E–19	0.315 275	0.425 458

得到趋势方程为 $\hat{Y}_t = 51.042\ 15 + 0.370\ 367 t$。

预测 2016 年 1 月份的外销订单金额时，$t=61$，代入趋势方程得到

$$\hat{Y}_{61} = 51.042\ 15 + 0.370\ 367 \times 61 = 73.634\ 5(万元)$$

13.5　下表是一家大型百货公司 2006—2015 年各季度的销售额数据（单位：万元）。对这一时间序列的构成要素进行分解，计算季节指数，建立剔除季节变动后的趋势方程。

年份	1 季度	2 季度	3 季度	4 季度
2006	993.1	971.2	2 264.1	1 943.3
2007	1 673.6	1 931.5	3 927.8	3 079.6
2008	2 342.4	2 552.6	3 747.5	4 472.8
2009	3 254.4	4 245.2	5 951.1	6 373.1
2010	3 904.2	5 105.9	7 252.6	8 630.5
2011	5 483.2	5 997.3	8 776.1	8 720.6
2012	5 123.6	6 051.0	9 592.2	8 341.2
2013	4 942.4	6 825.5	8 900.1	8 723.1
2014	5 009.9	6 257.9	8 016.8	7 865.6
2015	6 059.3	5 819.7	7 758.8	8 128.2

答案：①计算季节指数。

年份	季度	销售额	CMA	Y / CMA
2006	1	993.1	—	—
2006	2	971.2	—	—
2006	3	2 264.1	1 627.988	1.390 735
2006	4	1 943.3	1 833.088	1.060 124
2007	1	1 673.6	2 161.088	0.774 425

续表

年份	季度	销售额	CMA	Y/CMA
2007	2	1 931.5	2 511.088	0.769 189
2007	3	3 927.8	2 736.725	1.435 219
2007	4	3 079.6	2 897.963	1.062 678
2008	1	2 342.4	2 953.063	0.793 21
2008	2	2 552.6	3 104.675	0.822 179
2008	3	3 747.5	3 392.825	1.104 537
2008	4	4 472.8	3 718.4	1.202 883
2009	1	3 254.4	4 205.425	0.773 858
2009	2	4 245.2	4 718.413	0.899 709
2009	3	5 951.1	5 037.175	1.181 436
2009	4	6 373.1	5 225.988	1.219 502
2010	1	3 904.2	5 496.263	0.710 337
2010	2	5 105.9	5 941.125	0.859 416
2010	3	7 252.6	6 420.675	1.129 57
2010	4	8 630.5	6 729.475	1.282 492
2011	1	5 483.2	7 031.338	0.779 823
2011	2	5 997.3	7 233.038	0.829 154
2011	3	8 776.1	7 199.35	1.219 013
2011	4	8 720.6	7 161.113	1.217 772
2012	1	5 123.6	7 269.838	0.704 775
2012	2	6 051.0	7 324.425	0.826 14
2012	3	9 592.2	7 254.35	1.322 269
2012	4	8 341.2	7 328.513	1.138 185
2013	1	4 942.4	7 338.813	0.673 46
2013	2	6 825.5	7 300.038	0.934 995
2013	3	8 900.1	7 356.213	1.209 875
2013	4	8 723.1	7 293.7	1.195 977
2014	1	5 009.9	7 112.338	0.704 396
2014	2	6 257.9	6 894.738	0.907 634
2014	3	8 016.8	6 918.725	1.158 711
2014	4	7 865.6	6 995.125	1.124 44
2015	1	6 059.3	6 908.1	0.877 13
2015	2	5 819.7	6 908.675	0.842 376
2015	3	7 758.8	—	—
2015	4	8 128.2	—	—

根据上表整理得

年份	1季度	2季度	3季度	4季度
2006	—	—	1.390 735	1.060 124
2007	0.774 425	0.769 189	1.435 219	1.062 678
2008	0.793 21	0.822 179	1.104 537	1.202 883
2009	0.773 858	0.899 709	1.181 436	1.219 502
2010	0.710 337	0.859 416	1.129 57	1.282 492
2011	0.779 823	0.829 154	1.219 013	1.217 772
2012	0.704 775	0.826 14	1.322 269	1.138 185
2013	0.673 46	0.934 995	1.209 875	1.195 977
2014	0.704 396	0.907 634	1.158 711	1.124 44
2015	0.877 13	0.842 376	—	—
合计	6.791 414	7.690 793	11.151 36	10.504 05
平均	0.754 602	0.854 533	1.239 041	1.167 117
季节指数	0.751 728	0.851 278	1.234 322	1.162 672

→四项和不为4，因此需要修正，用各自的平均值除以其总和的平均值。

② 根据 $\dfrac{Y}{S} = \dfrac{T \times S \times I}{S} = T \times I$，得到剔除季节因素的新序列如下。

年份	1季度	2季度	3季度	4季度
2006	1 321.09	1 140.873	1 834.288	1 671.408
2007	2 226.337	2 268.94	3 182.155	2 648.725
2008	3 116.021	2 998.549	3 036.083	3 846.999
2009	4 329.225	4 986.853	4 821.356	5 481.423
2010	5 193.634	5 997.92	5 875.783	7 422.985
2011	7 294.128	7 045.051	7 110.065	7 500.479
2012	6 815.763	7 108.135	7 771.157	7 174.161
2013	6 574.719	8 017.943	7 210.525	7 502.629
2014	6 664.512	7 351.181	6 494.909	6 765.104
2015	8 060.495	6 836.424	6 285.887	6 990.963

③ 根据新序列采用最小二乘法拟合线性趋势方程（计算方法同练习题13.4），得到趋势方程为

$$\hat{Y}_t = 2\,043.392 + 163.706\,4t$$

补充第7版习题

一、思考题

13.7 简述季节指数的计算步骤。

答案： 季节指数的计算方法为移动平均趋势剔除法。

该方法的基本步骤：

第1步：计算移动平均值（如果是季度数据，则采用4项移动平均，月份数据则采用12项移动平

均），并对其结果进行中心化处理，即将移动平均的结果再进行一次二项移动平均，得出中心化移动平均值（CMA）。

第2步：计算移动平均的比值，也称为季节比率，即将序列的各观察值除以相应的中心化移动平均值，然后计算出各比值的季度（或月份）平均值。

第3步：季节指数调整。各季节指数的平均数应等于1或100%。若根据第2步计算的季节比率的平均值不等于1，则需要进行调整。具体方法：将第2步计算的每个季节比率的平均值除以它们的总平均值。

本题重点提示：第一步要再进行一次二项移动平均才可以得到中心化移动平均值。

二、练习题

13.1 下表是1991—2008年我国财政收入数据。采用指数曲线预测2009年的财政收入，并将实际值和预测值绘图进行比较。

年份	财政收入（亿元）	年份	财政收入（亿元）
1991	3 149.48	2000	13 395.23
1992	3 483.37	2001	16 386.04
1993	4 348.95	2002	18 903.64
1994	5 218.10	2003	21 715.25
1995	6 242.20	2004	26 396.47
1996	7 407.99	2005	31 649.29
1997	8 651.14	2006	38 760.20
1998	9 875.95	2007	51 321.78
1999	11 444.08	2008	61 330.35

答案：①指数曲线趋势方程为 $\hat{Y}_t = b_0 b_1^t$。

对于指数模型需要先进行"线性化"，得到线性方程为

$$\lg \hat{Y}_t = \lg b_0 + t \lg b_1$$

根据最小二乘法原理，可以得到 $\lg b_0$，$\lg b_1$ 的估计值分别为 7.848 608，0.170 465，由此得到 b_0 和 b_1 的估计值为 $\hat{b}_0 = e^{7.848\ 608} = 2\ 562.165\ 3$，$\hat{b}_1 = e^{0.170\ 465} = 1.185\ 9$，得到指数曲线趋势方程为

$$\hat{Y}_t = 2\ 562.165\ 3 \times 1.185\ 9^t$$

② 2009 年的财政收入为 $\hat{Y}_{19} = 2\ 562.165\ 3 \times 1.185\ 9^{19} = 65\ 391.37$。

③根据趋势方程得到的预测值数据如下。

年份	实际值	预测值
1991	3 149.48	3 038.472
1992	3 483.37	3 603.324
1993	4 348.95	4 273.182
1994	5 218.10	5 067.566
1995	6 242.20	6 009.627
1996	7 407.99	7 126.816

续表

年份	实际值	预测值
1997	8 651.14	8 451.691
1998	9 875.95	10 022.86
1999	11 444.08	11 886.11
2000	13 395.23	14 095.74
2001	16 386.04	16 716.14
2002	18 903.64	19 823.67
2003	21 715.25	23 508.89
2004	26 396.47	27 879.19
2005	31 649.29	33 061.93
2006	38 760.20	39 208.14
2007	51 321.78	46 496.93
2008	61 330.35	55 140.71
2009	—	65 391.37

实际值和预测值的对比图如下所示。

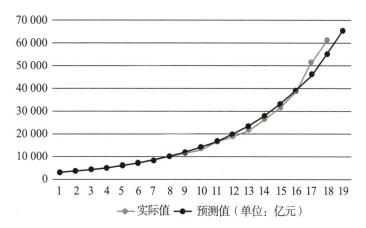

注：由于是指数模型，保留的小数位数不同对结果影响较大，故重在掌握方法。

第 14 章 指 数

> 本章主要是对指数概念及其编制方法的阐述，重点在于加权综合指数以及指数体系的分析。要求同学们具备如下能力：理解指数的基本思想；掌握加权综合指数的编制方法；掌握几种典型的指数以及居民消费价格指数的作用；能够利用指数体系对实际问题进行分析。

 划重点

14.1 基本问题

1. 指数概念 →分析社会经济现象数量变化。

指数：测定多项内容数量综合变动的相对数。这个概念包含以下两个要点。

①指数的实质是测定多项内容。

②指数的表现形式为动态相对数。

2. 指数分类

（1）按照考察对象的范围不同。→个体指数是计算总指数的基础。

个体指数：反映总体中个别现象或个别项目数量变动的相对数。

总指数：综合反映多种项目数量变动的相对数。

（2）按照所反映指标的性质不同。

数量指标指数：反映数量指标变动程度的相对数，通常采用实物计量单位。→一般衡量销售量、产量等问题。

质量指标指数：反映品质指标变动程度的相对数，通常采用货币计量单位。→一般衡量价格、成本等问题。

（3）按照计算形式不同。

简单指数：计入指数的各个项目的重要性视为相同。

加权指数：计入指数的各个项目依据重要程度赋予不同的权数再进行计算。

3. 指数编制中的问题

①选择项目：选择代表规格品。

②确定权数：一是利用已有的信息构造权数；二是主观权数。→一般用于社会现象的指数编制。

③计算方法：确定适当的方法。

14.2 总指数编制方法

总指数是对个体指数的综合。将个体指数综合有两个途径：一是对个体指数的简单汇总，不考虑权数，被称为简单指数；二是编制总指数时考虑权数的作用，被称为加权指数。

> (1) 确定合理的权重。
> (2) 确定适当的计算公式。

1. 简单指数

（1）简单综合指数。

简单综合指数：将报告期的指标总和与基期的指标总和相对比的指数。其计算公式为

$$I_p = \frac{\sum p_1}{\sum p_0}$$

$$I_q = \frac{\sum q_1}{\sum q_0}$$

> 特点是先综合，后对比。
> 本章中：p 代表质量指标，q 代表数量指标，下标 1 表示报告期，下标 0 表示基期，I_p 表示质量指标指数，I_q 表示数量指标指数。

优点：操作简单，对数据要求少。

缺点：只能用于指标值相差不大的商品；在商品价格差异大，且变动幅度差异大的情况下，这种方法不能反映实际变动水平。

（2）简单平均指数。

简单平均指数：将个体指数进行简单平均得到的总指数。其计算公式为

> 先对比，后综合。

$$I_p = \frac{\sum \dfrac{p_1}{p_0}}{n}$$

$$I_q = \frac{\sum \dfrac{q_1}{q_0}}{n}$$

优点：适用于指标值相差较大的商品。（克服了简单综合指数的缺点）

缺点：没有考虑到权数的影响。

2. 加权指数

（1）加权综合指数。

加权综合指数：通过加权来测定一组项目的综合变动。其基本公式为

销售量指数：
$$I_q = \frac{\sum q_1 p}{\sum q_0 p}$$

价格指数：
$$I_p = \frac{\sum q p_1}{\sum q p_0}$$

因权数不同，有以下两种不同的计算公式。

①拉氏指数：它在计算综合指数时将作为权数的同度量因素固定在基期。相应的计算公式为

拉氏数量指标指数：
$$I_q = \frac{\sum q_1 p_0}{\sum q_0 p_0}$$

拉氏质量指标指数：
$$I_p = \frac{\sum q_0 p_1}{\sum q_0 p_0}$$

②帕氏指数：它在计算综合指数时将作为权数的同度量因素固定在报告期。相应的计算公式为

帕氏数量指标指数： $$I_q = \frac{\sum q_1 p_1}{\sum q_0 p_1}$$

帕氏质量指标指数： $$I_p = \frac{\sum q_1 p_1}{\sum q_1 p_0}$$

拉氏指数的特点：

①由于拉氏指数将同度量因素固定在基期，可以消除权数变动对指数的影响，从而使不同时期的指数具有可比性。

②拉氏价格指数在实际中应用得很少，因为从实际生活角度看，人们更关心在报告期销售量条件下价格变动对实际生活的影响。而拉氏价格指数是在假定销售量不变的情况下报告期价格的变动水平，这一指数尽管可以单纯反映价格的变动水平，但不能反映销售量的变化。

③拉氏数量指数是在假定价格不变的条件下报告期销售量的综合变动，它不仅可以单纯反映销售量的综合变动水平，也符合计算销售量指数的实际要求。因此，拉氏数量指数在实际中应用得比较多。

帕氏指数的特点：

①帕氏指数将同度量因素固定在报告期，不能消除权数变动对指数的影响，因而不同时期的指数缺乏可比性。

②帕氏价格指数可以同时反映出价格和消费结构的变化，具有比较明确的经济意义。在实际应用中，常采用帕氏公式计算价格、成本等质量指数。

③由于帕氏数量指数包含了价格的变动，意味着是按调整后的价格来测定物量的综合变动，这本身不符合计算物量指数的目的，因此帕氏数量指数在实际中应用得较少。

（2）加权平均指数。*编制步骤：*

（1）计算所研究现象各个项目的个体指数。
（2）根据所给的价值量指标作为权数对个体指数进行加权平均。

加权平均指数：以个体指数为基础，通过对个体指数进行加权平均来编制的指数。

①加权算术平均指数。——*基期加权：* $\frac{q_0 p_0}{\sum q_0 p_0}$。

$$A_p = \frac{\sum \frac{p_1}{p_0} qp}{\sum qp} \Rightarrow \frac{\sum \frac{p_1}{p_0} q_0 p_0}{\sum q_0 p_0} = \frac{\sum q_0 p_1}{\sum q_0 p_0}, \quad A_q = \frac{\sum \frac{q_1}{q_0} qp}{\sum qp} \Rightarrow \frac{\sum \frac{q_1}{q_0} q_0 p_0}{\sum q_0 p_0} = \frac{\sum q_1 p_0}{\sum q_0 p_0}$$

②加权调和平均指数。——*报告期加权：* $\frac{q_1 p_1}{\sum q_1 p_1}$。

$$H_p = \frac{\sum qp}{\sum \frac{p_0}{p_1} qp} \Rightarrow \frac{\sum q_1 p_1}{\sum \frac{p_0}{p_1} q_1 p_1} = \frac{\sum q_1 p_1}{\sum q_1 p_0}, \quad H_q = \frac{\sum qp}{\sum \frac{q_0}{q_1} qp} \Rightarrow \frac{\sum q_1 p_1}{\sum \frac{q_0}{q_1} q_1 p_1} = \frac{\sum q_1 p_1}{\sum q_0 p_1}$$

特殊情况：如果权数 $\frac{qp}{\sum qp}$ 相对稳定，可以采用固定权数的方法，公式为

$$I = \frac{\sum iW}{\sum W}$$

式中，i 为个体指数或类指数，W 为权数。

注：消费价格指数、零售价格指数、工业生产指数、职工生活费指数都是采用固定权数的加权平均指数来编制的。

14.3 指数体系

1. 总量指数体系分析

指数体系：由总量指数及其若干个因素指数构成的数量关系式，反映了总量指标与因素指标之间的相互关系。例如：

销售额指数 = 销售量指数 × 销售价格指数（总量指数；因素指数）

加权综合指数体系：两个因素为数量指数和质量指数，该指数体系可表示为

$$\frac{\sum q_1 p_1}{\sum q_0 p_0} = \frac{\sum q_1 p_0}{\sum q_0 p_0} \times \frac{\sum q_1 p_1}{\sum q_1 p_0}$$

（采用拉氏指数；采用帕氏指数；反映销售额的相对变化；反映销售量的相对变化；反映销售价格的相对变化）

因素影响差额之间的关系为

$$\left(\sum q_1 p_1 - \sum q_0 p_0\right) = \left(\sum q_1 p_0 - \sum q_0 p_0\right) + \left(\sum q_1 p_1 - \sum q_1 p_0\right)$$

（反映销售额的绝对变化；反映由销售量引起的销售额的绝对变化；反映由销售价格引起的销售额的绝对变化）

注：以上两公式分别为总量指标变动的相对数分析与绝对数分析。

2. 平均数变动因素分解

在分组数据情况下，加权算术平均数的计算公式为

$$\bar{x} = \frac{\sum xf}{\sum f} = \sum\left(x \frac{f}{\sum f}\right)$$

由此可以确定平均数受两个因素影响：(1) 各组的变量水平 x；(2) 各组的结构 $\frac{f}{\sum f}$。

将总水平指数进行分解。

（1）总平均水平指数（反映总平均水平变动）。

$$I_{xf} = \frac{\bar{x}_1}{\bar{x}_0} = \frac{\sum x_1 f_1 / \sum f_1}{\sum x_0 f_0 / \sum f_0}$$

（2）组水平变动指数（反映各组水平变动引起的平均水平变动）。

$$I_x = \frac{\bar{x}_1}{\bar{x}_n} = \frac{\sum x_1 f_1 / \sum f_1}{\sum x_0 f_1 / \sum f_1}$$

（3）结构变动指数（反映结构变动引起的平均水平变动）。

$$I_f = \frac{\overline{x}_n}{\overline{x}_0} = \frac{\sum x_0 f_1 / \sum f_1}{\sum x_0 f_0 / \sum f_0}$$

此时，指数体系的具体表现为

总平均水平指数 = 组水平变动指数 × 结构变动指数

即

$$\frac{\sum x_1 f_1 / \sum f_1}{\sum x_0 f_0 / \sum f_0} = \frac{\sum x_1 f_1 / \sum f_1}{\sum x_0 f_1 / \sum f_1} \times \frac{\sum x_0 f_1 / \sum f_1}{\sum x_0 f_0 / \sum f_0} \qquad \rightarrow 相对变动分析。$$

简写为 $I_{xf} = I_x \times I_f$。

总平均水平变动额 = 各组水平变动影响额 + 结构变动影响额

即 $(\sum x_1 f_1 / \sum f_1 - \sum x_0 f_0 / \sum f_0) = (\sum x_1 f_1 / \sum f_1 - \sum x_0 f_1 / \sum f_1) + (\sum x_0 f_1 / \sum f_1 - \sum x_0 f_0 / \sum f_0)$。

简写为 $\overline{x}_1 - \overline{x}_0 = (\overline{x}_n - \overline{x}_0) + (\overline{x}_1 - \overline{x}_n)$。 $\rightarrow$ 绝对变动分析。

14.4 几种典型的指数

1. 居民消费价格指数 $\rightarrow$ 采用加权平均指数。

居民消费价格指数 (CPI)：度量居民消费品和服务项目价格水平随时间变动的相对数，反映居民家庭购买的消费品和服务价格水平的变动情况。

该指数是分析经济形势走势、检测物价水平、进行国民经济核算的重要指标，也常被用作测定通货膨胀。除此之外，还具有以下几方面作用。

①反映通货膨胀状况。通货膨胀的严重程度是用通货膨胀率来反映的，它说明了一定时期内商品价格持续上升的幅度。通货膨胀率一般以居民消费价格指数来表示。计算公式为

$$通货膨胀率 = \frac{报告期居民消费价格指数 - 基期居民消费价格指数}{基期居民消费价格指数} \times 100\%$$

②反映居民购买力水平。货币购买力是指单位货币购买到的消费品和服务的数量。居民消费价格指数上涨，货币购买力则下降，反之则上升。货币购买力指数计算公式为

$$货币购买力指数 = \frac{1}{居民消费价格指数} \times 100\%$$

③测定职工实际工资水平。居民消费价格指数提高意味着实际工资的减少，居民消费价格指数下降意味着实际工资的提高。因此，利用居民消费价格指数可以将名义工资转化为实际工资。计算公式为

$$实际工资 = \frac{名义工资}{居民消费价格指数}$$

2. 股票价格指数

反映某一股票市场上价格综合变动程度的相对数称为股价指数。 $\rightarrow$ 一般采用加权综合指数。

3. 消费者满意度指数

消费者满意度指数：反映消费者的满意程度。

14.5 综合评价指数

1. 综合评价与综合评价指数

统计的综合评价是针对研究的对象，建立一个进行测评的指标体系，利用一定的方法或模型，对搜集的资料进行分析，对被评价的事物作出量化的总体判断。

构建综合评价指数的步骤：

①建立综合评价指标体系。

②评价指标的无量纲化处理。 → 主观确定。

③确定各项评价指标的权重。 → 客观确定。

④计算综合评价指数 $I = \dfrac{\sum_{i=1}^{n} z_i w_i}{\sum_{i=1}^{n} w_i}$。

2. 指标无量纲化处理方法

（1）统计标准化：$z_i = \dfrac{x_i - \bar{x}}{s}$。

（2）相对标准化：$z_i = \dfrac{x_i}{x_s}$。

（3）功效系数法：$z_i = \dfrac{x_i - \min(x_i)}{\max(x_i) - \min(x_i)}$。

（4）改进的功效系数法：$z_i = \dfrac{x_i - \min(x_i)}{\max(x_i) - \min(x_i)} \times 40 + 60$。

斩题型

题型 1 拉氏指数与帕氏指数 ✦✦✦

例 1 某企业产品产量和单位成本资料如下表。

产品名称	计量单位	产量		单位成本（元）	
		基期	报告期	基期	报告期
甲	套	120	138	1 000	1 110
乙	件	100	110	800	1 000
丙	部	50	60	3 000	2 500

计算三种商品的拉氏数量指数、拉氏价格指数、帕氏数量指数、帕氏价格指数。

答案： 拉氏数量指数为 → 拉氏指数用基期加权，帕氏指数用报告期加权。

$$I_q = \frac{\sum p_0 q_1}{\sum p_0 q_0} = \frac{138 \times 1\,000 + 110 \times 800 + 60 \times 3\,000}{120 \times 1\,000 + 100 \times 800 + 50 \times 3\,000} = \frac{406\,000}{350\,000} = 116\%$$

拉氏价格指数为

$$I_p = \frac{\sum p_1 q_0}{\sum p_0 q_0} = \frac{120 \times 1\,110 + 100 \times 1\,000 + 50 \times 2\,500}{120 \times 1\,000 + 100 \times 800 + 50 \times 3\,000} = \frac{358\,200}{350\,000} = 102.34\%$$

帕氏数量指数为

$$I_q = \frac{\sum p_1 q_1}{\sum p_1 q_0} = \frac{138 \times 1\,110 + 110 \times 1\,000 + 60 \times 2\,500}{120 \times 1\,110 + 100 \times 1\,000 + 50 \times 2\,500} = \frac{413\,180}{358\,200} = 115.35\%$$

帕氏价格指数为

$$I_p = \frac{\sum p_1 q_1}{\sum p_0 q_1} = \frac{138 \times 1\,110 + 110 \times 1\,000 + 60 \times 2\,500}{138 \times 1\,000 + 110 \times 800 + 60 \times 3\,000} = \frac{413\,180}{406\,000} = 101.77\%$$

题型总结：关于拉氏指数与帕氏指数的计算问题，注意权重固定在基期还是报告期。

习题引导：属于该题型的有练习题14.3。

题型2 指数体系 ☆☆☆☆☆

例2 假设某企业三种商品的销售额及价格资料如表所示。

商品	销售额（万元）		个体价格指数（%）
	基期	报告期	
甲	50	90	110
乙	70	100	108
丙	80	60	96
合计	200	250	—

试从价格和销售量两方面对三种商品销售额的变动情况进行因素分析。

答案：销售额总指数为

$$I_{pq} = \frac{\sum p_1 q_1}{\sum p_0 q_0} = \frac{250}{200} = 125\%$$

报告期相对于基期销售额的增减变动为

$$\sum p_1 q_1 - \sum p_0 q_0 = 250 - 200 = 50(\text{万元})$$

价格总指数为

$$I_p = \frac{\sum p_1 q_1}{\sum p_0 q_1} = \frac{\sum p_1 q_1}{\sum \frac{p_1 q_1}{p_1 / p_0}} = \frac{250}{\frac{90}{1.1} + \frac{100}{1.08} + \frac{60}{0.96}} = \frac{250}{236.91} = 105.53\%$$

由于价格变动引起的销售额的增减变动为

$$\sum p_1 q_1 - \sum p_0 q_1 = 250 - 236.91 = 13.09(\text{万元})$$

销售量总指数为

$$I_q = \frac{\sum p_0 q_1}{\sum p_0 q_0} = \frac{\sum \frac{p_1 q_1}{p_1 / p_0}}{\sum p_0 q_0} = \frac{\frac{90}{1.1} + \frac{100}{1.08} + \frac{60}{0.96}}{200} = \frac{236.91}{200} = 118.46\%$$

由于销售量变动引起的销售额的增减变动为

$$\sum p_0 q_1 - \sum p_0 q_0 = 236.91 - 200 = 36.91(万元)$$

相对数分析：$125\% = 105.53\% \times 118.46\%$，三种商品的价格上涨了 5.53%，销售量上涨了 18.46%，使得销售额上涨了 25%。

绝对数分析：$50 = 13.09 + 36.91$，由于价格上涨引起销售额增加 13.09 万元，由于销售量上涨引起销售额增加 36.91 万元，使得销售额报告期比基期增加 50 万元。

题型总结：指数体系问题需要确定已知数据，已知数据一般以如下三种形式给出：（1）价格数据与数量数据；（2）价值量数据与个体价格指数；（3）价值量数据与个体数量指数。对于第（1）种情况可以直接计算总指数，而对于（2），（3）两种情况需要通过个体指数进行换算，再计算总指数。

习题引导：属于该题型的有练习题 14.4 ~ 14.6。

题型 3 平均数变动因素分解 ★★★★

例 3　某工厂的劳动生产率变动情况如下表。试分析该工厂劳动生产率变动的原因。

	劳动生产率（百元/人）		职工人数	
	2014 年	2015 年	2014 年	2015 年
第一车间	20	90	20	30
第二车间	50	45	50	40

答案：报告期的平均劳动生产率 $\bar{x}_1 = \dfrac{\sum x_1 f_1}{\sum f_1} = \dfrac{90 \times 30 + 45 \times 40}{30 + 40} = 64.29$（百元/人）。

基期的平均劳动生产率 $\bar{x}_0 = \dfrac{\sum x_0 f_0}{\sum f_0} = \dfrac{20 \times 20 + 50 \times 50}{20 + 50} = 41.43$（百元/人）。

假定期的平均劳动生产率 $\bar{x}_n = \dfrac{\sum x_0 f_1}{\sum f_1} = \dfrac{20 \times 30 + 50 \times 40}{30 + 40} = 37.14$（百元/人）。

该工厂平均劳动生产率变动分析如下。

总平均水平指数 $I_{xf} = \dfrac{\bar{x}_1}{\bar{x}_0} = \dfrac{64.29}{41.43} = 155.18\%$。

劳动生产率变动额为 $\bar{x}_1 - \bar{x}_0 = 64.29 - 41.43 = 22.86$(百元/人)。

其中：

①两个车间劳动生产率的变动对平均劳动生产率的影响：

组水平变动指数 $I_x = \dfrac{\bar{x}_1}{\bar{x}_n} = \dfrac{64.29}{37.14} = 173.10\%$。

各车间劳动生产率变动对平均劳动生产率变动额的影响为 64.29–37.14=27.15（百元/人）。

②两个车间结构变动对平均劳动生产率的影响：

结构变动指数 $I_f = \dfrac{\bar{x}_n}{\bar{x}_0} = \dfrac{37.14}{41.43} = 89.65\%$。

各车间人数结构的变动对平均劳动生产率变动额的影响为 37.14–41.43=–4.29（百元／人）。

相对数关系为： 155.18% = 173.1%×89.65%，由于各车间劳动生产率的提高使得平均劳动生产率提高 73.10%，由于各车间人数结构的变动使得平均劳动生产率降低 10.35%，使得平均劳动生产率报告期比基期提高 55.18%。

绝对数关系： 22.86=27.15+（–4.29），由于各车间劳动生产率的提高使得平均劳动生产率提高 27.15 百元／人，由于各车间人数结构的变动使得平均劳动生产率降低 4.29 百元／人，使得平均劳动生产率报告期比基期提高 22.86 百元／人。

题型总结： 此类题型的计算需要分析组水平的变动（绝对变动与相对变动）、结构的变动（绝对变动与相对变动）以及与总水平变动（绝对变动与相对变动）之间的关系。

习题引导： 属于该题型的有练习题 14.9。

解习题

一、思考题

14.1 什么是指数？它有哪些性质？

答案： 指数也称统计指数，有狭义和广义之分。狭义的统计指数是指综合反映不能直接相加的社会经济现象总体总动态的相对数；广义的统计指数是指说明同类现象对比的相对数。它有如下性质。

（1）相对性。指数是总体各变量在不同场合下对比形成的相对数，它可以度量一个变量在不同时间或不同空间的相对变化，如一种商品的价格指数或数量指数。它也可以反映一组变量的综合变动，如综合物价指数是根据一组商品价格的相对变化并给每种商品的相对数确定不同权数计算出来的，这种指数称为综合指数。另外，根据对比两变量所处的是不同时间还是不同空间，所计算出来的指数分为时间性指数和区域性指数。

（2）综合性。综合性说明指数是一种特殊的相对数，它是由一组变量或项目综合对比形成的。比如，由若干种商品和服务构成的一组消费项目，通过综合后计算价格指数，以反映消费价格的综合变动水平。

（3）平均性。平均性含义有两个：一是指数进行比较的综合数量是作为个别量的一个代表，这本身就具有平均的性质；二是两个综合量对比形成的指数反映了个别量的平均变动水平，比如物价指数反映了多种商品和服务项目价格的平均变动水平。

14.2 什么是同度量因素？同度量因素在编制加权综合指数中有什么作用？

答案： 在统计学中，一般把使得不能直接相加的指标过渡到可以直接相加的指标的媒介因素称为同度量因素或同度量系数。如产品产量指数能够综合地反映多种产品产量的变动情况，然而各种产品的使用价值和计量单位均不相同,其产量无法直接相加和对比。这就需要借助另一个因素即产品出厂价格,使不能直接加总的产量指标过渡到能够相加的价值指标,此处的产品出厂价格就被称为同度量因素。

同度量因素在计算总指数的过程中对各指数因素起着同度量的作用,另外还具有权衡轻重的作用,所以也叫权数。选择同度量因素,要从经济分析入手,并从指标的经济联系中来确定。

本题重点提示:同度量因素的核心在于使得不能直接相加的指标过渡到可以直接相加的指标。

14.3 拉氏指数与帕氏指数各有什么特点?

答案:(1)拉氏指数:它在计算综合指数时将作为权数的同度量因素固定在基期。

拉氏数量指标指数: $$I_q = \frac{\sum q_1 p_0}{\sum q_0 p_0}$$

拉氏质量指标指数: $$I_p = \frac{\sum q_0 p_1}{\sum q_0 p_0}$$

拉氏指数的特点:

①由于拉氏指数将同度量因素固定在基期,可以消除权数变动对指数的影响,从而使不同时期的指数具有可比性。

②拉氏价格指数在实际中应用得很少,因为从实际生活角度看,人们更关心在报告期销售量条件下价格变动对实际生活的影响。而拉氏价格指数是在假定销售量不变的情况下报告期价格的变动水平,这一指数尽管可以单纯反映价格的变动水平,但不能反映出销售量的变化。

③拉氏数量指数是在假定价格不变的条件下报告期销售量的综合变动,它不仅可以单纯反映出销售量的综合变动水平,也符合计算销售量指数的实际要求。因此,拉氏数量指数在实际中应用得比较多。

(2)帕氏指数:它在计算综合指数时将作为权数的同度量因素固定在报告期。

帕氏数量指标指数: $$I_q = \frac{\sum q_1 p_1}{\sum q_0 p_1}$$

帕氏质量指标指数: $$I_p = \frac{\sum q_1 p_1}{\sum q_1 p_0}$$

帕氏指数的特点:

①由于帕氏指数将同度量因素固定在报告期,不能消除权数变动对指数的影响,因而不同时期的指数缺乏可比性。

②帕氏价格指数可以同时反映出价格和消费结构的变化,具有比较明确的经济意义。在实际应用中,常采用帕氏公式计算价格、成本等质量指数。

③由于帕氏数量指数包含了价格的变动,意味着是按调整后的价格来测定物量的综合变动,这本身不符合计算物量指数的目的,因此帕氏数量指数在实际中应用得较少。

本题重点提示:(1)拉氏指数同度量因素在基期,帕氏指数在报告期。(2)数量指数常用拉氏指数，质量指数常用帕氏指数。

14.4　加权平均指数与加权综合指数有何区别与联系？

答案：（1）加权平均指数与加权综合指数的区别如下。

①所使用的权数和计算形式不同。加权综合指数是以某一时期的变量值作为权数对另一个变量进行加权，然后采用综合的形式计算出来的，计算时"先综合，后对比"；而加权平均指数则是采用某一总量为权数对个体指数加权平均计算出来的，计算时"先对比，后综合"。

②所依据的计算资料不同。计算加权综合指数时通常需要掌握全面的资料；计算加权平均指数时既可以依据全面的资料，也可依据非全面的资料。

③在经济分析中的具体作用不同。综合指数可以进行相对分析与绝对分析，平均指数一般只进行相对分析。

（2）它们之间的联系：当使用 p_0q_0 为权数时，加权算术平均指数可以变形为加权综合指数；当使用 p_1q_1 为权数时，加权调和平均指数可以变形为加权综合指数。

14.5　什么是指数体系？它有什么作用？

答案： 由总量指数及其若干个因素指数构成的数量关系式称为指数体系。它一般保持两个对等关系：一是各影响因素指数的乘积等于总变动指数；二是各因素对总额变动影响差额的总和等于实际发生的总差额。

指数体系主要有以下三方面的作用。

①指数体系是进行因素分析的根据，即利用指数体系可以分析复杂经济现象总变动中各因素变动的影响方向和程度。

②利用各指数之间的联系进行指数间的相互推算。

③用综合指数法编制总指数时，指数体系也是确定同度量因素时期的依据之一。

本题重点提示： 指数体系的作用源于总量指标与因素指标之间的关系。

14.6　试述平均数指数体系。

答案： 根据加权算术平均数的计算公式 $\bar{x} = \dfrac{\sum xf}{\sum f} = \sum \left(x \dfrac{f}{\sum f} \right)$，可以得到平均数的变动受两个因素的影响：一个是各组的变量水平 x；另一个是各组的结构 $\dfrac{f}{\sum f}$。

将总水平指数进行分解：

（1）总平均水平指数：$I_{xf} = \dfrac{\bar{x}_1}{\bar{x}_0} = \dfrac{\sum x_1 f_1 / \sum f_1}{\sum x_0 f_0 / \sum f_0}$。

（2）组水平变动指数：$I_x = \dfrac{\bar{x}_1}{\bar{x}_n} = \dfrac{\sum x_1 f_1 / \sum f_1}{\sum x_0 f_1 / \sum f_1}$。

（3）结构变动指数：$I_f = \dfrac{\bar{x}_n}{\bar{x}_0} = \dfrac{\sum x_0 f_1 / \sum f_1}{\sum x_0 f_0 / \sum f_0}$。

此时，指数体系的具体表现为

总平均水平指数 = 组水平变动指数 × 结构变动指数

即
$$\frac{\sum x_1 f_1 / \sum f_1}{\sum x_0 f_0 / \sum f_0} = \frac{\sum x_1 f_1 / \sum f_1}{\sum x_0 f_1 / \sum f_1} \times \frac{\sum x_0 f_1 / \sum f_1}{\sum x_0 f_0 / \sum f_0}$$

总平均水平变动额 = 各组水平变动影响额 + 结构变动影响额

即
$$\left(\sum x_1 f_1 / \sum f_1 - \sum x_0 f_0 / \sum f_0\right) = \left(\sum x_1 f_1 / \sum f_1 - \sum x_0 f_1 / \sum f_1\right) + \left(\sum x_0 f_1 / \sum f_1 - \sum x_0 f_0 / \sum f_0\right)$$

我们可以把总体平均数的变动分解为组水平的影响和结构变动的影响。进行分析时，将总体结构看成数量指标，将各组变量值看成质量指标。在研究结构的变动对平均数的影响时，将各组变量值固定在基期，在研究各组变量值的变动对平均数的影响时，将结构固定在报告期。

本题重点提示：（1）平均数变动的相对数分析：总平均水平指数 = 组水平变动指数 × 结构变动指数；（2）平均数变动的绝对数分析：总平均水平变动额 = 各组水平变动影响额 + 结构变动影响额。

14.7 构建综合评价指数的步骤是什么？

答案： 综合评价指数是将评价结果数量化的一种技术处理方式，是将多指标进行综合，最后形成概括性的一个指数，通过指数比较达到评价的目的。

构建综合评价指数的步骤：

①建立综合评价指标体系。

②评价指标的无量纲化处理。

③确定各项评价指标的权重。

④计算综合评价指数。

二、练习题

14.1 某企业生产甲、乙两种产品，资料如下。

产品名称	计量单位	产量		单位成本（元）	
		基期	报告期	基期	报告期
甲	台	2 000	2 200	12.0	12.5
乙	吨	5 000	6 000	6.2	6.0

（1）计算产量与单位成本个体指数。

（2）计算两种产品产量总指数以及由于产量增加而增加的生产费用。

（3）计算两种产品单位成本总指数以及由于成本降低而节约的生产费用。

答案：（1）甲产品产量的个体指数为 $I_{q甲} = \dfrac{q_{1甲}}{q_{0甲}} = \dfrac{2\,200}{2\,000} = 110\%$。

甲产品单位成本的个体指数为 $I_{p甲} = \dfrac{p_{1甲}}{p_{0甲}} = \dfrac{12.5}{12} = 104.17\%$。

乙产品产量的个体指数为 $I_{q乙} = \dfrac{q_{1乙}}{q_{0乙}} = \dfrac{6\ 000}{5\ 000} = 120\%$。

乙产品单位成本的个体指数为 $I_{p乙} = \dfrac{p_{1乙}}{p_{0乙}} = \dfrac{6}{6.2} = 96.77\%$。

（2）两种产品产量总指数为

$$I_q = \dfrac{\sum p_0 q_1}{\sum p_0 q_0} = \dfrac{2\ 200 \times 12 + 6\ 000 \times 6.2}{2\ 000 \times 12 + 5\ 000 \times 6.2} = \dfrac{63\ 600}{55\ 000} = 115.64\%$$

由于产量增加而增加的生产费用为 $\sum p_0 q_1 - \sum p_0 q_0 = 63\ 600 - 55\ 000 = 8\ 600$（元）。

（3）两种产品单位成本总指数为

$$I_p = \dfrac{\sum p_1 q_1}{\sum p_0 q_1} = \dfrac{2\ 200 \times 12.5 + 6\ 000 \times 6}{2\ 200 \times 12 + 6\ 000 \times 6.2} = \dfrac{63\ 500}{63\ 600} = 99.84\%$$

由于成本降低而节约的生产费用为 $\sum p_0 q_1 - \sum p_1 q_1 = 63\ 600 - 63\ 500 = 100$（元）。

14.2 某商场销售的三种商品的资料如下。

产品名称	计量单位	销售量		单价（元）	
		基期 q_0	报告期 q_1	基期 p_0	报告期 p_1
甲	千克	100	115	100	100
乙	台	200	220	50	55
丙	件	300	315	20	25

（1）计算三种商品的销售额总指数。——销售额总指数为总量指数。

（2）分析销售量和价格变动对销售额影响的绝对值和相对值。

答案：（1）三种商品的销售额总指数为

$$I_{pq} = \dfrac{\sum p_1 q_1}{\sum p_0 q_0} = \dfrac{115 \times 100 + 220 \times 55 + 315 \times 25}{100 \times 100 + 200 \times 50 + 300 \times 20} = \dfrac{31\ 475}{26\ 000} = 121.06\%$$

销售额变动的绝对值为 $31\ 475 - 26\ 000 = 5\ 475$（元）。

（2）销售量指数（相对值）为

$$I_q = \dfrac{\sum p_0 q_1}{\sum p_0 q_0} = \dfrac{115 \times 100 + 220 \times 50 + 315 \times 20}{100 \times 100 + 200 \times 50 + 300 \times 20} = \dfrac{28\ 800}{26\ 000} = 110.77\%$$

销售量变动对销售额影响的绝对值为 $28\ 800 - 26\ 000 = 2\ 800$（元）。

价格指数（相对值）为

$$I_p = \dfrac{\sum p_1 q_1}{\sum p_0 q_1} = \dfrac{115 \times 100 + 220 \times 55 + 315 \times 25}{115 \times 100 + 220 \times 50 + 315 \times 20} = \dfrac{31\ 475}{28\ 800} = 109.29\%$$

价格变动对销售额影响的绝对值为 $31\ 475 - 28\ 800 = 2\ 675$（元）。

拉氏指数用基期加权，帕氏指数用报告期加权。

14.3 试根据下列资料分别用拉氏指数和帕氏指数计算销售量指数及价格指数。

商品名称	计量单位	销售量		单价（元）	
		基期 q_0	报告期 q_1	基期 p_0	报告期 p_1
甲	支	400	600	0.25	0.2
乙	件	500	600	0.4	0.36
丙	个	200	180	0.5	0.6

答案： 拉氏销售量指数为

$$I_q = \frac{\sum p_0 q_1}{\sum p_0 q_0} = \frac{0.25 \times 600 + 0.4 \times 600 + 0.5 \times 180}{0.25 \times 400 + 0.4 \times 500 + 0.5 \times 200} = \frac{480}{400} = 120\%$$

帕氏销售量指数为

$$I_q = \frac{\sum p_1 q_1}{\sum p_1 q_0} = \frac{0.2 \times 600 + 0.36 \times 600 + 0.6 \times 180}{0.2 \times 400 + 0.36 \times 500 + 0.6 \times 200} = \frac{444}{380} = 116.84\%$$

拉氏价格指数为

$$I_p = \frac{\sum p_1 q_0}{\sum p_0 q_0} = \frac{0.2 \times 400 + 0.36 \times 500 + 0.6 \times 200}{0.25 \times 400 + 0.4 \times 500 + 0.5 \times 200} = \frac{380}{400} = 95\%$$

帕氏价格指数为

$$I_p = \frac{\sum p_1 q_1}{\sum p_0 q_1} = \frac{0.2 \times 600 + 0.36 \times 600 + 0.6 \times 180}{0.25 \times 600 + 0.4 \times 600 + 0.5 \times 180} = \frac{444}{480} = 92.5\%$$

14.4 某公司三种产品的有关资料见下表，试问三种产品产量平均增长了多少？产量增长对产值有什么影响？

产品名称	个体产量指数	基期产值（万元）	报告期产值（万元）
甲	1.25	100	120
乙	1.10	100	115
丙	1.50	60	85

答案：

$$A_q = \frac{\sum \frac{q_1}{q_0} p_0 q_0}{\sum p_0 q_0} = \frac{1.25 \times 100 + 1.1 \times 100 + 1.5 \times 60}{100 + 100 + 60} = \frac{325}{260} = 125\%$$

可得三种产品产量平均增长 25%。

产量增长对产值的影响为 325−260=65（万元）。

14.5 三种商品销售的资料见下表，通过计算说明其价格总的变动情况。

商品名称	商品销售总额（万元）		报告期价格比基期降低（%）
	$q_0 p_0$	$q_1 p_1$	
甲	80	86	10
乙	20	34	5
丙	160	144	15

答案：
$$H_q = \frac{\sum p_1 q_1}{\sum \frac{q_0}{q_1} p_1 q_1} = \frac{86+34+144}{\frac{1}{0.9} \times 86 + \frac{1}{0.95} \times 34 + \frac{1}{0.85} \times 144} = \frac{264}{300.76} = 87.78\%$$

可得三种商品价格总的变动为报告期比基期降低 12.22%。

14.6 某商场上期销售收入为 525 万元，本期要求达到 556.5 万元。在规定销售价格下调 2.6% 的条件下，该店商品销售量要增加多少，才能使本期销售达到原定的目标？

答案： 根据指数体系公式

$$I_{pq} = I_p \times I_q$$

$I_{pq} = \dfrac{556.5}{525} = 106\%$（报告期的销售额除以基期的销售额），由于销售价格下调 2.6%，因此 $I_p = 97.4\%$，得到销售量指数为

$$I_q = \frac{106\%}{97.4\%} = 108.83\%$$

故该商店商品销售量要增加 8.83%，才能使本期销售达到原定的目标。

14.7 某地区 2003 年平均职工人数为 229.5 万人，比 2002 年增加 2%；2003 年工资总额为 167 076 万元，比 2002 年多支出 9 576 万元。试推算 2002 年职工的平均工资。

答案：
→ 确定 2002 年工资总额为 167 076−9 576=157 500（万元）。
→ 确定 2002 年职工人数为 229.5/(1+2%)=225（万人）。

$$2002 年平均工资 = \frac{工资总额}{职工人数} = \frac{157\ 500}{225} = 700（元）$$

14.8 某电子生产企业 2003 年和 2002 年三种主要产品的单位成本和产量资料如下表所示。

产品名称	计量单位	产量		单位产品成本（元）	
		2002 年	2003 年	2002 年	2003 年
高能电池	节	900	1 000	8.5	9.0
电路板	块	500	500	55.0	58.5
录音机	台	700	800	100.0	115.0

（1）计算三种产品的产值总指数及产值增减总额。

（2）以 2003 年的产量为权数计算三种产品的加权单位产品成本综合指数，以及单位产品成本变动所导致的产值增减额。（报告期加权）（基期加权）

（3）以 2002 年的单位产品成本为权数计算三种产品的加权产量综合指数，以及产量变动所导致的产值增减额。

（4）分析产量和单位产品成本变动对销售额影响的相对值和增减额。

答案：（1）三种产品的产值总指数为

$$I_{pq} = \frac{\sum p_1 q_1}{\sum p_0 q_0} = \frac{9 \times 1\ 000 + 58.5 \times 500 + 115 \times 800}{8.5 \times 900 + 55 \times 500 + 100 \times 700} = \frac{130\ 250}{105\ 150} = 123.87\%$$

产值增减总额为 130 250−105 150=25 100（元）。

（2）三种产品的加权单位产品成本综合指数为

$$I_p = \frac{\sum p_1 q_1}{\sum p_0 q_1} = \frac{9 \times 1\,000 + 58.5 \times 500 + 115 \times 800}{8.5 \times 1\,000 + 55 \times 500 + 100 \times 800} = \frac{130\,250}{116\,000} = 112.28\%$$

单位产品成本变动所导致的产值增减额为 130 250–116 000=14 250（元）。

（3）三种产品的加权产量综合指数为

$$I_q = \frac{\sum p_0 q_1}{\sum p_0 q_0} = \frac{8.5 \times 1\,000 + 55 \times 500 + 100 \times 800}{8.5 \times 900 + 55 \times 500 + 100 \times 700} = \frac{116\,000}{105\,150} = 110.32\%$$

产量变动所导致的产值增减额为 116 000–105 150=10 850（元）。

（4）相对值关系：123.87%＝112.28%×110.32%，由于单位成本增加了 12.28%，产量增加了 10.32%，使得产值增加 23.87%。

绝对值关系：25 100=14 250+10 850，单位成本的变动使得产值增加 14 250 元，产量的变动使得产值增加 10 850 元，总产值变动 25 100 元。

14.9 某工厂有三个生产车间，基期和报告期各车间的职工人数和劳动生产率资料见下表。试分析该工厂劳动生产率的变动及原因。——→ 平均数变动因素分解。

车间	职工人数		劳动生产率（万元/人）	
	基期 f_0	报告期 f_1	基期 x_0	报告期 x_1
一车间	200	240	4.4	4.5
二车间	160	180	6.2	6.4
三车间	150	120	9.0	9.2
合计	510	540	6.32	6.18

答案： 基期平均劳动生产率 $\bar{x}_0 = \dfrac{\sum x_0 f_0}{\sum f_0} = \dfrac{3\,222}{510} = 6.32(\text{万元}/\text{人})$。

报告期平均劳动生产率 $\bar{x}_1 = \dfrac{\sum x_1 f_1}{\sum f_1} = \dfrac{3\,336}{540} = 6.18(\text{万元}/\text{人})$。

假定期平均劳动生产率 $\bar{x}_n = \dfrac{\sum x_0 f_1}{\sum f_1} = \dfrac{3\,252}{540} = 6.02(\text{万元}/\text{人})$。

该企业平均劳动生产率变动分析：

总平均水平指数 $I_{xf} = \dfrac{\bar{x}_1}{\bar{x}_0} = \dfrac{6.18}{6.32} = 97.78\%$。

劳动生产率变动额为 $\bar{x}_1 - \bar{x}_0 = 6.18 - 6.32 = -0.14(\text{万元}/\text{人})$。

其中：

① 三个车间劳动生产率的变动对平均劳动生产率的影响：

组水平变动指数 $I_x = \dfrac{\bar{x}_1}{\bar{x}_n} = \dfrac{6.18}{6.02} = 102.66\%$

各车间劳动生产率变动对平均劳动生产率变动额的影响为 6.18–6.02=0.16（万元/人）。

② 三个车间结构变动对平均劳动生产率的影响：

$$结构影响指数 I_f = \frac{\overline{x}_n}{\overline{x}_0} = \frac{6.02}{6.32} = 95.25\%$$

各车间人数结构的变动对平均劳动生产率变动额的影响为 6.02−6.32=−0.3（万元／人）。

相对数关系：97.78% = 102.66%×95.25%，由于各车间劳动生产率的提高使得平均劳动生产率提高 2.66%，由于各车间人数结构的变动使得平均劳动生产率降低 4.75%，使得平均劳动生产率报告期比基期降低 2.22%。

绝对数关系：−0.14=0.16+（−0.3），由于各车间劳动生产率的提高使得平均劳动生产率提高 0.16 万元／人，由于各车间人数结构的变动使得平均劳动生产率降低 0.3 万元／人，使得平均劳动生产率报告期比基期降低 0.14 万元／人。

14.10　下表是某地 2005 年粮食类零售价格指数计算简表，请以表中资料说明编制商品零售价格指数的一般步骤，并计算出 2005 年粮食类零售价格指数。

商品类别	规格等级	计量单位	平均价格（元）		权数 W（%）	以上年为基期	
			2004 年 p_0	2005 年 p_1		指数 i(%)	iW(%)
粮食类总指数					100	107.92	107.92
1. 细粮小类					82	108.74	89.17
（1）面粉	标准粉	千克	2.00	2.20	56	110.00	61.60
（2）粳米	一等	千克	2.80	3.00	44	107.14	47.14
2. 粗粮小类					18	104.18	18.75
…							

→ 固定权数的加权平均指数计算步骤：
（1）计算个体指数；（2）根据加权平均计算小类指数；（3）根据加权平均计算大类指数。

答案：各代表规格品的价格指数：

面粉的价格指数　　　　　　　　　　$i = \frac{p_1}{p_0} = \frac{2.20}{2.00} = 110\%$

粳米的价格指数　　　　　　　　　　$i = \frac{p_1}{p_0} = \frac{3.00}{2.80} = 107.14\%$

根据各代表规格品的价格指数及给出的相应权数，加权算术平均计算小类指数。

细粮的价格指数　　　　　　　　　　$i_p = \frac{\sum iW}{\sum W} = \frac{61.60 + 47.14}{56 + 44} = 108.74\%$

根据各小类指数及相应的权数，加权算术平均计算大类指数。

粮食类价格指数　　　　　　　　　　$i_p = \frac{\sum iW}{\sum W} = \frac{89.17 + 18.75}{82 + 18} = 107.92\%$

补充第 7 版习题

一、思考题

14.7 构建综合评价指数时需要考虑哪些方面的问题？

答案： 构建综合评价指数需要考虑以下几个方面的问题。

（1）进行理论研究，其中包括统计指标理论以及统计指标体系的理论研究，以便为确定所需的评价指标提供一定的理论依据。

（2）建立科学的评价指标体系。所建立的指标体系是否科学与合理，直接关系到评价结果的科学性和准确性。建立指标体系，首先应进行必要的定性研究，对所研究的问题进行深入的分析，尽量选择那些具有一定综合意义的代表性指标，并科学合理地确定权重；其次，应尽可能运用多元统计的方法进行指标的筛选，以提高指标的客观性。

（3）评价方法研究，主要包括综合评价指数的构造方法、指标的赋权方法以及各种评价方法的比较等。